飛田良文・佐藤武義——編集代表

シリーズ〈日本語の語彙〉7

現代の語彙

—男女平等の時代—

田中牧郎——編

森山由紀子・西尾純二・茂木俊伸・蓑川恵理子・はんざわかんいち・金水　敏・伊藤雅光
加藤昌男・三宅和子・笹原宏之・大河原眞美・森　篤嗣・関根健一——著

朝倉書店

Studies in the Japanese Lexicon

Volume 7

The Lexicon of Postwar Japan

The Age of Gender Equality

Edited by Makiro Tanaka

編集代表

飛《ひ》田《だ》良《よし》文《ふみ》

Yoshifumi Hida

1933年　千葉県に生まれる
1963年　東北大学大学院文学研究科博士課程単位取得退学
現　在　国立国語研究所名誉所員
国際基督教大学アジア文化研究所顧問
日本近代語研究会名誉会長
博士（文学）

佐《さ》藤《とう》武《たけ》義《よし》

Takeyoshi Sato

1935年　宮城県に生まれる
1965年　東北大学大学院文学研究科博士課程単位取得退学
現　在　東北大学名誉教授

刊行のことば

日本人が使用し、日本文化を創造し思考する言語が日本語である。日本語は、有史以来、固有の日本語だけではなく、多様な外国語との接触・混融によって現在の日本語に展開したと考えられる。

書き言葉の日本語の伝達の方法は歴史的に筆からペン・鉛筆・万年筆・ボールペン、そしてパソコンなどと変化し、これらを用いて、漢字・平仮名・片仮名・ローマ字などの文字を通して書き言葉の日本語を観察することが可能になった。

その結果、固有の日本語に外国語を混淆した実相が知られ、これらの語彙を和語・漢語・外来語そして混種語に分類して考察することが一般となっている。

しかし、この分類に従って日本語の展開の多様性を端的に知ることは、容易ではないと推測される。この『シリーズ〈日本語の語彙〉』全8巻は、現在の研究の最前線を踏まえ、新しい視点・成果を提示するために企画し編集したものである。

第1巻は、語彙研究の分野とその用語の定義を中心に扱い、先人の切り開いた語彙の沃野を展望する。

第2巻から第7巻は、日本人の誕生から今日まで、日本を代表する人々が残した記録を歴史的に特立し、第2巻　大陸人・貴族の時代、第3巻　武士と和漢混淆の時代、第4巻　士農工商の時代、第5巻　四民平等の時代、第6巻　日本語の規範ができる時代、第7巻　男女平等の時代、と区分した。各巻の文字の使用者層を明らかにして論述することにしている。

第8巻は、視点を変えて、語彙の地理的側面を浮き彫りにしようと試みた。日本語の語彙は歴史的な展開だけでなく、豊かな方言によっても彩られており、そうした面をクローズアップした。

目を転じると、多くの外国人が日本を訪れ、日本語を記憶し使おうとしている。正しい日本語、規範性のある語形と語義からなるその単語を、どのように表記するかが悩みになっている。日本語教育の視点からも、日本語の一語一語が正確に学習され、指導されなければならない。外来語は特に注意が必要である。同じ語形でも「老婆」は日本語では年老いた女性、中国語では女房、妻である。「経理」は日本語では会計係であるが、中国語では社長、支配人である。日本の漢語と中国語の語義は注意が必要である。こうした語義の「ずれ」を研究する対訳辞典の存在も忘れてはならない。また、英語のOxford English Dictionary（10 vols. 1884-1928）に該当するような大規模の歴史的国語辞典が日本にはまだ存在していない。日本人の生活・文化を記録した総合的な辞典を作成するためにも一語一語の語史研究は必要である。このような現代日本語の問題点を知ることにより、メールや手紙や電話などの日常の交渉や会話で、このシリーズが読者の言語生活の一助になることを願っている。

平成三〇年九月

編集代表　飛田良文
　　　　　佐藤武義

序　現代の語彙への誘い

田中牧郎

歴史的視点から日本語の語彙を捉える本シリーズ第7巻のテーマは，「現代の語彙」である。

現代の語彙を歴史的に見たとき，特に目を引くのは，近代までの日本とは大きく変わった社会のありように応じた，変化の諸相である。例えば，女性の活動の場が，家庭から職場へ，さらには，職場の中でも周辺的な仕事から中核的な仕事へと移り，男性と同等になってきたという社会の変化が，女性の語彙を大きく変えたという事実がある。これを，社会の変化が語彙を変えた一つの典型例と見て，本巻は「男女平等の時代」という副題を付けた。

現代を特徴づける社会の変化としては，ほかにも，民主化，核家族化，都市化，消費社会化，国際化，情報化，IT化など，様々なものを挙げることができるが，こうした社会の変化は，そこで活動する人々のコミュニケーションを変え，それが語彙の姿を変容させたのである。社会が変わればコミュニケーションも変わり，コミュニケーションが変われば語彙も変わる。本巻は，その多彩なありようを，現代日本語学の専門家一三人にお願いして，描き出してもらったものである。視点をどこに置くかによって，語彙の種類（第1部），語彙が流通するメディア（第2部），問題が生じている語彙の改良（第3部）の三部に分けて構成した。

第1部「変貌する現代社会と語彙」では，社会の変化が語彙の変化をもたらした事例として，「女性語」「待遇表現」「外来語」「商品名」を取り上げる。これらはいずれも，現代における大きな社会変化によって，語彙に変化がもたらされたと見ることができるものである。まず，「言葉の性差の背景とゆくえ」（森山由紀子）は，日本語は本来，性差の少ない言語であったが，近世までの武家社会の礼法を基盤として，近代において東京の上位階層の間に「女性は上品な言葉を使う」といった規範が形成され，それが，昭和前期に社会が平準化されることで一般化されたという歴史を描く。ところが，女性がその活動の場を社会の中心に移してきた現代では，かつて規範とされた女性語の形式が，高齢女性の役割語や「オネエ言葉」などとして用いられるように変容していると論じている。社会における女性の位置の変化が，語彙に変化をもたらし，さらには，規範の作りかえを促す流れを生んだことが，明確に捉えられている。変化の著しい現代社会の中で，移りゆく言葉の実態や人々の規範意識を，どのように捉えていけばよいか，本巻を貫く問題意識が端的にあらわれた章になっている。

「待遇場面による語の選択」（西尾純二）は，現代人は，対人関係における価値観を変化させており，そのことが，待遇場面での語の選択（待遇表現）に変化をもたらしていることを，「岡崎敬語調査」の分析を通して，明らかにしている。見知らぬ中年男性に話しかける場面の調査データをもとに，「アンタ」→「アナタ」→「オタク」「オキャクサン」というように，相手に距離を置く語を選択する方向への変化と，それがさらに進んだ，相手を指し示す言葉を使わない方向への変化を捉えている。見知らぬ人とのコミュニケーションに積極的でなくなってきたという変化が，敬語語彙に変化をもたらしたわけである。人々のコミュニケーションへの意識の変化が語彙の変化に反映した事例である。

「外来語の氾濫と定着」（茂木俊伸）は，各種の意識調査や語彙調査から，外来語の良い点，悪い点として人々が評価する性質を整理し，特に「氾濫」と捉えられて問題視されがちな原因は，媒体によって増加のあり方が異なることや，短期間に集中して現れては消えていくことなど，外来語そのものの実態にあると説いている。また，人々が気づかないところで，外来語が確実に「定着」している事実を語彙体系の考察によって明らかにもしている。外来語氾濫の背景には，社会変化の激しさがあると考えられがちだが，この言語問題を正しく議論するには，外来語自体の生態を十分に把握することが必要であるという主張は傾聴に値し，第3部で扱う言語問題の改善の問題意識につながっていく。

「商品命名という言語行為」（蓑川惠理子）は，消費社会化という変化が，語彙に顕在化したと解釈できる商品名の変化に光を当てている。例えば，家電製品「ナショナル人工頭脳テレビ19形パトラス」という商品名を、基本名（傍線部）、機能名（破線部）、タイプ名（鎖線部）、固有名（波線部）の構成要素に分解して集計したデータを分析することで、機能名と固有名が、技術革新を基盤に置いた新商品の開発と普及に伴って、相補的な変動を繰り返すことを解明している。経済活動のサイクルが語彙変化のサイクルに投影している様子がくっきり浮かび上がっており、たいへん興味深い。

現代では、社会の変容に伴って、次々に新しいメディアが登場してくる。メディアは、人々の知りたい、楽しみたい、あるいは、伝えたい、表したい、さらには、つながりたい、分かち合いたいなどという欲求がぶつかり合い、そこで形成された新しい語彙が流通する場であるから、メディアという場での語彙現象を観察することで、現代語彙の活力を捉えることができるだろう。そこで、**第2部「メディアによる語彙の創造と広がり」**という枠組のもとで、各種メディアにおいて、それぞれの特性を反映させた語彙の諸相を詳しく考察する。語彙が創造され、変容し、人々に普及していくのに、大きな力を持つメディアとして、「文学作品」「アニメ作品」「流行歌・Jポップ」「テレビ放送」「ネットワークツール」の五つを取り上げる。

「作家による語彙の創造」（はんざわかんいち）は、作家による造語は、社会的な需要を背景とする一般的な造語と異なり、個人的な創作上の需要を背景としていることを確認したうえで、文庫本や文学賞受賞作のタイトルになった新造語の分析を行っている。例えば、向田邦子の小説名にもなっている「だらだら坂」は、作品テクスト中では「ゆるやかな坂」「ゆるやかな勾配」などと表現されていたのが、作品末尾になって、その坂を下る際の主人公の人生に対する疲労感を象徴的に表す働きを担って出現することを明らかにしている。つまり、文学作品の新造語は、作品のテクストと相互規定的な関係にあるということであり、作家が語彙をつくり出すことの意味を深く考えさせられる論を展開している。

「アニメキャラクターの言葉」（金水敏）は、アニメ作品において登場人物が用いる語彙が、登場人物のステレオタイプを示す「役割語」の観点から整理できることを述べ、「千と千尋の神隠し」を例に、物語の構造と登場人物の台詞のスタイルが強く関連し合っていることを述べている。作品に特徴的な語彙と作品の構造が相互規定的な関係にあるのは、前章の文学作品の場合と同じであり、人物のステレオタイプの形成と特徴語彙とが密接な関係を持つところは、女性語をテーマとした冒頭の森山氏の論考と響き合い、強い印象を残す。

「流行歌・Jポップの言葉―自己組織化現象としての日本語回帰」（伊藤雅光）は、二〇世紀後半から二一世紀初頭までのヒットランキング上位の歌詞とそのタイトル、松任谷由実（ユーミン）・中島みゆきの歌詞について、語種構成比率の調査を経年的に行い、それらいずれにも、外国語の比率が減少する「日本語回帰」の現象があることを発見している。流行する歌には、第1部で茂木氏が扱っていた外来語氾濫問題に反する流れが存在しているのがとても面白い。伊藤氏はこの外国語使用から日本語回帰へという動きを、ユーミンが旗振り役となり、他のアーチストへ影響を与え、さらには購買層も含めた社会現象になったものだと説明している。

以上の三章は、作品の「つくり手」側に着目したメディアの語彙の考察であったが、メディアには、語彙が創造されたり、普及したりする「場」としての役割もある。そこに着目したのが、テレビ放送と、ネットワークツールに関する二つの論考である。まず、「テレビ放送による言葉の広がり」（加藤昌男）は、テレビ放送が日本語に与えた影響の具体相を様々に示し、その変遷を、「全国共通話し言葉の普及」→「雑多な日常言葉の拡散」→「日本語の乱れの加速」のように捉え、テレビは、社会の変化と言葉の変化を〝鏡〟のように映し出してきたと同時に、言葉の規範を示す〝鑑〟としても期待されてきたとしている。現代を特徴づけるメディアの筆頭と言ってよいテレビの位置付けと使命が非常に的確に論じてあり、電波という公共財を用いるテレビ放送の役割は、重大な事態が生じたときに「信頼できる情報」を「しっかりした言葉」で伝えることだ、とする主張も共感を呼ぶ。

そして、「新しいコミュニケーションツールとネット集団語」（三宅和子）は、平成時代になって次々に登場した、ネット上で個人をつなげる新しいコミュニケーションツールとして、「2ちゃんねる」「ポケベル」「携帯メール」「LINE」を取り上げ、それぞれの場で形成された「ネット集団語」の豊かな特徴を明確に浮かび上がらせている。顔を合わせないネット空間に個々人が個別的に所属することで緩やかにつながる、極めて現代的なコミュニケーションのスタイルが、独特な集団語を形成しているのである。メディアの中で最も歴史の浅いネット空間は、社会における位置付けもいまだ流動的であるものの、これまでにないコミュニケーションのかたちを切り開く可能性は大きく、そこには語彙の将来を考える材料も満ちている。

社会と語彙に変動の大きい現代は、言語本来の機能としてのコミュニケーションがうまく機能していないという言語問題を様々に生じており、そうした問題の原因が語彙にある場合も多い。語彙をめぐって生じた言語問題のありかを指摘し、その改良に向けた動きを整理し、今後の語彙の規範を考えるのが、**第3部「語彙の規範と改良」**である。

「医学用語の特徴と医療の言葉―漢字・日本語研究者および患者の視点から」（笹原宏之）は、漢字を用いて構成、表記された医学用語に焦点をあて、その用語、字種、発音、読み方、表記法などの面から、それらがなぜ難解なのかを、歴史的背景と豊富な事例によって解明している。そうした難解な語彙が、医療現場のコミュニケーションでどのような支障を生じているのかを、自らが患者となったときの経験も交えて詳細に解説している。筆者の漢字・漢語への造詣と患者視点からの支障を取り除く必要性への言及は説得力を持つ。

医療用語と同じく難解な漢語の多いのが法律用語であるが、「裁判員制度の導入と司法の言葉」（大河原眞美）は、日常語と同じ語形でありながら、意味が異なる法律用語の例を挙げ、混同されやすさの観点からその難解さの要因を解明している。裁判員制度導入期に、刑法用語を分かりやすくする機運が生じていたのが頓挫したという指摘は衝撃的だが、市民が主体的に取り組んだ改革ではなかったからという説明にはうなずかされる。むしろ、市民にとって重要なのは民法用語だとして、法言語学者である筆者が主導して進められている、言語学的アプローチと、法学的アプローチとからその難解さを解明する研究に期待が持てる。

これら二章はいずれも、一般の人々にも分かるように専門用語を改良する必要性を訴えているが、複雑化する現代社会を誰もが生きていくためには、確かに、専門知を一般にひらく専門用語の平明化は不可欠であり、そのための研究の深化が求められよう。

「外国人のための『やさしい日本語』における言葉の基準」（森篤嗣）は、「やさしい日本語」を提供するいくつかの組織がとっている語彙の基準を検討したうえで、現時点では「日本語能力試験出題基準」に沿うのが現実的としながらも、近年の研究を踏まえて、基準の見直しの必要性を指摘している。あわせて、そもそも、語彙の基準を工夫することが、どれだけ「やさしい日本語」に効果的であるかを実証する必要があるとも述べており、語彙だけのアプローチでは、言語問題の解決には限界があることを教えられる。

「語彙はなぜ国語政策に取り上げられないのか」（関根健二）は、表記が中心的課題であった国語政策の歴史をたどり、表記の施策の中に潜む語彙の問題を丁寧に洗い出し、正面から扱っていなくとも、実は各種の国語施策において語彙の問題を様々に考えてきたことを示しており、啓発されるところの多い一編である。そして、二〇一八年に文化審議会国語分科会が公表した報告「分かり合うための言語コミュニケーション」が、国語政策が語彙を取り上げる出発点になると説くのは、国語政策が語彙の時代に入ることとの予言とも読める。

　森氏と関根氏の論考からは、外国人にとっても日本人にとっても、語彙の基準や規範の策定が必要であることと、語彙単独でそれを考えるのではなく、文法や表記といった他の言語要素や、それらを含めたコミュニケーションの中で語彙を考えることの重要さを知ることができる。

　以上三部一三章を通読することで、現代という時代を日本語によって生きている私たちにとって、語彙は、身近でありながら、実に面白いものであることを実感していただけるだろう。同時にまた、語彙は、社会の動きや問題と深く絡み合っていると知ることで、真剣に向き合う価値のある、極めて重要なものであることも理解してもらえると思う。そして、面白いと感じる部分や、重要だと考える部分を、自らの研究対象に定め、そこを掘り下げたり、そこから展開したりして、読者一人一人の問題意識で、語彙の世界を捉えていってほしいと願っている。

目　次

第1部

変貌する現代社会と語彙

第一章　言葉の性差の背景とゆくえ

森山由紀子

一．「女性語」をめぐる言説

(1)「日本語は性差のある言語である」という言説

「日本語には言葉の性差がありますか」と問われた時、多くの人が「はい」と答えるのではないか。社会言語学の比較的新しい概説書には次のような記述がある。

(i)「あたし、怒るわよ」と誰かが言った場合、それを言ったのは女性だと思うだろう。そして、「おれ、本気で怒るぞ」と言うのを聞いたら男性の話者を想定する。日本語には女性の話しことばと男性の話しことばという違いがあるが、この例でいけば「あたし」や「おれ」という一人称と「～わよ」や「～ぞ」という終助詞が話者の性別の判断材料になっている。　（岩田ほか　二〇一三）

同書は続けて日本語と英語を比較し、日本語にはこれら一方の性にしか使用されず、それによって話者の性別を判断できる言語（gender-exclusive speech）があり、英語にはそういった言葉はないが、一方の性により好まれる言語（gender-preferential speech）はあると説明する。

しかし、例えば「～わよ」という文末を、女性である筆者は冗談を除いて今までに一度も発したことがない。これは個人的な問題ではなく、また、近年始まったことでもない。例えば井出（一九七七）の調査の冒頭は「『現代の若者のことばには男女差がなくなっている』とよくいわれるようだが、その実態はどうであろうか。」という問題提起で始まり、その当時すでに「男女差がなくなっている」という言説があったことが分かる。なお、最終的にこの調査は「『大学生の日常会話』には伝統的役割、男が主で女が従であることを証明することばの上での性差特徴がある」と結論づけられる。しかし、そこで性的特徴とされるのは、「女性：丁寧度が高い。敬語・美化語を使う。相づちが多い。繰り返しの擬態語が多い。終わりを伸ばすことが多い。／男性：感嘆詞が多い。倒置（付け足し）が多い。話が（もともと長いため）途中で途切れる。スラングが多い。」といったことである。これらはいずれも、前述の「一方の性により好まれる言語(gender-preferential speech)」にあたるものである。

　では、日本語の特徴であるはずの「一方の性にしか使用されない言語（gender-exclusive speech)」はどうだろうか。調査結果を見ると、自称詞の対立のほか終助詞については、一〇〇％男性使用の語として「かあ・よな・よなぁ・ぜ・もんな・もんなぁ・たら」が観察されており、一〇〇％女性使用の語として「わね・のよ・ね・かしら・なのね・わよ」が観察されている。ただし、これらの語の実際の使用頻度は低い。使用頻度が高い終助詞の中で男女の偏りがあるのは、「の」（女性六二％）や「な」（男性九二％）であって、他の使用頻度の高い終助詞は、男女双方が使用すると指摘されている。また、「女性専用イメージの強い」、「てよ・こと」や、「男性専用」の「と・だ」の使用が見られないという指摘もある。つまり、一九七七年当時の大学生の会話の男女差は、基本的に選好傾向の違いであって、その中で稀に男女の各専用語が用いられていたという状況が浮かび上がる。

　そして現在、当時女性専用語と認められた「わね・のよ・ね・かしら・なのね・わよ」といった語彙を日常的に用いる大学生はほとんどいない。水本（二〇〇六）は、現在の若い世代の女性にとっては、従来型の「女性文末詞」は消滅してしまっているのに、テレビドラマでは「女性文末詞」を使用して話しているという状況を指摘した。これはいったいどういうことなのだろうか。

（2）「女性語の衰退」か「作られた女性語」か

　この問いに対する答えの一つとして、「日本語には性差がある」ことを前提とし、それが衰退しつつあると説明する言説がある。早くは石黒（一九四三）以来、現在[1]に至るまで、「社会の進歩」あるいは「言葉の乱れ」といった、プラスまたはマイナス双方向の価値観と結び付けた言葉遣いに関する書籍、新聞の投書欄など様々な場所で発せられてきた。[2]次のような社会言語学の教科書の文脈にも「かつて存在した女性語」を前提とした「女性専用語の死語化」という表現が用いられている（以下、傍線は筆者)。

(ii)しかしながら、現実はどうであろう。B(男性用コード)のセンテンスを、たとえば、ある中年女性が自分の娘に対して使ったことばとしても不自然ではないのではないか。最近、女性側レジスター(言語使用域)が広がりつつあることが指摘されるのである。特に、かつて近代語において見られた、女性専用語としての「この方がお似合いになってよ」「いいえ、そうじゃないことよ」といった文脈における「てよ」「ことよ」のような表現が、現代では軒並みに死語化していることは、いわば女性が女性としての枠にとらわれなくなったとみるべき情況であって……。(真田ほか　一九九二)

それに対して、「日本語には性差がある」ことを前提としない考え方もある。この考え方は、中村(二〇一二)の次の主張に集約される。

(iii)(「日本語には女ことばがある」という場合の「ある」は)実際に日本女性が男性と異なる言葉づかいをしているという意味での「ある」ではなく、言語イデオロギーとして言説によって歴史的に形成されてきたということです。

右の主張は、実際に使われている言葉についてではなく、「言語イデオロギー」について述べられたものであるということが重要である。「女性の言葉」には、「実際に女性が使っている言葉」としての【女性の言葉】(以後実際に使われる言葉をさす場合、特に【　】を用いて示す)だけでなく、「女性が使うと考えられる言葉(ステレオタイプとしての女性の言葉)」や、「女性が使うべきと考えられる言葉(規範としての女性の言葉)」といった、観念上の女性語としての〈女ことば〉[3]がある[4]。現代において、女性が実際には使わない語が「言葉の性差」の例となるのは、実際の【女性の言葉】と、ステレオタイプや規範としての〈女ことば〉とのずれゆえに生じている混乱であると言える。冒頭の岩田ほか(二〇一三)の記述は、日本語には「一方の性しか使わない語がある」というものであって、観念上の〈女ことば〉であれ、「わよ」という男性が使わない言葉があることは確かなので、それもまた的確な指摘なのである。

中村(二〇一二)が主張するように、〈女ことば〉がジェンダーイデオロギーとして作られたものであるとして、その間、実際の【女性の言葉】はどのように推移したのだろうか。中村（二〇一二）は、「一口に女性といっても、その立場はいろいろで、たとえ『昔』であっても、彼女たちが一様に同じような言葉づかいをしていたとは考えにくい」と述べる。「昔」の【女性の言葉】は多様であったとするこの主張は、「日本語は性差のある言語だが、その性差が衰退している」という見方とははっきり異なっている。ただし、この主張を、同じく中村（二〇一二）の、(iii)「〈女ことば〉は歴史的に形成された」という主張と結び付けて、「昔は多様だった女性の言葉が、歴史的に形成された〈女ことば〉に変わった」と理解するべきではない。その解釈にはやはり【女性の言葉】と〈女ことば〉の混同があるからである。中村（二〇一二）が問題にしているのはあくまでも〈女ことば〉が、多様な【女性の言葉】とは別に形成されたということであって、それが形成された後の〈女ことば〉と【女性の言葉】との関係については踏み込まれていない。

例えば、前出の井出（一九七七）の調査では、使用頻度は低くとも、女性専用の文末形式が実際に使われていた。しかし水本（二〇〇六）の時代、それは「テレビドラマの言葉」となっていた。すなわち、仮に〈女ことば〉がイデオロギーによって形成されたものだとしても、戦後の東京の学生たちの【女性の言葉】において、〈女ことば〉に含まれる形式が、一時期女性専用語として（一部であれ）実際に用いられており、その後使われなくなったということは事実として存在する。そういった点で、真田ほか（一九九二）による、(ii)「かつて近代語において見られた女性専用語の死語化」という説明も、【女性の言葉】の解説として的確な表現であると言えよう。ただし、そのことを「女性が女性の枠にとらわれなくなった」結果と解釈することについて、その「女性の枠」とはそもそも何なのかというイデオロギーの問題を中村（二〇一二）は問い直しているのである。(5)

二．女性専用の言葉はいつからあったか

(1) 室町時代までの言葉の性差

日本語における「言葉の性差」を考えるにあたり、まず、近代以前の日本語に【女性専用の言葉】があったのかを簡単に見ておきたい。戦後の代表的「婦人語」研究書の一つである真下（一九六九）が、「極めて少数の代名詞を除いては、会話語を対比しても、その差異はほと

んど見つけがたいであろう」と述べるように、平安時代の物語や日記等に残された会話文には大きな男女差は認められない。[6]

真下（一九六九）は、「その後五〇〇年をへた室町時代になると（男女の言葉に）はっきりした差が認められる」として『毛詩抄』の男は「祝着にそろ」と言い、女は「おうれしうそろ」と言うという漢語と和語の対立の記述を引用している。ただしその差異がどれほどの一般性を持つものであったかという問題がある。例えば室町時代の口語を反映する『虎明本狂言集』[7]（一六四二）の「かがみ男」での夫婦の会話を例に挙げれば、確かに夫は「在京・訴訟・安堵・御教書・御神鏡・御寵愛・重宝」といった漢語を使用しているが、一方で女性も「訴訟・在京」などの漢語は用いている。また、妻だけでなく夫も「嬉しう」（『毛詩抄』にあった「祝着」ではない）をはじめとする和語を用いており、男女の使用語彙の差は大きくない。

同じ「かがみ男」から、漢語以外の性差について見ると、「わらは」は院政期ごろから使われだした女性専用の一人称で、「性差」の一つであると言える。[8]また、妻が夫に対して「御座る」というきちんとした丁寧語を用いるのに対して、夫は「候」がさらにくだけた丁寧語「す」に終助詞「は《ワ》」をつけて「すは」と言っている。「かがみ男」には出てこないが、「おじゃる」「おりゃる」という男女共用の形式とは別に存在する、「おりゃらします」「おじゃらします」というもう一段階丁寧な形式も、主として女性が用いる形式であり、[9]女性が相対的にレベルの高い丁寧語を用いる傾向があるといえる。

このように、古代の日本語には、①一部の一人称、②漢語の不使用、③上品な語彙の選択（レベルの高い丁寧語など）、といった性差による「傾向」が認められるが、①を除いていずれも選好傾向の範囲におさまるものであり、男女の言葉の間に、真下（一九六九）の述べるような「はっきりした差」があるとは言い難い。

（2）武家礼法としての「女房ことば」「女中ことば」

さらに真下（一九六九）は、「婦人の言葉」として、所謂「女房ことば」の類を詳しく紹介している。真下氏に限らず、「女性語」＝「女房ことば」として扱われることが多い。これら、従来広く「女房ことば」と呼ばれていたものについて、松井（二〇一四・二〇一八）は、内裏・仙洞・公家社会で用いられた「御所言葉」「公家言葉」を、武家の礼法家（男性）が一六世紀初頭に武家

表１－１　東京語と江戸語の終助詞の男女差（小松（1988）をもとに作成）

	終助詞	江戸男性	江戸女性	
			一般	上層
東京男性語	A：～ダ・ダネ・ダヨ・～サ・～ゾ・～ナ・～ヤ	○	○	○
	B：ダゼ・ダゾ・ダナ・～ゼ・～ナ	○	○	×
東京女性語	A：コト・体言＋ネ（用例少数）・～ノ・体言＋ヨ・～ワ	○	○	○
	B：ダワ・～ノヨ	○	○	×
	C：体言＋ネエ・ナノ・ノネ・ワネ・ワヨ	×	×	×

社会に移入したものが「女房ことば」となり、江戸時代（一八世紀頃）の武家礼法家によって「女中ことば」が生まれ、武家社会の礼法として武家女性への指導が行われたと説明する。武家の礼法において、男女それぞれの作法が定められる中で、かつて御所で用いられていた特殊な異名に、尊敬語や書状の言葉、美化語に類する語が加わり、女性の規範となる語として教育が行われた。これらは、武家の男子が使ってはならない語という点では、武家における【女性専用の言葉】であったと言える。その中には「（お）いしい」「ひもじい」など、民間に広がったときには、男女両方に用いられるようになった言葉もあり、「男性の不使用」という規範がどこまで有効であったか不明だが、こういった「武家」という上位階層における礼法上の規範の広がりは、「男女の言葉の違い」という意識を生む素地となったであろう。

（3）女性専用文末形式の出現

一方、『浮世風呂』などに見られる庶民の江戸言葉には、男女の言葉に大きな差は見られない。そもそも、現在我々が「言葉の性差」として考えるのは、「だぞ・だな」／「だわ・のね」などの、男女専用文末形式の類であって、「女中ことば」ではない。小松（一九八八）によれば、江戸言葉の文末詞は、明治東京語の文末形式の男女差に連続性を持たない。

表１－１は、小松（一九八八）の記述をもとにまとめた東京語と江戸語の終助詞の男女差の関係である。この表を見ると、江戸語では、男性と一般（町民）女性とで終助詞の使用に差異がない。後に東京語で男性語／女性語と分かれる形式（男性Ａ群・女性Ａ群）が、江戸語では男女双方に用いられていたことが分かる。ただし、江

戸語には、男性と一般女性はどちらも用いるけれども、上層女性だけは用いない終助詞（表の男性B群・女性B群）がある。すなわち、江戸語では「男女間」に違いがあるのではなく、上層女性「だけ」が、言葉遣いに「制限」を有していたということになる。なお、この上層女性が使わなかった形式（男女B群）には、東京語で男性語になったものもあれば女性語になったものもあるわけで、上層女性の言葉が東京語の女性語に引き継がれたというわけでもない。東京語の女性語のうち、C群については、男女階層にかかわらず、江戸語で誰も用いていなかった形式である。

　そういった中、いわゆる「てよ・だわ言葉」と呼ばれる女性専用文末形式が、明治中期（一八八〇〜一八九〇年頃）の東京（山の手）で広がり始めた[10]。その後、明治後期の小説の会話文では若い女性の言葉にこの女性専用文末を使用することが一般的になり、大正期以降の小説では若い女性に限らず女性一般に広く用いられるようになり、さらにそれは新しく登場したラジオ、映画などの大衆的メディアを通じても広範に流布されていく（佐竹 二〇一二）。

三．近代女性の「良い言葉」

（1）「てよ・だわ言葉」の価値の転換

中村（二〇一二）は、これら「てよ・だわ」などの女性専用文末形式が「セクシュアリティと結びついた『女学生ことば』に変換され」る過程を論じる。確かにこれらの形式がメディアによって広がり、変容させられた側面はあるが、一方で、それらが実際に東京の女子学生の使う【（東京の若い）女性の言葉】であったことは事実である。しかも、これらの言葉は、明治大正時代、「良くない言葉」であるとされており、現代の我々が考えるような、規範としての〈女ことば〉ではなかった。一例として森野（一九九一）の指摘を引用しよう。

(iv)現代ではごく普通の言葉遣いである「……わ」「……よ」も、当初は、女らしからぬ言葉、淑やかさに欠けた生意気な言葉として眉をしかめる向きが多かったらしい。明治一一年生まれの鏑木清方（一八七八〜一九七二）の随筆集『明治の東京』のなかの「明治の東京語」によれば、「よくってよ」とか「知らないワ」とかの若い女性の言葉は、明治三〇何年頃かの女学生間に発生したもの[11]で、明治二五（一八九二）年の尾崎紅葉の『夏小袖』あたりでは、娘の言葉遣いがまだ古風で「蓮葉めく『よ』や『わ』がまだ出て来ない」と記されている。

これらの文末形式が、女性にふさわしい言葉として記述されるのは第二次大戦中の三尾（一九四二）や藤原（一九四四）を待たなければならない。三尾（一九四二）は、「ここでいふ女言葉は、女らしい言葉の意味であります。」と定義づけ、「てよ・わ・よ・の・こと・もの・な・ね」など[12]の文末形式を取り上げ、詳しく記述している。「良くない言葉」「軽薄な言葉」として扱われていた「てよ・だわ言葉」の価値が、いつの間にか逆転したのである。

(2)「てよ・だわ言葉」に足りないもの

では「良くない言葉」とされていた「てよ・だわ言葉」が、第二次大戦中、三尾（一九四二）に「女らしい言葉」と評価されるまでの間に、何が起こったのか。さらに気になるのは、その間の女性にとっての「良い言葉」とはどのような言葉だったのかということである。

本田（一九九〇）をはじめ多く指摘されているように[13]、「てよ・だわ言葉」が一般的になる少し前、明治一八年（一九八五）に『女学雑誌2号』に掲載された『梅香女史の伝』には、澤山と田中という高等女学校の生徒が男子学生のような「書生言葉」を使う様子が記されている。一方、優等生である青山梅は「です・ます」文体の言葉を用いる。ここで筆者が着目したいのは、「書生言葉」を用いているはずの女子学生の言葉にも、一部「です・ます」の文体が混じることである。

(v)「僕等、イヤ妾等は之を導きて当世風にする義務がありますぜ」

(vi)「算術などは少しも心が有りませんネー。」

このように、女子学生が「書生言葉」を真似て用いていても、そこに「です・ます」の文体が顔を出すのは、同種の他の例[14]でも同じである。

(vii)「本当にそうですよ。曖昧とした亭主なんぞ持つのは不見識ですよ。君きっと北堂へ断りたまへ」
（読売新聞の読者投稿　明治八年（一八七五）一〇月三日[15]）

男子学生が用いる本当の「書生言葉」では、同級生相手に「です・ます」体を用いることはない。明治初期の東京の女子学生は、優等生でなくても誰もが友人同士の会話で「です・ます」体を用いていたのである。

「てよ・だわ言葉」というのは、本来の「書生言葉」と同様、「です・ます」を使わない、常体でも用いることのできる形式である。しかも、「こと」「の」「もの」といった体言、「だ」のあとの上昇調の「わ」、「て」による言いさし、「ネ」によって相手への同意を求めるなど、強く言い切らない形式[16]が選ばれている。この言葉遣いが非難された原因は種々考察されているが[17]、実はその原因は、「こと」や「だわ」といった形式にあるのではなく、「です・ます」という「敬体を欠く」という点にあると考えるべきではないか。「わ」という終助詞だけを見れば、優等生梅も「思ひましたは」のように用いているが、これは「ます」という敬体とともに用いられているため問題にならない。敬体の使用とはすなわち「上品な言葉」であり、すでに見た、室町時代から存在し、江戸時代の「女中ことば」にも見られた女性の規範につながるものである。

この、常体であるのに、むき出しの言い切りの形ではなく東京語を話すことのできる「てよ・だわ言葉」は、実際には多くの上位階層の女性の話し言葉に受け入れられた。しかし、それはあくまでインフォーマルな言葉であって「規範」ではない。規範としての「上品な女性の言葉」は、「です・ます」にとどまらず複雑な敬体を用いる言葉として別に存在したからである。

(3)「敬体」の価値の変化と「てよ・だわ言葉」の位置付け

このように、「上品な女性」にはふさわしくない文体であった「てよ・だわ言葉」が、女性専用文末形式として「女らしい言葉」と言われるようになるまでの経緯を考えるうえで興味深い資料がある。佐竹（二〇一二）は、戦前の国定国語教科書における男女の言葉と常体／敬体の扱いを調査し、戦前の国語教育において「丁寧さという〈女性語〉規範の教授が重視されていた」ことを明らかにした。表1-2は、佐竹氏の記述をもとに、女が敬体で男が常体という対比的会話の有無と、男女の常体使用の状況に着目してまとめたものである。

第1期から第3期（明治三七年（一九〇四）から大正七年（一九一八））の教科書では、男は子供を含めて（敬体だけではなく）常体も用いているのに対して、女の常体は大人が目下に用いるもののみである。この時期は前

表1－2　男女の言葉と常体の扱い（佐竹（2012）をもとに作成）

	全体の特徴	女の敬体×男の常体対比的会話	男常体	女常体
第1-2期 明治37年（1904）	形式的な敬体会話が中心。目上への敬体使用に重点		使用（目上から子供・男子友人間）	第2期に1例のみ（母→子）
第3期 大正7年（1918）	常体を使用した日常会話が増加	あり	使用 ↓	大人：目下相手に使用 子供：不使用（敬体のみ）
第4期 昭和8年（1933）		あり		大人も子供も不使用が主流 大人から目下への使用にも制限 **わずかに女子の常体使用あり** **女性専用文末形式出現**
第5期 昭和16年（1941）		大幅増加※		不使用（目下相手でも敬体）※
戦後 昭和22年（1947）		なし	↓	使用 多様な女性専用文末形式

※教師用指導書に「男の子どもは常体を用ひ、女の子どもは敬体を用ひてゐる。男女の性別により対話におのづから相違のあることに注意する」と記載。4期で常体が用いられていた母から息子への常体も敬体に変えられる。

章で述べた、女性は丁寧な言葉を用いるべきだという規範から「てよ・だわ言葉」が忌避された時代に該当する。

ここで注目したいのは、次の第4期（昭和八年（一九三三））に女性専用文末形式を用いた女子の常体使用がわずかではあるが出現するということである。これは「てよ・だわ言葉」の普及から四〇年を経たこの時代、それがもはや眉を顰《ひそ》めさせる対象ではなくなり、教科書に採用し得るほど当たり前になったことを示している。東京の上層女性と小説の登場人物がインフォーマルな会話で用いていた「てよ・だわ言葉」は、敬語の不使用が受け入れられさえすれば、上層女性の「上品さ」を十分に示し得る言葉となる。むしろ敬語を用いない状況での女性の「上品さ」を演出する言葉として不可欠な言葉であったであろう。

ただしその後、戦時に入った第5期（昭和一六年（一九四一））、再び女の常体は姿を消し、男の常体に対する女の敬体という規範が強化される。しかし、このような形で提示される「女の敬体」という規範は、かつてとは異なるものであると言える。江戸時代から明治時代、日常的に敬体を用いるのは、武家の女性や教育のある上層の女性である。すなわち「女の敬体」は、それを用いること自体が階層と結び付いた「品格」の表現であった。しかし、国定教科書で「国民一律」に教育される「女の敬体」は、階層と結び付いたものではなく、「上品さ」の指標となるものではない。したがって上品な女性の言葉として定着した女性専用文末形式の使用を妨げるものではなく、共存可能な規範であると言える。ちなみに、三.(1)で触れた、「てよ・だわ言葉」的な文末形式を「女らしい言葉」と説明する三尾（一九四二）は、まさにこの第5期と重なる時期に出版されたものである。

戦後の国定読本（昭和二二年（一九四七））では、常体・敬体による男女の対比が姿を消す。佐竹（二〇一二）は、それに代わって、女子の用いる常体に現れた多様な女性文末形式[18]と、戦前から多用されていた男性文末形式との対比が際立つことになり、「学校教育において性差形式規範の教授がおこなわれること」になった（要約）と指摘する。標準語における〈男ことば〉と〈女ことば〉の成立である。

（4）女性専用文末と「女性らしさ」の結び付き

こうして標準語に受け入れられた女性専用文末形式は、戦後どのように認識されていったのだろうか。尾田（一九六四）の冒頭部が興味深い。

> (viii) 室町時代の女房詞を始まりとする女性語は、宮廷語の長い系統を引く「ます」「ございます」の敬譲と親愛をこめたことばを本とする。しかし、現代の社会に於いては、敬語的表現は少なくなり、ことばは単純化されてきている。従って、女性特有のことばづかいも次第に男性のことばづかいに近づきつつある。しかし、身分や教養の差に基く女性語の特徴はだんだん薄らいでゆくであろうが、女性としての意識・感情・身体的条件は残るわけである。「女らしい」ということは女性が存在する限り必要なことである。（中略）文末における様々の表現は女性独特のものが多く、敬譲でも丁寧語でもないが女性らしいやわらかいことばがある。

いちいち指摘しないが、この文は尾田（一九六四）独自の見解というよりも、当時の先行研究を周到に踏まえたものとなっている。その結果、当時の女性の言葉をめぐる言説において、「女性語」の指標が、「敬語の使用」から「専用文末詞の使用」へと変わる様子、また、「女性語」使用の根拠として、「（女性が本質的にもっている）女らしいやわらかさ[19]」という価値が登場する様子が端的に示されていると言えよう。戦後一九七〇年代くらいまでに書かれた「女性の言葉」についての論の多くは、

（viii）の冒頭のように、歴史的な「女房ことば」と「女性特有の文末詞」を女性語としていとも簡単に結び付けている。それは、「女性語」の存在を〈女性の本質〉と結び付けて意味付けし、規範としての〈女ことば〉を継続・強化する考え方である。ここでは、「日本語は性差のある言語である」という言説が、一種のイデオロギーとして働いている[20]。

しかし、実際の【女性の言葉】としての女性専用文末は、東京の一部の階層と小説の中でのみ用いられていた形式に過ぎない。湯浅（一九五四）は、それらの形式を自分の住む京都ではほぼ使わないが[21]、東京に出ると使わないと変であるという観察を、タカクラ（一九五二）は、使うのは高い階層の者だけであるという観察を、それぞれ記している。次第に教育の大衆化が進み、地方から東京への人口の流入も進む中で、東京の上層女性の言葉であった女性専用文末形式が次第に使われなくなっていくのは自然な流れだったであろう。

四．言葉の性差の現状と今後

以上見てきたように、日本語における言葉の性差を支えてきたのは、古くは武家社会の礼法として、近代においても東京の上位階層の間にあった、「女性は上品な言葉を使う」といった規範である。昭和前期、社会が平準化する中で、上位階層の規範は一般的な「女性らしさ」の規範へと変容して合理化されたが、その後社会の変化に伴って、一方の性に専用の形式は使われなくなりつつある。このように考えると、日本語に見られる言葉の性差は、他言語と比較してそれほど特殊なものではない。

では、現在その「規範意識」はどうなっているだろうか。近年出版された、女性の言葉遣いについて書かれた実用書を見ると、吉田（二〇一四）のような、敬語の使い方を丁寧に説き、「お初にお目にかかります。お時間をいただきまして光栄に存じます。」「山田の家内でございます。いつも山田がお世話になりまして、夫婦ともども、田中様のご厚情に恐縮しております。」といった例文を挙げる伝統的なパターン（A）がある一方で、日野（二〇一五）のようなビジネス場面での簡潔な言葉遣いを説くもの（B）がある。Bの日野（二〇一五）は、昔、その筆者に発せられたという男性の言葉を紹介する。

(ix)女性は感覚的、感情的に話す人や、本題から話がそれて論点がずれていく人が多い。相手の目的を理解し、聞きたいことを的確に伝えられる女性は本当に少ないと思う。

同書ではこの体験をもとに、「おしゃべり・あいまいな言葉・まわりくどい話・話の脱線・感情」を封印し、「長い前置き」や、「遠まわしな言い方」など「女性特有の話し癖」を変えることが女性への助言として示される。AとBの中間的な日経WOMAN（二〇一五）でも、「丁寧すぎること」がよくない例として挙げられる。女性に「マナー」を求める場が、家庭から職場に、さらには業務の中心へと移っていく中で、かつての女性の規範の否定が推奨されるという、ダブルバインドが生じていると言えよう。この状況は後で述べるような問題を含んでいるが、ともかくも今後言葉に関わる女性特有の規範が生まれることはなく、女性特有の表現が新たに生まれる可能性は低いということは言えるだろう。

一方、一度生まれた男女専用文末形式は、実際には使われなくなっても、ステレオタイプとして存在し続ける。特に、早くに消滅した「てよ・こと」については「お嬢様言葉」を表す「役割語」（金水 二〇〇三）となっている。次第に使用されなくなった他の形式も、テレビドラマで使用され続け、水本（二〇〇六）が指摘したようなずれが生じることとなった。翻訳の言葉で〈女性語〉が用いられることへの疑問も提示されている。一方で、実際の使用実態が、徐々にその「役割」に反映されてきている兆しもある。二〇一七年のいくつかのテレビドラマや漫画等を確認したところ、三〇代くらいまでの女性は女性専用文末をあまり使わないのに対し、その母親世代の女性は使用するという対比がなされ、高齢女性の役割語となっている作品が複数あった。[22] また、登場する四人の女性の性格によって使用する言葉が使い分けられている漫画、『僕らはみんな河合荘』[23]で、女性専用文末形式を常用するのは年配の寮母、時々使うのは、他人の男女関係に介入して楽しむ性格の悪い大学生であり、ヒロインの高校生は、男女共通の言葉を用いる。[24] かつて「女らしさ」の表象としてその衰退が嘆かれた昭和の〈女ことば〉は、もはやヒロインの言葉ではなくなったのである。同時に、この〈女ことば〉は、男性の身体特性を持つ人物が「女性性」を表現する場合のいわゆる「オネエ言葉」として用いられるという側面もある。また一方で、同一人物が同一会話の中で、発話行為の種類によって態度を変える手段として〈女性語〉文体を使用しているという報告もある（松本 二〇〇七）。

さらに、こういった女性専用文末形式とは別に、語尾を伸ばす「女子大生言葉」をはじめ、「ギャル語」「女子高生言葉」「JK語」など、新たな種類のステレオタイプとしての〈女ことば〉があるが、これらの話者は「女性」であるだけでなく、「若い」という属性も持ち合わせている。かつての規範的な〈女ことば〉が社会的秩序や支配を背景として成立していたのに対し、〈若い女性の言葉〉のステレオタイプは、一時期の「てよ・だわ言葉」も含め、男性側からの性的欲望を背景として成立した表象であるといえる。

これらのステレオタイプは、今後もまた新たに作り出されていくであろうが、その背景には、実社会の、男女をめぐる関係のあり方が存在する。言葉はその反映でもあり、また、言葉が実社会の関係に影響を与える側面もある。そういった意味で、女性規範の消滅と入れ替わるかのように、(ix) のような、「女性の言葉はこうである」と決めつける見方が発生することに対しては、クリティカルな視線を向けるべきであろう。今までビジネスの世界に関わっていなかったことが原因であるかもしれない事柄を、「女性の本質である」と断定し、男女の偏った力関係の維持に寄与する、新たなステレオタイプを生んではならないのである。

注

(1)川口（一九八七）。直近のものとしては増田（二〇一六）、張（二〇一六）など。
(2)熊谷（二〇一六）に詳しい。
(3)〈　〉でかこむことでステレオタイプや規範を含むものを示す。〈女性語〉も〈女ことば〉と同義のものとし、本章では区別しない。
(4)先行諸論文の中でも規範的な意味を持つ場合は括弧付けにするなど考慮されている場合が多い。
(5)中村（一九九五）は、「現実に女がことばを使う様子と社会規範を混同することは、社会が女の言語使用に与えた規範を生物学的性と結び付ける誤った傾向を助長することになる。私は、日本語の研究に現実の女の言語使用と社会規範の混同が顕著であるという事実を、それだけ日本社会が『女というジェンダー』を狭く規定している結果であると考えている。」と、実際の言語使用と社会規範の混同の問題点を指摘している。
(6)山口（一九九八）。
(7)池田・北原（一九七二）。
(8)二人称については夫の「おぬし」に対して、妻は「わとの」「わおとこ」という表現を用いているが、いずれも男女共用の語で〈女性語〉ではない。「そなた」は夫妻双方が用いている。

ここでは使われていないが「わごりょ」も男女共用である。

(9)蜂谷（一九七七）。

(10)石川（一九七二）、小松（一九八八）、出雲（二〇〇三）、中村（二〇一二）、佐竹（二〇一二）。

(11)森野（一九九一）では、三〇年代以前の小説にも「わ」「よ」は使用されているなど、これらの回想には誤認があることも指摘されている。

(12)これらの語彙のうち、「てよ・こと」については、井出（一九七七）において、「使われていない女性語」として言及されたものであり、「わ・の」は女性の使用率が高かった形式である。一方、「ね・よ」および「もの」の変化した「もん」は男女共用または男性の使用率が高い語であった。

(13)森野（一九九五）、出雲（二〇〇三）、中村（二〇一二）。出雲（二〇〇三）は、この会話は東京女子師範学校附属高等女学校の会話をありのままに写したものと考えられるとする。

(14)出雲（二〇〇三）、中村（二〇一二）。

(15)出雲（二〇〇三）からの引用。

(16)鈴木（一九九三）の「物事を断定しない」という性質を満たしている。

(17)「てよ・だわ言葉」の起源が下層だったからという説もあるが、金水（二〇〇三）が述べるように確証はない。

(18)佐竹（二〇一二）では「〈女性語〉文末形式」「〈男性語〉文末形式」と表記される。

(19)女性専用文末詞が「やわらかい」印象を与えたのは、もともと「てよ・だわ言葉」が、鈴木（一九九三）の言う、断定をさける表現であったことによる。

(20)同時に、〈女ことば〉の衰退を男女平等の反映であるとする考え方もある。

(21)京都方言には別に「〜え」といった女性専用の文末があったはずであるが、ここでは触れられていない。

(22)『カンナさーん！』（TBS 二〇一七）、『PTAグランパ！』（NHK 二〇一七）、『就活家族』（テレビ朝日 二〇一七）など。ただし、（娘→母）「やっぱり川が見晴らせる家っていいわよねー。」（『就活家族』テレビ朝日 二〇一七）のように、量的には少ないが、若い女性の言葉にも女性専用文末が一部使用されることはあり、あくまで傾向の問題である。

(23)宮原るり（二〇一二〜二〇一八）。

(24)なお、残る一人の女性は、美人で酒癖の悪いOLで男言葉を使う。

文献

池田広司・北原保雄（一九七二）『大蔵虎明本狂言集の研究』表現社

石川禎紀（一九七二）「近代女性語の語尾―『てよ・だわ・のよ』―」『解釈』一八‐一〇

石黒修（一九四三）『美しい日本語』光風館

出雲朝子（二〇〇三）「明治期における女学生のことば」『青山學院女子短期大學紀要』五七

井出祥子（一九七七）「大学生の話しことばにみられる男女差異」ペング、フレデリック編『談話行動に見られる男女の差異』文部省科学研究費補助金研究成果報告書

岩田祐子・重光由加・村田泰美（二〇一三）『概説社会言語学』ひつじ書房

尾田豊子（一九六四）「女性のことば―文末部分の表現を中心に」『立教大学日本文学』一三

金水敏（二〇〇三）『ヴァーチャル日本語 役割語の謎』岩波書店
川口容子（一九八七）「まじり合う男女のことば—実態調査による現状」『言語生活』四二九
熊谷滋子（二〇一六）「「『女ことば』が衰微してきた」という言説を再考する」『人文論集』六七‐一 静岡大学人文社会科学部
小松寿雄（一九八八）「東京語における男女差の形成—終助詞を中心として」『国語と国文学』六五‐一一
佐竹久仁子（二〇一二）「日本語の攻防—言語変種〈女性語〉の形成と衰退」『日本語学』三一‐七
真田信治・渋谷勝己・杉戸清樹・陣内正敬（一九九二）『社会言語学』桜楓社
鈴木睦（一九九三）「女性語の本質—丁寧さ、発話行為の視点から」『日本語学』一二（六）
タカクラ・テル（一九五一）『ニッポンの女』理論社
張夢圓（二〇一六）「日本語の女性語について—少女漫画に見る女性語の推移」『日本文学研究』五一
中村桃子（一九九五）『ことばとフェミニズム』勁草書房
中村桃子（二〇一二）『女ことばと日本語』岩波書店
日経ＷＯＭＡＮ編（二〇一五）『美しいマナー&話し方』日経ＢＰ社
蜂谷清人（一九七七）『狂言台本の国語学的研究』笠間書院
日野佳恵子（二〇一五）『女性のためのもっと上手な話し方』ディスカヴァー・トゥエンティワン
藤原与一（一九四四）『日本語—共栄圏標準口語法』目黒書店
本田和子（一九九〇）『女学生の系譜—彩色される明治』青土社［増補版として二〇一二年青弓社より再版］
真下三郎（一九六九）『婦人語の研究』東京堂出版
増田祥子（二〇一六）「女性文末形式の使用の現在—『女性のことば・職場編』調査と比較して」現代日本語研究会編『談話資料日常生活のことば』ひつじ書房
松井利彦（二〇一四）『女中ことば集の研究—女性語の制度化と展開』武蔵野書院
松井利彦（二〇一八）「女性語の歴史—御所ことばから女房ことば、女中ことばへ」『日本語学』三七‐四
松本善子（二〇〇七）「会話の中のいわゆる〈女性語〉」『月刊言語』三六‐三
水本光美（二〇〇六）「テレビドラマと実社会における女性文末詞使用のずれにみるジェンダーフィルタ」日本ジェンダー学会編『日本語とジェンダー』ひつじ書房
三尾砂（一九四二）『話言葉の文法—言葉遣篇』帝国教育会出版部［一九九五年くろしお出版にて復刻］
宮原るり（二〇一二～二〇一八）『僕らはみんな河合荘』少年画報社
森野宗明（一九九一）「女性語の歴史」『講座日本語と日本語教育』一〇
森野宗明（一九九五）「現代敬語のプロムナード—女性とキミ・ボク」『国文学 解釈と教材の研究』四〇‐一四 学燈社
山口仲美（一九九八）「『源氏物語』の女性語」『平安朝の言葉と文体』風間書房
湯浅芳子（一九五四）「日本語の女言葉」『言語生活』一八
吉田裕子（二〇一四）『美しい女性をつくる言葉のお作法』かんき出版

第二章　待遇場面による語の選択

西尾純二

一．「待遇」について

日本語研究での「待遇」は、「待遇表現」という用語の中で使われることが多い。岡田（一九〇〇）で敬語法・謙語法・傲語法・卑語法と[1]、それらに中立的な待遇である平語法を加えた五種が「待遇法」と名付けられて以来、多くの研究者によって「待遇表現」が定義づけられている（西尾 二〇一五）。研究者によって定義は一定しないが、菊地（一九九七）は、場面による語の使い分けという観点から、以下のように待遇表現を定義した。

> 基本的には同じ意味のことを述べるのに、話題の人物／聞手／場面などを顧慮し、それに応じて複数の表現を使い分けるとき、それらの表現を待遇表現という
> （三三頁）

待遇表現は対人的・場面的な要素を考慮して「使い分けられる」表現である。例えば、二人称代名詞の場合、「あなた様」「あなた」「君」「お前」「てめえ」などの表現群から、場面に応じて表現が使い分けられる。菊地によると、二人称代名詞の待遇的な使い分けは、ドイツ語やフランス語、ロシア語にも存在するが、日本語のように、代名詞だけでなく、言語体系・言語行動のほぼ全般にわたって敬語が発達している言語は少ないという（菊地同、九三頁）。言語の様々な側面に敬語表現が存在するなら、同じ意味[2]を述べる非敬語表現も存在する。それら敬語、非敬語は、場面によって使い分けられるので、菊地の定義に照らせば、両方とも待遇表現に含まれることになる。

本論ではことばの使い分けが見られる場面、すなわち「待遇表現が現れる場面」を「待遇場面」と呼んでおく。そして、日本語の待遇場面での多彩な語の選択に関して、論点や知見を整理し、関心の広がりについて述べたい。

二．待遇表現の言語的単位と「語」

待遇場面で用いられる待遇表現の「表現」と「語」は、いずれも言語的単位として明確な定義が与えられるものではない。その点を踏まえ、本論で扱う「語」について、緩やかに規定しておきたい。

(1) 待遇表現の言語的単位

話し手が待遇のあり方によって使い分ける言語表現には、機能語なら「お弁当」や「ドけち」、「山田さま」「書かれる」「ます」「です」などが含まれるし、内容語なら「ごはん」に対する「めし」「食事」などの自立的な語が含まれる。また、「帰る」に対する「お帰りになる」、「書類にサインをくれ」に対する「書類にサインをいただいてもよろしいでしょうか」の傍線部のように、複数の形態素から構成される待遇表現もある。さらに、何か物を頼む際の前置き表現である「忙しいのに悪いけど、ちょっと頼むわ」の傍線部など、文法的な単位としては「節」にあたる部分も、場面の性質に応じて使い分ける待遇性を帯びる。命令や指示、挨拶など「言語を用いた行動のまとまり」、すなわち言語行動を待遇表現として認める立場もある（杉戸 一九八三）。

待遇表現に限らず、「表現」と呼ばれる言語形式群は、「可能表現」「ぼかし表現」「文末表現」など、言い表そうとする意味・機能や文内での位置といったことに注目してまとめられ、それらの言語的単位については一貫するものではない。例えば「可能表現」は「動作が可能であるという意味を表す」ための言語表現を指し、その形式は、可能の助動詞「られる」、動詞終止形と接続した「(行く) ことができる」「(行く) がなる（鹿児島方言など）」のように言語的単位として統一されてはいない。

(2) 待遇表現の中の「語」

言語的単位が不統一な待遇表現の中で、本論では待遇場面における「語」の使い分けを扱う。語は「表現」よりも、言語的単位としての認識が広く持たれているだろう。しかし、宮岡（二〇〇二）でも批判的に指摘されるように、日本語研究における言語的単位としての「語」の規定には、課題が残されているようである。

日本語のシソーラス『分類語彙表　増補改訂版』（国立国語研究所編 二〇〇四、以下『語彙表』）で、待遇表現に関わる「語」の扱いを見てみよう。『語彙表』（三頁）では「文法上の自立する「単語」を基本に」して、「それと同様の意味上の働きを持つ連語・接辞・慣用句等を排除」せず、「すべてを「語」」と呼んでいる。それらの語は、品詞や意味といった観点から分類される。単語は「体」「用」「相」「その他」の四つに分類され、「体」には名称・名詞、「用」には存在・活動を叙述する動詞、「相」には状態を叙述する形容詞・形容動詞・副詞・連体詞の類、さらに「その他」には一部の副詞・接続詞・感動詞が含まれる。待遇表現と呼べる「用」の言語表現には、「おわす」「いらっしゃる」といった動詞語彙群と敬語助動詞の「れる」「られる」や、連語的な「おいでになる」などがある。また「あられる」のように、動詞と敬語助動詞を合わせたものが一つの見出しとして立つこともある。

ほか、『語彙表』では「すみません」や「すまん」などが「その他」類の「挨拶語」として分類されている。[3]「すみません」という謝罪表現は、「すまん」と文体的な対立を持ち、「すみませんが」のように節を形成するので、文的な側面を持つ。しかし、「すみません」は「すみます」という肯定表現がないため、「語」と捉えられる側面もある。

このように、品詞的にも言語的単位としても異なる待遇表現が、『語彙表』では「語」として扱われている。しかし、「ちょっとすみませんが……」「差し出がましいようですけれども……」など、節や文レベルの待遇性を持った表現は『語彙表』には含まれない。本論では、以上のような『語彙表』の語の認定の仕方に基づいて考察を進める。近年の対人関係調整に関わることばの研究が、表現形式に恒常的に備わっている待遇的意味やその体系だけを扱うことは多くない。敬意表現や配慮表現、あるいはポライトネスなどの概念のもとに、話者の方略的な表現行動を扱うことが増えている。それは、対人関係を調整する方略的な表現行動を分析・考察するには、考察する言語的単位を「語」に限定する必然性が低いからであろう。

しかし、一．で述べたように、語のレベルでも敬語が発達している日本語において、その使い分けに注目することの意義は依然小さくない。そのことは、以下三．で整理する、様々な待遇的なことばの選択条件が、「語」

の場合にも当てはまることからも明らかである。

三．語の使い分けの条件

待遇場面での語の選択は、尊敬語・謙譲語・丁寧語・美化語といった狭義の敬語だけではなく、多くの言語事象に見られる。敬語を選択する要因についても、「相手に敬意を持つ」「相手が目上であることを示す」だけではなく、ことばが使い分けられる現実に目を向け、幅広く考察されてきた。

待遇表現の選択条件を整理した研究に、南（一九七四）がある。南は「敬語選択の条件」を外的条件（言語外の世界のものごと）と内的条件（言語体系内の制約など）に分け、その条件の整理を試みている。南（同、二六四〜二八〇頁）における、敬語の選択条件を具体例とともに表2－1と表2－2に示す。

まずは、言語の外的条件をまとめた表2－1を示す。なお、表中の具体例は、南が掲げたものもあるが、筆者が加筆したものが含まれている。南によると選択条件のうち、外的条件は、（1）人間関係の条件、（2）ことがらに関する条件、（3）状況に関する条件に大別され、さらにその中にも様々な条件がある。

菊地（一九九七、四二〜七六頁）においても、待遇表現の使い分けの条件整理がなされているが、南の研究を参考にしているものである。ただし菊地は、これらの条件のみによって待遇表現の選択が決まるわけではないと指摘している。どのような待遇表現を使うかを決定づける最も大きなファクターは、その発話場面でどのように待遇したいかという話し手の「待遇意図」（菊地　同、五八頁）や、発話の前から待遇する人物や場面に抱いている心情、人間関係を円滑なものにしようという意図、敬語不使用などによる社会的制裁をおそれる気持ちなどの心理的ファクターであると論じている。

このような心理的ファクターの存在は、表2－1のような使い分けの言語外的条件が、話し手に「顧慮」されるだけでなく、条件に対して「評価的態度」を持ちつつ、語が選択されることを指摘するものである。そのような区別のもとに、待遇表現のことばの選択プロセスをモデル化した研究としては、南（一九七四）、杉戸（一九八三）などを参考にしてほしい。また、場面・意識（きもち）・内容（なかみ）・形式（かたち）という概念を設定することで、待遇場面と行われる表現形式との関わりを示し

表2－1　言語外的条件（南 1974 に加筆）

条件1	条件2	具体例
（1）人間関係の条件	イ．本人か本人でないか	本人に話すか，代理人に話すかでことばが変わる．
	ロ．性別	女性は敬語を多く選択し，男性は軽卑のことばを多く選択する．
	ハ．役割的上下関係	上役と部下．教師と生徒．
	ニ．社会階層的地位の上下関係	封建的な社会階級．現代を含めた皇室．
	ホ．年齢的上下関係	年上・年下へのことば遣い．大人から子供への幼児語彙．
	ヘ．身うちか身うちでないか	家族や会社のウチヨソ．他社の人に上司を敬語で表現しない．
	ト．個人間の歴史的関係	初対面か否かなど交友期間の長短．かつて先輩だった部下へのことば遣い．
	チ．立場的関係	臨時的な上下，強弱関係．客と店員など．
（2）ことがらに関する条件	イ．相手側に属するものごとか，言語主体の側に属するものごとか	相手／言語主体側の身体（部位）や所有物，所属団体を，オ体，オ帽子，ゴ高著／拙著，貴社／弊社などと呼ぶ．
	ロ．もとは言語主体に属していたが，相手のものになるもの	お手紙・ご依頼状（出したのは言語主体だが，受け取ったのは相手側）．
	ハ．問題のものごとが形式的か否か	慶弔事のような形式的なことを話す場合，ことばの選択も日常と異なる．敬語だけでなく，語種選択なども．
	ニ．問題のものごとが一般日常生活的なものか，専門分野のものか	日常生活ではオ米やスマホと言うが，専門的な話をしているときは米穀や端末機と言う．
（3）状況に関する条件	イ．形式的か否か	スピーチか講演か，あるいは雑談か．その場の状況．
	ロ．一対一の話か，一対多数の話か	一対多数の話の場合，イタス，存ズルなどの表現が多用される．校内での校長先生のあいさつなど，相手が全て目下であっても．
	ハ．直接の話か，間接的手段による話か	対面で話す時よりも，電話で話す時の方が敬語が多い．SNS など様々な言語メディアごとの言語使用の違い．

※「条件1」「条件2」は便宜的に筆者が付した．分類の階層関係を表す．

表 2－2　言語内的条件（南 1974 に加筆）

条件 1	条件 2	具体例
（1）文章関係の条件	イ．書きことばの文章で不特定多数を目指す場合.	新聞記事や論文など．手紙などと異なり丁寧体にならない.
	ロ．文章の構造中の位置	電話の会話の開始部と終結部は，少し改まり，敬語的要素が現れやすい.
	ハ．書きことばと話しことばの区別	「貴兄」は，話し言葉では使われにくい.「やがる」は書きことばでは使われにくい.
（2）文の構造に関する条件	イ．従属句の中の丁寧語	〜ナガラ，〜ツツの従属節では，丁寧語は現れることができない.
	ロ．いわゆる引用の〜トを末尾に持った句の丁寧語	「「お前がやれ」と言っていただきまして……」など，引用句内は待遇度が落ちる.「そうですと思います」などとも言いにくい.
	ハ．連体修飾語の中の丁寧語	「本を読みます時間」は不自然.
	ニ．連体修飾語とそれが含まれる文の述語における敬語の要素	「お渡ししました書類を提出して.」と述語を敬語なしにすると不自然.
	ホ．文の陳述的側面とその文の述語部分における敬語	自分の子供には通常敬語を使わないが，「よく噛んで食べなさい」など命令の場合には使う.
（3）単語の構造に関する条件	イ．オ〜のつくことば，つかないことば	接頭辞のオが，外来語や長い語，悪感情の語などにはつきにくい.食事に関する語にはつきやすい.
	ロ．オ〜をつけるか，ゴ〜をつけるか	和語にオ，漢語にゴが付きやすいが，例外もある.
	ハ．おもに述語部分の要素相互の結びつき方や順序	オ誘イ申シアゲルとは言うが，イタダキ申シアゲルとは言わない.

※「条件 1」「条件 2」は便宜的に筆者が付した．分類の階層関係を表す．「文章」には会話・談話を含む.

た蒲谷（二〇一三）の体系的な研究も、表2－1のような諸条件の話し手による処理の仕方を説明するものである。蒲谷の研究では、語用論研究やポライトネス理論と、待遇表現研究との関わりについても簡潔に整理されている（蒲谷 同、一二〜一五頁）。

表2－2は、待遇意図を表出する手段として日本語という言語体系を用いる限り、付随してくる語や表現の言語内的な使用条件である。（1）文章関係の条件のイとハは、書きことば・話しことばという文体的性質、ロは文章・談話論的な性質による語や表現の制約を示している。（2）文の構造に関する条件では、統語論的な制約がまとめられている。（3）単語の構

造に関する条件としては、語種選択や述語を構成する際の条件がまとめられている。

語用論や社会言語学の研究では、言語外的条件に注目することが多いが、表2－2のような言語内的条件を踏まえたうえでの分析が必要である。例えば、会話内での対人関係の調整を観察する研究で、その様相を明らかにするために、丁寧語の使用状況を分析する際には、表2－2の（2）文の構造に関する条件を踏まえる必要がある。丁寧語の出現・非出現は、対人関係を調整するためでなく、文の構造によって決まることがあるからである。

四．関心の広がり
―場面の変容・使用語の変容―

待遇的な語の選択は、待遇場面に対する人々の評価の仕方や、その評価の表出の仕方に関わる事象である。例えば、「大学教員と学生」「親子」の対人関係なども、時代や社会ごとに評価の仕方が異なり、その評価は不変・普遍ではない。社会的に規定される対人関係は、それぞれの時代や社会の価値観で人々に評価され、その評価に基づいて待遇的な語の選択がなされる。このような価値観の時代的・社会的固有性に迫るために、言語変化の方向性や要因を観察することがある。ここでは、その研究事例を示す。

（1）データの概要

愛知県岡崎市では、国立国語研究所が中心となり、一九五三年、一九七二年、二〇〇八年の三次にわたり、敬語と敬語意識の調査が継続して行われている。[4] この調査を以下、岡崎敬語調査と呼ぶ。このプロジェクトでは、いくつかの手法を用いて調査が実施されているが、その中で、状況を描いた絵（刺激図）を見せ、その状況での発話（反応文）を口頭で回答する形式の調査がある。これを「サーヴェイ調査」と呼んでいる。また、この調査とは別に、回答者の経歴や日常置かれている社会環境、社会的接触について問うた「社会生活調査」が、質問紙形式で行われている。ここでは、それらの調査結果の一部を分析対象とする。

回答者は、岡崎市の状況を反映するデータを得るため、岡崎市の住民基本台帳などをもとにランダムサンプリングされている。サンプリングされた市民のうち、調査で協力を得られた回答者数は第一次調査（一九五三年）が四三四人、第二次調査（一九七二年）が五八五人、第三次調査（二〇〇八年）が三八八人である。

（2）待遇場面と相手を指し示す語の使用の変容

①分析の枠組み

設定された調査場面のうち、「傘忘れ」と呼ばれる場面では、傘を忘れたままバスを降りようとしている見知らぬ中年男性の乗客に、何と言って傘を忘れたことを注意するかを問うている（図２－１）。この場面で現れる相手を指し示す語には、以下のようなものがある。

1．アナタ系の二人称代名詞：アナタ、アナタサマ
2．アンタ系の二人称代名詞：アンタ、アンタサン
3．オタク系の二人称代名詞：オタク、オタクサン
4．オキャク系の呼びかけ：オキャクサン、オキャクサマ
5．虚構親族用法の呼びかけ：オジサン、ニーサン、オニーサンなど。

これらの語は、呼びかけ発話内で「モシモシ　アナタ」のように使用されたり、「コレ　アナタノ　カサ？」のように助詞「の」を伴い名詞を修飾したりする場合もある。「コノ　カサワ　アナタノ？」のようにノダ文内で使用されることもある。このような文法的環境によって、相手を指し示す語の使用され方が異なる可能性があり、そのことは研究課題になりうるが、ここでは触れない。

また、感動詞などを用いて相手の注意を喚起し、相手を指し示す語が使用されない６のような場合も、「なし」として分析の対象に含めた。

6．なし：アノ　カサ　オワスレジャナイデスカなど。

さらに、先述した「社会生活調査」から以下のような項目を変数としてここでは扱う。

A．回答者の世代：若年層（一〇～二〇代）、中年層（三〇～五〇代）、高年層（六〇代以上）
B．調査次：第一次調査（一九五三年）、第二次調査（一九七二年）、第三次調査（二〇〇八年）
C．会合：町内・仕事の公的な会合によく出席する・普通・出席しないほう。

図２－１　傘忘れ場面刺激図（2008年版）

D．列車：一人で長距離列車に乗っているとき、近くの席の見知らぬ人に、話しかける・黙っている。

E．階層意識：自分の社会階層は上流・中流・下流[5]のいずれだと思うか。

この調査は、発話回答を得る面接調査の回答者に事前に記入してもらったものなので、発話回答と関連付けて分析することができる。これら1～6の語彙的バリエーションとA～Eの回答者諸属性を、調査次と世代を軸にクロス集計して表示したのが表2－3である。各調査時の三つの世代の回答合計が回答者数と合致しないのは、無効回答や極めて回答数が少ない「キミ（六件）」「ゴシュジン・ゴシュジンサン（五件）」や、「ソコノ　オトコノヒト」のような説明的な相手指示の表現を表に含めていないためである。

②変化の方向性

前項の1～6の相手を指し示す語と、A～Eの話者属性とを合わせて、コレスポンデンス分析を行った結果を図2－2の散布図に示す。図2－2は、第1軸（横軸）の寄与率が高いので、各カテゴリーの左右の配置が重視して解釈される。その第1軸で見ると、最も生年が古い「1次高」が最も右に配置されている。そして、第一次調査と第二次調査までは、第1軸の左に寄るほど生年が最近の話者が配置されるが、第三次調査以降はその傾向がなくなる。つまり、第二次調査までは、ここで変数とした語彙と話者の諸属性との関係が一定方向に変化していたが、第三次調査からはその変化が見られにくくなったと解釈できる。

さらに、各調査次の若年層は、いずれも図中の左上の象限に集中すること、最近の調査次・世代になるほど、その左上の象限の近くに配置されることが興味深い。この散布図の特徴からは、第一次から第三次調査の半世紀以上の間、使用語彙や属性の「若年層らしさ」はある程度一定していること、最近の回答者ほど回答傾向が世代を問わず「若年層化」していることを、読み取ることができる。

③変化の内容―語の選択―

前項で述べた変化の方向性は、以下のようにまとめられる。

・図2－2の右から左の方向に変化しており、第三次調査から変化が停滞している。

表2－3　各調査次・世代ごとの語と変数の分布
（　）はサーヴェイ調査の有効回答者数

	1次若(196)	1次中(205)	1次高(28)	2次若(155)	2次中(307)	2次高(123)	3次若(53)	3次中(169)	3次高(166)	横計(1402)
アナタ	42	92	12	19	45	56	5	2	19	292
アンタ	16	40	12	0	19	29	0	0	0	116
オタク	2	2	0	12	46	1	0	6	22	91
オキャクサン	1	0	0	3	11	0	0	1	9	25
虚構親族	7	0	0	2	3	1	1	0	5	19
なし	112	60	4	108	169	34	47	154	103	791
会合＋	21	32	5	13	84	33	4	29	29	250
会合	108	136	11	37	121	32	22	74	76	617
会合－	62	36	12	89	98	57	27	63	56	500
列車＋	31	51	7	37	89	54	6	31	61	367
列車－	165	154	21	117	213	67	47	131	97	1012
階層上	21	15	4	18	31	12	4	19	11	135
階層中	153	163	15	117	243	88	42	135	135	1091
階層下	18	25	9	12	24	18	6	12	16	140

「会合＋」は会合によく出席する.「会合」は普通,「会合－」は出席しないほう.
「列車＋」は長距離列車に乗っているとき近くの乗客に話しかける,「列車－」は黙っている.

・若年層は調査次を問わず、一定の回答傾向を有する。
・最近の回答者ほど、年層を問わず、回答傾向が若年層的なものとなる。

このような変化の方向性は、どのような語の選択や回答者の性質の変化を意味しているのだろうか。ここではまず、語の選択に注目する。図2－2の右側に位置し、「1次高」との関係性が強いのは「アナタ」「アンタ」である。表2－3からも分かるように、「アナタ」は第一次調査では中高年層で半数近い回答者が使用しているため、図の右に配置されている。「アンタ」は、第一次、第二次調査で合計一一六件の回答があり（第三次調査ではゼロ件）、図の右端のほうに位置しているがかつては珍しい回答ではなかったことが分かる。しかし、見知らぬバスの乗客に「アンタ」というのは、現在では粗暴に聞こえるためか、表2－3で見ると、第二次調査の若年層から第三次調査にかけては回答が皆無となっている。

また、全調査を通して自身を「階層下」と評価する人が一四〇人いるが、そのうちの一五・〇％（二一人）が「アンタ」を回答発話に使用している。「階層中」「階層上」はそれぞれ七・九％（一〇九一人中八六件）、五・九％（一三五人中八件）であり、「アンタ」は「階層下」にやや使用が多い。このため、図2－2でも「階層下」は「アンタ」に近いところにプロットされている。「アナタ」にはこのような偏りはないので、「階層下」を散布図の右に引っ張ってきたのは「アンタ」であると解釈できる。

一方、図2－2の左下に位置している「オタク」「オキャクサン」は、第二次調査の中年層から使用が目立って見られるようになる。その世代が第三次調査で高年層となってからも使用を引き継いでいるが、第三次調査の中若年層では使用されなくなった。つまり、「オタク」「オキャクサン」は、第二次調査中年層を中心とした世代に、一時的に選択された語であった。この点は表2－3の数値からも確認できる。「虚構親族」表現は、実際には親族ではないのに、相手の指し示しに親族名称（オジサン、オニーサンなど）が使用されるものである。図2－2では「虚構親族」が原点の左に位置していて、この表現が、最近の、あるいは若者に特徴的な言語表現のように見えるが、表2－3を確認すると使用数自体が少ないため、「虚構親族」については読み取れる情報は少ない。

④「相手を指し示す語を使わない」という選択

「なし」は、相手を指し示す語を使わない発話回答をしたデータである。傘を忘れている乗客に注意喚起するとき、「チョット　アナタ」のようにではなく、「アノー」といった感動詞や「スミマセン」といった詫び表現のみを使用したり、「コレ　アナタノ　傘ジャナイデスカ」ではなく「コノ傘　ワスレテマスヨ」などと表現したりする。この「なし」は、図2－2の左上の象限に位置している。この象限は先述したように、全調査次を通して、若年層に特徴的な回答がプロットされる場所である。

表2－3からは「なし」が第一次、第二次調査で若い世代から着実に出現率を増やして、第三次調査の若中年層に至っては、九〇％程度にまで達したことが分かる。相手を直接指し示す語を使わなくなってきたのである。この状況は、「なし」が大多数派となり、その他の選択肢がほとんどなく、言語使用が「画一化」したものとも言える。この画一化は、マイナスの待遇表現行動（西尾 二〇一五、二二一～二四六頁）や条件節と主節の敬

語の出現パターン（丁ほか 二〇一五）において指摘されたが、相手を指し示す語選びにも、その傾向が見て取れる。

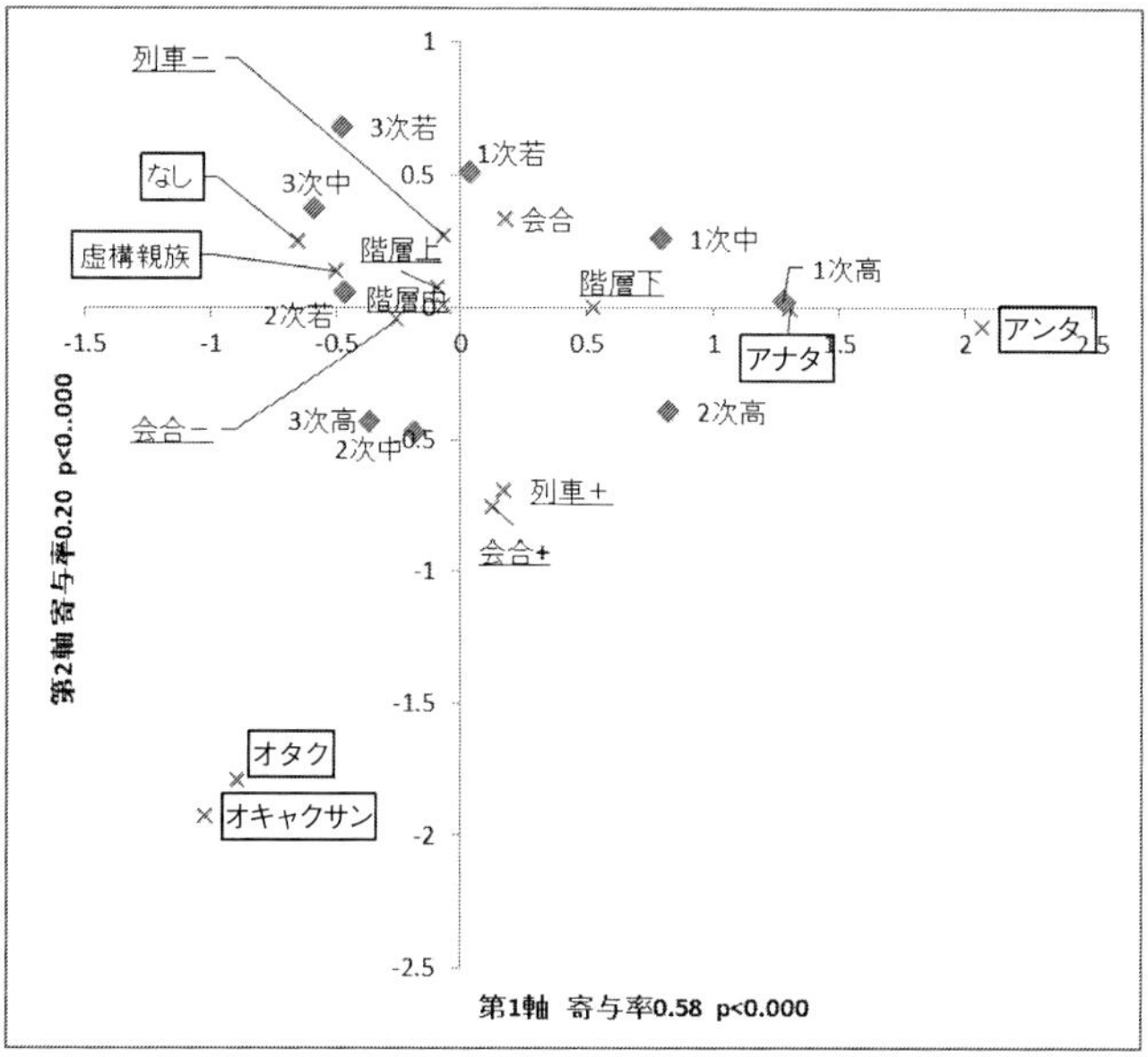

図２－２　コレスポンデンス分析　使用語と要因の変化

さらに、左上の象限の話者属性を図２－２で確認すると、「なし」の近くには「列車－」と「会合－」がプロットされている。つまり、長距離列車で人に話しかけず黙っている人、町内や仕事の会合に出席しないほうだという、コミュニケーションに積極的でない回答者が、相手を指し示す語「なし」の発話を回答しがちなのである。

繰り返しになるが、この散布図左上の象限は、調査次を問わず若年層の特徴を表す象限でもあった。したがって、第三次調査では年長者が若者にすり寄るようにコミュニケーションに消極的になり、相手を指し示す語を使用しなくなったということになる。若年層の傾向が第一次調査から大きく変わっていないのは図２－２から明白なので、この場面では、年長者のコミュニケーションが若者的になったと考えられるのである。

⑤語の選択と待遇場面

本節の分析は、「見知らぬ中年男性が、傘を忘れてバスを下車しようとしている」という特定の事態内での語の使用の変化だけでなく、この事態への人々の接触の仕方が変化していることを示唆している。

第一次調査時は、「アンタ」を使用することは、第三次調査時点よりもぞんざいな振る舞いではなかったと考えられる。一方、人々がコミュニケーションに消極的になった第三次調査時点では、「アンタ」の使用はもちろんのこと、相手を直接指し示す語を使用すること自体が敬遠されるようになった。相手を指し示す語の使用が、相手への過剰な関与と見なされるようになったのであろう。この変化は、設定された状況に対して、どの程度気を遣うべきかという人々の事態認識の変化であることも考えられる。

　このような分析から、「語」の選択を、その背景となるコミュニケーションへの態度と事態認識のあり方の変化という観点から捉えようとする、関心の広がりを示した。

五．まとめ

　文の言語内的条件や、発話を取り巻く状況、発話の待遇意図といったことが、発話の中の語の使い分けに影響を与えることを三．で述べた。さらに発話の外側の要因として、コミュニケーションそのものの社会的・時代的な傾向もまた、個人の語の選択に影響を与えうることを四．で述べた。「語」の選択は、様々な要因に影響を受けるため、待遇場面でのことばの使い分けという社会的な行動を、語だけに注目して分析することには、慎重な姿勢が求められる。

　しかし、四．での分析のように、発話内での語の選択が、社会や時代のコミュニケーションの特徴を象徴的に示唆することがありうる。発話内での一つの語の選択が、コミュニケーションの中で大きな意味を持つとも言えるだろう。その理由は、冒頭で述べたように、日本語が敬語の発達した言語であることと関係しているかもしれないが、その考察は本論が及ぶところではない。

注

(1)これら四つの待遇法は、尊敬・謙譲・尊大・軽卑に対応する。

(2)意味の規定に関する議論も種々存在する。菊地（一九九七）では、伝達内容の真偽が問題になる「基本的意味」と、問題にならない「待遇的意味」とが区別されている(二九～三六頁)。この文内で使用した「意味」は前者のことである。国広（二〇〇二、一六三頁）は、「語の意味の全体は大きく文法的な部分（品詞・意味格）、語義的な部分（前提・本来）、含蓄的な部分」の三つに分ける。尊敬語・謙譲語が動作主の人称と関わることなどに注目すれば、待遇的意味には文法的な部分があると言えるし、「先生」などと敬称で呼んで「相手をいい気持ちにさせる」働きに注目すれば、待遇表現には含蓄的な部分があるということになる。

（3）『語彙表』の「挨拶語」には、ほかに「おめでとう」や「どうも」「こんにちは」などが含まれる。

（4）この研究プロジェクトからは多数の報告や論考が発表されている。本論で扱うデータの収集方法や調査結果についての情報は、「岡崎敬語調査」https://mmsrv.ninjal.ac.jp/okazaki/（二〇二三年六月閲覧）で包括的に集約されているので参照してほしい。データベースはダウンロード可能で、誰でも使用できる。具体的な質問項目などについても、同サイト内の国立国語研究所（二〇一〇）を参照してほしい。

（5）「上流」「中流の上」の選択肢回答を「上流」、「中流の中」「中流の下」の回答を「中流」、「下流」の回答を「下流」として処理したもの。

文献

岡田正美（一九〇〇）「待遇法」『言語学雑誌』一－五

蒲谷宏（二〇一三）『待遇コミュニケーション論』大修館書店

菊地康人（一九九七）『敬語』講談社学術文庫

岸江信介・阿部貴人・石田基広・西尾純二（二〇一一）「地域言語のデータ処理の批判的検討と新展開」『日本語学会　二〇一一年度春季大会予稿集』

国広哲弥（二〇〇二）「語義の構造」『朝倉日本語講座四　語彙・意味』朝倉書店（新装版　二〇一八）

国立国語研究所編（二〇〇四）『分類語彙表　増補改訂版』大日本図書

国立国語研究所（二〇一〇）『敬語と敬語意識―愛知県岡崎市における第三次調査』科学研究費補助金 研究成果報告書　第二分冊　阿部貴人編【経年調査 基礎データ編】

杉戸清樹（一九八三）「〈待遇表現〉気配りの言語行動」水谷修編『講座日本語の表現三　話しことばの表現』筑摩書房

丁美貞・阿部貴人・井上史雄（二〇一五）「条件節における丁寧さの経年変化―国立国語研究所の岡崎敬語調査から」『大規模経年調査資料集二五』(http://keinen.info/download/Aging_of_politeness_in_the_conditional_clause(1.0).pdf)（二〇二三年六月閲覧）

西尾純二（二〇一五）『マイナスの待遇表現行動―対象を低く悪く扱う表現への規制と配慮』くろしお出版

南不二男（一九七四）『現代日本語の構造』大修館書店

宮岡伯人（二〇〇二）『「語」とはなにか―エスキモー語から日本語を見る』三省堂

付記

本章の一部は、岸江信介・阿部貴人・石田基広・西尾純二（二〇一一）「地域言語のデータ処理の批判的検討と新展開」『日本語学会　二〇一一年度春季大会予稿集』に基づく。会場でご意見をくださった方々に感謝申し上げる。

第三章　外来語の氾濫と定着

茂木俊伸

外来語は、日本語の「語種」の一つである。語種とは、語彙をその出自から分類したものであり、「和語」「漢語」「外来語」と、これらの組み合わせである「混種語」を加えた四分類が一般的である。外来語は、漢語と同様に他言語から日本語に取り入れられた（「借用」された）語であり、一六世紀以降、主に西洋からの様々な文化（物や概念）の移入とともに、日本語に流入してきた（米川 一九九六）。

外来の事物は、「外来生物」がその典型であるように、従来の安定的な体系の秩序を乱す〝侵入者〟として捉えられやすいが、一方で、流入後の新たな体系の中で一定の役割を果たすものとして定着していくこともある（ピアス 二〇一六）。害（マイナス面）と貢献（プラス面）という二面性を持つ、良くも悪くも変化を引き起こす存在であるからこそ、その実態を冷静に把握することが求められる。

本章では、これまでの日本語研究の知見に基づく形で、外来語の「氾濫」と「定着」について概観する。特に前者は、近代以降の外来語に常につきまとう、古くて新しい問題である。そこで、以下ではまず、日本語話者の意識における外来語の「氾濫」の存在と、そこから生じる具体的な問題を確認する（一．）。次に、それと対比する形で、言語事実として、外来語がどのくらい近現代の言語資料に現れ、そこにどのような変化が見られるのかを確認する（二．）。最後に、日常生活ではあまり意識されない外来語の「定着」について、意味・文法の側面から具体例を見る（三．）。

なお、本章の問題意識と重なる、現代の外来語の実態と諸問題を取り上げた概説として、石野（一九七七）、田中（二〇〇六）、陣内（二〇〇七）、中山（二〇一五）

などがある。ここでは触れられなかったデータも扱われているため、ぜひ参照をお勧めする。

一．外来語の氾濫と功罪

昭和二五年（一九五〇）以降の文献が検索できる国立国語研究所の「日本語研究・日本語教育文献データベース」を調べてみると、五〇年代以降のすべての年代で「外来語の氾濫」を取り上げた論文や記事が書かれていることが確認できる（さらに遡れば、荒川（一九三二、七二頁）にも「外来語氾濫時代」という表現が見られる）。どうやら現代では、常に外来語が「氾濫」しているようである。

このような意識は、日本語話者の意識調査からも裏付けることができる。平成二四年度「国語に関する世論調査」（全国一六歳以上の男女、有効回答数二、一五三人）の「日頃、読んだり聞いたりする言葉の中に、外来語や外国語などのカタカナ語を使っている場合が多いと感じること」があるかを尋ねた項目では、「よくある」（四二・五％）、「たまにはある」（三二・二％）という回答が多数派である（文化庁文化部国語課 二〇一三）。このような外来語との接触の多さが一定の範囲（許容範囲）を超え、何らかの好ましくない状況を引き起こしている状態が「外来語の氾濫」と呼ばれる現象であると考えられる。

とは言え、先にも述べたように、外来語は常に問題を引き起こすわけではない。また、具体的にどのような問題が起こるのかも、確認する必要がある。以下では、外来語の功罪について簡単に示したうえで、外来語の多用によって生じる問題について見ていく。

（1）外来語の効果

外来語の多くは、社会や生活を発展させる新しい物や概念、技術を海外から取り込もうとするとき、それらとともに日本語の世界に入ってくる。一般的な外来語の普及のプロセスは、当初は様々な産業や科学技術といったある分野に必要な用語として取り入れられ、その内部の専門家や愛好者といった集団の中で使われていた語が、様々な媒体を通じて次第に一般社会に流通するようになる、というものであると考えられる。

新たな事物の導入に関わるという性質上、外来語には「新しさ」というイメージが伴われるように思われるが、外来語が使われる動機は、「これまでになかった事物を表す」ことに限られない。陣内（二〇〇七、一三〇頁）は、外来語の多用の背景にあるその「魅力」を、次のように整理している。

①a．知的レベル……簡潔さ、便利さ、正確さ、専門性、卓立性

b．情的レベル……新鮮さ、しゃれた感じ、本物《ほんもの》性、先進性、婉曲性

このうち①aは、「通じる」価値を持つもので、ある分野の専門家が使う「専門外来語」がこの典型である。例えば「ゲノム」「モダリティ」「ハンガーノック」などの外来語の意味を理解している者同士であれば、情報の伝達の際、他の語に言い換えるよりも伝わりやすく便利だから外来語が選ばれる、ということになる。

これに対して、①bは「感じる」価値を持つもので、その典型は、商品の魅力をアピールする広告やキャッチコピーで使われる「商業外来語」である。マンションの広告で「玄関」「洗面所」ではなく「エントランス」「パウダールーム」が使われるのは、おしゃれで高級感漂うイメージが伴われるためであろう。なお、「婉曲性」は、生々しい語感を避けるもので、高齢者層を「シルバー」と表現するような例である。

石野（一九七七）は、専門外来語と並ぶ①aのタイプの外来語として「エスプリ」「アイデンティティ」のような「インテリ外来語」を挙げる。しかし、通じるかどうかよりも有能さや業界の雰囲気を演出することを意図して外来語を使っている（と受け手が感じる）場合もあり（カタカナ語研究会 二〇一五）、この場合は専門外来語やインテリ外来語に①bのような感覚的・情緒的な役割が付与されていると考えられる。

（2）外来語が引き起こす問題

このように、情報やイメージの伝達において和語や漢語にはない効果を持っている外来語であるが、使い方によっては問題が発生することがある。例えば、ある外来語が相手に通じるものであるかどうかが考慮されなかったり（例：なじみのない専門外来語がそのまま一般市民に対して使われる）、過度に感覚や情緒に訴えることが優先されたりする（例：広告の内容が理解できないくらい商業外来語が多用される）場合、「便利さ」や「新鮮さ」は「分かりにくさ」となり、受け取り手の戸惑いを生むことになる。外来語の「功」と「罪」は、まさに表裏一体の関係にあると言える（中山 二〇一五、一一五頁）。

国立国語研究所による平成一五年（二〇〇三）の意識調査（全国一五歳以上の男女、有効回答数三、〇八七人）では、外来語の「悪い点」として年齢を問わず「相手によって話が通じなくなる」という回答が得られた（全体の四六・七％）一方で、外来語の知識や使用頻度には世代差があり、高年層は外来語に分かりにくさを感じやすいことが明らかになっている（田中 二〇〇六、相澤 二〇〇七）。日常生活にどんどん新しいものを取り入れ、外来語も便利に使いこなす若年層と、確立した生活スタイルがすでにあり、外来語に不便さを感じることがある高年層とでは、功罪の感じ方やその度合いが異なるのである。

ソジエ内田（二〇一六）は、平成二〜二六年（一九九〇〜二〇一四）の読売新聞・朝日新聞の投書欄における外来語の是非に関する投書を分析し、そこから浮かび上がる否定的な外来語観を次の四点にまとめている。

②a．外来語観1：外来語はエリート層と大衆を分断する。

b．外来語観2：外来語は高齢者を排除する。

c．外来語観3：外来語は漢字を淘汰し日本語を乱

す脅威である。

d．外来語観4：外来語は欧米崇拝であり日本文化を軽視する。

このうち②cと②dが「伝統重視の態度」（樺島 一九八一、七頁）から見た外来語の問題であるのに対し、②aと②bはむしろ「機能重視」（相澤 二〇〇七）の見方であり、外来語が引き起こすコミュニケーション不全を問題とするものである。

②aは、行政や政治の場において多用される専門外来語が一般市民の「分からなさ」を生み出している状況に対する不満から、外来語は「官僚・政治家が大衆を排除・搾取するために悪用する隠語」（ソジエ内田 二〇一六、二八三頁）とさえ捉えられる（ただし、石野（一九七七、二二六頁）も指摘するように、同様の状況は漢語や専門用語でも起こりうるため、このような階層化は外来語に特有の問題ではない）。②bは、特に介護や福祉のような行政サービスにおける外来語の多用が、利用者の不利益を生む例である。

このように、受け手にとって「必要な情報」が、送り手によって「必要以上の外来語」を使って伝えられる場

合、社会生活上の実際的な問題が生じうる。これは、外来語自体の「罪」ではなく、送り手の配慮や工夫によって和らげることができる問題である。国立国語研究所が平成一四～一八年（二〇〇二～二〇〇六）に実施した「『外来語』言い換え提案」は、公共の機関に働きかけることで問題の緩和を図ったものであった（中山 二〇一五、田中牧郎 二〇一六）。

二．外来語の量的変化

次に、私たちが日常的に目にする様々な書き言葉媒体に外来語がどの程度現れるのか、その出現と変化の実態について、これまでの調査・研究に基づいて確認したい。以下、辞書、雑誌、新聞、小説の順に見ていく。

（1）辞書

日本語の語彙に占める外来語の割合に関しては、まず、一定の範囲の語彙が収録されている辞書（国語辞典）の見出し語に関する調査がある。表3－1は、林（一九八二）に示されている『言海』（明治二四年（一八九一））、『例解国語辞典』（昭和三一年（一九五六））、『角川国語辞典』（昭和四四年（一九六九））のデータと、『新選国語辞典　第九版』（平成二三年（二〇一一））のデータから、「外来語の語数／総見出し語数（外来語の割合）」を示したものである（すべての語種の比率については、林（一九八二）および中山（二〇一五）を参照）。それぞれの辞書の収録語彙の範囲や語種の認定方法の違いを考慮する必要があるが、国語辞典の見出し語では外来語の割合が徐々に大きくなっており、存在感を増していると言える。

なお、新語や専門外来語も多く収録されている外来語辞典（カタカナ語辞典）も見ておくと、例えば『コンサイスカタカナ語辞典』（三省堂）では、平成六年（一九九四）の初版から平成二二年（二〇一〇）の第四版の間に、収録語数が約五万語（うちカタカナ語四三、〇〇〇語）から約五六、三〇〇語（同四八、一〇〇語）に増加している。

（2）雑誌

大規模な雑誌の語彙調査としては、国立国語研究所による昭和三一年（一九五六）発行の雑誌九〇種を対象とした調査と、平成六年（一九九四）発行の雑誌七〇誌を対象とした調査がある（国立国語研究所 一九六四・二〇〇五）。これらの調査で明らかにされている、「延べ語数」（現れた語の総数。ある語が三回現れたら「三語」と数える）と「異なり語数」（現れた語の種類。同じ語が三回現れても「一語」と数える）における語種比率では、外来語の割合が延べ語数（九〇種：二・九％→七〇誌：一〇・七％）、異なり語数（九〇種：九・八％→七〇誌：三〇・七％）ともに、数字として大幅に上昇していることが見て取れる（中山 二〇一五、山崎 二〇一六）。

ただし、雑誌はジャンルごとの使用語彙の差が大きく（佐竹 二〇〇二）、また、例えば外来語が多用される典型であるファッション雑誌の近年の「記事」には、文章というよりも写真に付けられた短い商品説明やキャッチコピーに近い形のものがある。山崎（二〇一六）が指摘するように、雑誌という媒体そのもの、あるいはその表現様式の特徴や変化なども考慮したうえで、右の数字の解釈を行う必要があろう。

表 3－1　国語辞典における外来語の語数と割合
（林 1982、金田一ほか 2011）

言海（1891）	551 ／ 39103（1.4%）
例解（1956）	1428 ／ 40393（3.5%）
角川（1969）	4709 ／ 60218（7.8%）
新選（2011）	6886 ／ 76536（9.0%）

なお、雑誌の調査では、使用頻度の高い語（よく使われる語）では外来語の比率が相対的に低く、使用頻度の低い語では外来語の比率が高いことも指摘されている（樺島 一九八一、六六頁／林 一九八二、六二頁／石井 二〇一三）。

（3）新聞

外来語の使用の変遷に関するデータが最も豊富な媒体が、新聞である。橋本（二〇一〇）による朝日新聞社説（明治四四〜平成一七年（一九一一〜二〇〇五）、各年一二日分）の経年調査によると、外来語の「出現率」（一万字あたりの外来語の出現度数）は、一九一〇年代から二〇〇〇年代前半の間に外来語全体で四九・一→一一九・九、普通名詞のみでも三・七→五七・七と増加していることが明らかになっている。このような増加傾向は読売新聞社説の調査でも見られ、その推移は「はじめ（戦前まで）はゆっくりと増加し、半ば（五〇年代後半からの約一〇年間）で大きく増加、その後はゆるやかな増加に転じる」というS字カーブを描くこと、また、戦後の国会で行われた演説の調査では、新聞社説よりも急増期が遅れることも指摘されている。

金（二〇一一）の毎日新聞の朝刊紙面（昭和二五〜平成一二年（一九五〇〜二〇〇〇）、ほぼ一〇年おきの各年二四日分）の調査結果でも、一九五〇年（延べ：一一・

一%、異なり：六・一%）から二〇〇〇年（延べ：四・九%、異なり：一一・〇%）の半世紀の間に外来語の比率が高くなっている。

一方、山口（二〇〇七）の毎日新聞九年分（平成六〜一四年（一九九四〜二〇〇二））の調査では、この期間の外来語の割合は安定しており（延べ：約五%、異なり：約九%）、大きな変動が見られなかったこと、また、和語や漢語と比べて外来語の出現頻度の変化が大きいことが指摘されている。

(4) 小説

山田（二〇〇五）は、明治四〜平成一五年（一八七一〜二〇〇三）の小説三六二作品における外来語を調査し、その「出現率」（「文庫本1ページあたりの外来語数」に相当する値）は全体的に増加傾向にあり、特に昭和中期以降から大きく増加することを指摘している。

以上の先行研究の知見は、語彙の集計方法等の条件が異なるため、単純な比較は難しいが、書き言葉資料における外来語の量的傾向は、おおまかに次のようにまとめられる。

③a．全体的な傾向として、外来語はどの媒体でも増加している。
　b．増加のプロセスには急増期と漸増期が見られ、媒体によって増加のあり方（タイミング）が異なる。
　c．外来語は、高頻度語の層よりも低頻度語の層でその割合が高い。

ここで興味深いのは、半世紀以上の間、一貫して「外来語の氾濫」が指摘されてきたという事実（一．）と、これらとの関係である。まず③aに関連して、金（二〇一六、一三頁）は、異なり語数の増加の大きさ（なじみのない新語の激増）を、氾濫と感じさせる原因として指摘している。一方、橋本（二〇一〇、二四八頁）は③bに注目し、「言語資料によって外来語の増加時期が違うために、いつもどこかで外来語が急増しているからであると考えられる」としている。

また、③cに関しては、関根（二〇一二、一七二頁）が新聞の外来語について「なじみのない分かりにくい外来語が短期間に集中して現れ、理解が深まらないまま消えていくこと」を一因として挙げている。外来語は一時的に使われる語が多く、入れ替わりが激しいということはよく指摘される（石野 一九七七）。このことは、例えば、外来語がよく使われるコンピューターやファッション関連の商品の登場と陳腐化のスピードを想像すると分かりやすいだろう。このような入れ替わりを一人の日本語使用者の視点から見たとき、少し前にはなかった外来語が次々と押し寄せ、すべてを受け止めきれなくなっている「氾濫」状態に感じられても不思議はないと思われる。

三．外来語の定着と基本語化

日本語の体系の中に組み込まれた外来語が一般社会に広く浸透し、日常生活の中で見聞きし使われるようになったとき、その外来語は日本語に「定着」したと言える。社会への浸透の度合いとしての外来語の定着度は、例えば、言語資料における使用頻度だけでなく、意識調査における使用率や理解率を手がかりとして捉えられている（田中 二〇〇六、井上 二〇一七など）。以下では、外来語が日本語の体系にどのように入り込み、さらにどのような変化を見せるのか、すなわち外来語がどのようにその居場所を獲得し広げていくのかについて、いくつかの興味深い現象を見ていく。

先に③cに示したように、外来語は一般的に語彙の中でも頻度の低い層、つまり語彙の周辺部に多く分布すると考えられてきた。しかし近年の研究では、頻度の高い層でも外来語の比率が高くなってきていることが指摘されている（金 二〇一一・二〇一六、石井 二〇一三）。これは、従来は和語や漢語が担っていた語彙の中心部（基本語彙）に外来語が進出しつつあるということを意味する。金（二〇一一・二〇一六）はこれを外来語の「基本語化」と呼ぶ。

樺島（一九八一、一七八頁）は、「魔法びん→ポット」「台所→キッチン」のような日常生活で使われる物の名前における「漢語・和語と外来語との交替現象」を指摘している。これは、日本語に入った外来語が、まずは和語や漢語と併存する形で使われ、最終的に外来語に置き換えられていく現象と言える。

具体物を表す名詞だけでなく、近年では、抽象的な事物を表す外来語の定着が進んでいることが指摘されている。佐竹（二〇〇二）は、「ケア、ケース、トラブル、ボランティア」のような例から「具体物から抽象概念へ」

(同、二〇七頁)という外来語の使用領域の拡大を指摘し、先にも見た橋本（二〇一〇）や金（二〇一一・二〇一六）は、新聞の経年調査によってこれを裏付けている。

「場合、事例」に対する外来語「ケース」のように、抽象的な外来語は、類義の和語や漢語がすでに存在する場合でも定着を果たしている。これは、既存の語に単純に言い換えられない、すなわちそれらの意味用法を補う何らかの意味特徴をその外来語が持っているためである。金（二〇一六、一九頁）はこのような外来語の生き残りについて、「意味がより抽象化・概括化して類義語の上位語の位置に立つパターン」と「類義語と役割分担し共存するパターン」の二種を認めている。例えば「サポート」は、「支援、援助、補助、支え、手助け」などを包括する、多義的で便利な外来語として使われていると言えよう。

また、定着した外来語を個々に見ていくと、私たちの知らないうちに使い方の変化を起こしていることがある。その一例が意味変化である。

例えば、「チェックする」は「問題がないか調べる」という意味から「情報などの内容を確認する」という意味へと拡張したことが指摘される（金 二〇一六）。近年の例で言えば、「ヒットする」は、従来の「音楽や商品がよく売れる」「(ボクシングなどで) パンチが当たる」「(釣りで) 魚が針に食いつく」といった意味に加え、「インターネットで検索して、目当ての情報が見つかる」という意味での使用が一般化している。同じ外来語サ変動詞でも、「ゲットする」「リスペクトする」のようなそれまでになかった新しい表現が現れる〝変化〟は注目されやすいが、すでに広く使われている外来語の変化は、着実に起こっているもののあまり意識されにくいと言える。

田中佑（二〇一六）は、「A、B、Cの3ケースについて試算を行う」のような事例を表す「ケース」の助数詞用法が名詞用法から派生する形で二〇〇〇年前後に成立したこと、また、名詞の場合と同様、助数詞の「－ケース」と類義の「－例」「－事例」との間に意味的なすみ分け関係があることを指摘している。このように、日本語の語彙の体系に入り基本語となった「ケース」は、その文法的特徴まで変化させていたのであった。

四．まとめ

外来語の「氾濫」も「定着」も、感覚的には捉えやすいものの、ここからが氾濫／定着である、と明確な線引きができる現象ではない。これらの問題を十分に理解し、議論していくためには、地道な取組みではあるが、外来語の〝生態〟を十分に把握するためのデータや具体的事例をさらに得て、分析していくことが必要である。

外来語の多用とコミュニケーション上の諸問題に関しては、残念ながら、四〇年前の石野（一九七七）が指摘する状況からあまり変わっていないと言える。その結論に述べられているように、私たちも外来語の問題を「社会や個人の生活のあり方の問題として」（同、一二八頁）考え続けなければならないのである。

文　献

相澤正夫（二〇〇七）「外来語の現状に対する意識」国立国語研究所（二〇〇七）所収
荒川惣兵衛（一九三二）『外来語学序説―「モダン語」研究』荒川惣兵衛（私家版）
石井正彦（二〇一三）「日本語の攻防【語彙】和語・漢語・外来語―基本語彙に見る攻防」『日本語学』三二－一一
石野博史（一九七七）「外来語の問題」大野晋・柴田武編『岩波講座日本語三　国語国字問題』
井上史雄（二〇一七）『新・敬語論―なぜ「乱れる」のか』ＮＨＫ出版新書
カタカナ語研究会（二〇一五）『知ってるふりしてきたカタカナ語事典』宝島社
樺島忠夫（一九八一）『日本語はどう変わるか―語彙と文字』岩波新書
金愛蘭（二〇一一）「二〇世紀後半の新聞語彙における外来語の基本語化」『阪大日本語研究』別冊三
金愛蘭（二〇一六）「語彙の周辺部から中心部へ『進出』する外来語―『抽象的な外来語の基本語化』について」『日本語学』三五－七
金田一京助・佐伯梅友・大石初太郎・野村雅昭編（二〇一一）『新選国語辞典　第九版』小学館
国立国語研究所（一九六四）『現代雑誌九十種の用語用字　第三分冊　分析』秀英出版
国立国語研究所（二〇〇五）『現代雑誌の語彙調査―一九九四年発行七〇誌』国立国語研究所
国立国語研究所（二〇〇七）『公共媒体の外来語―「外来語」言い換え提案を支える調査研究』国立国語研究所
佐竹秀雄（二〇〇二）「新聞の生活家庭面における外来語」玉村文郎編『日本語学と言語学』明治書院
陣内正敬（二〇〇七）『外来語の社会言語学―日本語のグローカルな考え方』世界思想社
関根健一（二〇一二）「新聞の外来語はどのように生まれるか」陣内正敬・田中牧郎・相澤正夫編『外来語研究の新展開』おう

ふう

ソジエ内田恵美（二〇一六）「新聞読者投書欄（一九九〇～二〇一四）にみられる外来語言説の分析―グローバルとナショナルな価値観の揺らぎ」砂岡和子・室井禎之編『日本発多言語国際情報発信の現状と課題―ヒューマンリソースとグローバルコミュニケーションのゆくえ』朝日出版社

田中牧郎（二〇〇六）「現代社会における外来語の実態」国立国語研究所編『新「ことば」シリーズ一九　外来語と現代社会』国立印刷局

田中牧郎（二〇一六）「外来語にどう対応すべきか」『日本語学』三五－七

田中佑（二〇一六）「現代日本語における助数詞への外来語の進出―抽象的概念を表す「－ケース」を例に」『文藝言語研究』七〇

中山恵利子（二〇一五）「現代日本語における外来語」沖森卓也・阿久津智編著『ことばの借用』朝倉書店

橋本和佳（二〇一〇）『現代日本語における外来語の量的推移に関する研究』ひつじ書房

林大監修（一九八二）『図説日本語―グラフで見ることばの姿』角川書店

ピアス、フレッド著・藤井留美訳（二〇一六）『外来種は本当に悪者か？―新しい野生 THE NEW WILD』草思社

文化庁文化部国語課（二〇一三）『平成二四年度国語に関する世論調査―日本人のコミュニケーション』ぎょうせい

山口昌也（二〇〇七）「新聞記事における語彙の時間的変化分析―語種との関係を中心に」国立国語研究所（二〇〇七）所収

山崎誠（二〇一六）「語彙の量的構成」『講座言語研究の革新と継承一　日本語語彙論Ⅰ』ひつじ書房

山田雄一郎（二〇〇五）『外来語の社会学―隠語化するコミュニケーション』春風社

米川明彦（一九九六）「外国文化の移入と外来語」『国文学　解釈と教材の研究』四一－一一

第四章　商品命名という言語行為

蓑川恵理子

一．戦後の日本経済

戦後日本は復興に向けて歩みだし、一九六〇年代には実質経済成長率が年平均一〇％を達成する。消費が活発化し、「テレビ、冷蔵庫、洗濯機」が三種の神器と言われるようになり、大量生産・大量消費の時代を迎える。冷蔵庫が普及すると、ビールや清涼飲料が爆発的に売れるようになる。一九七〇年代には3Cブームが起き、「カー、カラーテレビ、クーラー」が消費者の購買意欲をかき立てた。しかし、昭和四八年（一九七三）の第一次石油ショックにより、高度成長期から安定成長期に移行する。二度にわたるオイルショックを克服した日本経済は、今度はバブル景気を迎えることになる。それも平成二年（一九九〇）をピークに崩壊し、平成不況と呼ばれる長期の不況に苦しむようになる。平成二〇年（二〇〇八）にはリーマンショックが追い打ちをかけ、平成二四年（二〇一二）にはアベノミクスという政策が打ち出されることとなった。このような時代背景の中で、様々な商品が製造・販売されてきた。商品にはいつ、どんなときに、どのような名前がつけられるのか。社会との関わりを視野に入れて言葉を観察し、企業による商品の命名行為について考えていきたい。

二．商品名とは

命名というと、子どもの名前やペットの名前をつけるときのように、固有名（詞）を作ることだと考えられることが多い。商品の命名も、「カルピス」（清涼飲料）、「カローラ」（自動車）、「ビエラ」（テレビ）といった、固有名による名づけを指すと思われがちである。しかし、商品名には一般名称（普通名）も使われる。玉村（一九八八）も、商品名のつけ方には次の二通りがあるとしている。

①企業名（または企業商標）＋一般名称（例　大正漢方便秘薬）
②商品別の商標（例　ノーシン、ポポンS）

商品の命名では、子どもやペットの名前のつけ方とは異なり、ある程度、商品を説明するための《説明的な命名》も行われる。図4－1の新聞広告（昭和三九年（一九六四）一月二六日付朝日新聞朝刊）を見ていただきたい。

ここでは、「ナショナル人工頭脳テレビ19形パトラス」という一連の表現が、この商品の名前として提示されている（と考えるのが自然である）。つまり、玉村の①に相当する名づけと②に相当する名づけとが合体している。加えて、「人工頭脳」や「19形」といった、玉村の類型には含まれない要素も現れている。

実際のところ、商品の命名では、固有名以外に、商品の特徴やメーカーがアピールしようとする側面など、様々なものを表す要素を組み合わせた命名をすることが多い。商品であるからには、イメージに訴える固有名だけでは、どういう商品なのか、他社製品とはどう違うのかが分からないからである。商品名すなわち固有名ではない（蓑川 二〇一二を一部修正）。

図4－1　テレビの新聞広告の例

三．商品名の命名メカニズム

商品に名前をつけるということが、ある商品を表すいろいろな側面＝要素を選択し、それらを組み合わせて一つの名前にするということであれば、商品名を構成する要素にはどんなものがあるか、それらを選択する条件は何なのかを考えることが、商品の命名研究にとって大事な視点となる。筆者は、これを《商品名の命名メカニズム》と呼んでいる。

　商品名の命名メカニズムには、実際の商品にどのような命名がなされたかを歴史的に見ることによって明らかにできる側面がある。なぜなら、商品とは、技術革新によって日々変化するものであり、そうした進化に伴って、商品名も次々に変化していく。その変化を観察することで、命名のメカニズムに迫ることができるからである。

　具体的には、次節で説明するように、商品名を構成要素に分類して、それぞれの構成要素がいつ出現、あるいは増加、または減少するのか、どんな順序で出現するのかを、歴史的に記録し分析するのである。そして、それらの現象がなぜ起こったのかを考察することによって明らかになるものが《命名メカニズム》だと考える（蓑川二〇一二を一部修正）。

四．商品名構成要素の分類

　筆者はこれまで、三種の神器と言われた家電製品（テレビ、冷蔵庫、洗濯機）、ワープロ、清涼飲料（炭酸飲料、果実飲料、コーヒー飲料、茶系飲料、トマト・野菜ジュース）、乗用車（トヨタ・日産・ホンダ）について資料を収集し、分析を行ってきた。ワープロを含む家電製品は新聞広告を資料とし、清涼飲料は新聞広告と業界団体の統計資料を用い、乗用車は一般社団法人日本自動車工業会の『自動車ガイドブック』を資料とした。分析対象とした商品名は、二．で挙げたような普通名（以下森岡・山口（一九八五）の用語「類概念《るいがいねん》[1]」と称す）も含む一連の表現としたうえで、その構成要素を商品ごとに規定した。家電製品は四種、清涼飲料は六種、自動車は八種とし、以下のように分類した。

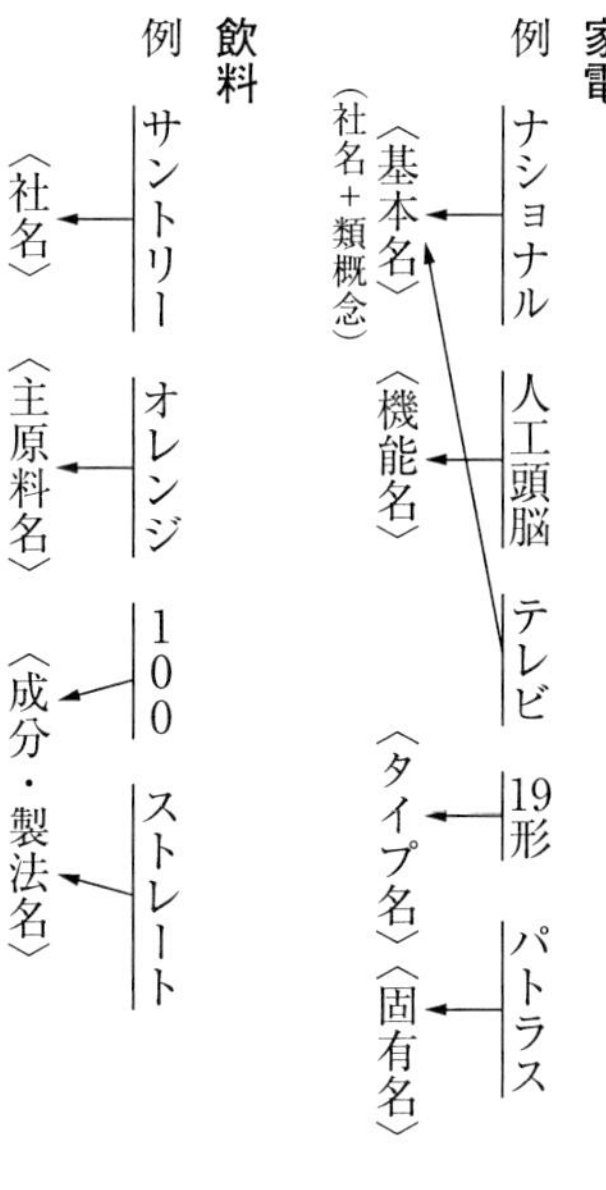

250㎖	瓶	サンフェスタ
〈タイプ名〉	〈タイプ名〉	〈固有名〉

例

雪印	100%	リンゴ	ジュース
〈社名〉	〈成分・製法名〉	〈主原料名〉	〈類概念〉

自動車（以下のほかに〈類概念〉がある）

例

ダットサン	ブルーバード	1300	4ドア
〈社名・ブランド〉	〈固有名〉	〈排気量〉	〈スタイル名〉

デラックス
〈タイプ名〉

例

ハイエース	ワゴン	スーパーカスタムリミテッド
〈固有名〉	〈スタイル名〉	〈タイプ名〉

2WD	ディーゼル	ターボ
〈機能名〉	〈動力源〉	〈機能名〉

五．家電製品の命名メカニズムの基本モデル

はじめに、蓑川（二〇〇六）で明らかにした家電製品の基本的な命名メカニズムの概略を述べる。

冷蔵庫、洗濯機、テレビの各商品名構成要素を、その初出によって整理した結果、いずれにも共通して、次の①から④のような出現パターンを見いだすことができた。

①初期から前半期（普及期）に数多くの商品名構成要素が現れ、その後は減っていく。特に、〈基本名〉は最初期に現れ、その後新しい〈基本名〉が作られることはほとんどない。

②まず〈基本名〉が現れ、それと同時かやや遅れて〈機能名〉が現れ、最後に〈固有名〉が現れる。

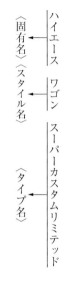

③①②のような商品名構成要素の出現パターンは、新商品・新機能の出現とその普及・一般化とに対応している。すなわち、新技術を表示する〈機能名〉が増加し、その機能を持つ商品が一般化するとその〈機能名〉は減少し、代わって〈固有名〉が増加する。またしばらくして新しい技術が開発されるとその新

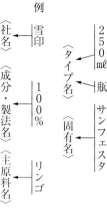

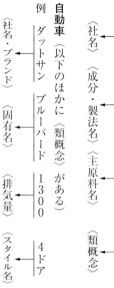

たな〈機能名〉がつけられ、〈機能名〉の増加局面では〈固有名〉は減少する。このように〈機能名〉と〈固有名〉は、新商品の開発（出現）と普及とに伴って、相補的な変動を繰り返す。

④新商品・新機能の普及・一般化は、類概念の意味変化をもたらす。すなわち、新機能の一般化局面では、〈機能名〉の表す「機能」が当たり前になって、わざわざ表示する必要がなくなり、すでにある〈機能名〉が消えていく（表示されなくなる）。このとき、それまで〈機能名〉の表していた意味は、〈基本名〉を構成する類概念の中に【吸収】されたことになる。この現象は、ステルンの「置換」（substitution）に相当する。類概念は、商品の進化に伴って、形は変えないがその意味を変えるのである。

図４－２は代表例としてテレビを取り上げたもので、横軸に年、縦軸に語数を取り、各商品名構成要素（〈タイプ名〉は除く）の初出の推移を見たものである。上記①②のパターンを見て取ることができる。テレビの場合、最初期こそ「テレビセット」「テレビジョン」「テレビ受像機」などいくつかの類概念とそれを含む〈基本名〉が現れるが、すぐに「テレビ」に安定し、昭和四八年（一九七三）以降は新しい〈基本名〉が作られることはない。上記②については、冷蔵庫および洗濯機は、〈基本名〉と同時に〈機能名〉「電気」が現れる。そして〈固有名〉は他の構成要素に遅れて、冷蔵庫では昭和三九年（一九六四）に「ファミリア」、洗濯機は昭和三三年（一九五八）に「ホーム号」「愛妻号」など、テレビでは一九五八年に「グランプリ」「シルビア」などが、初めて現れる。

図４－３は、白黒テレビとカラーテレビの普及率を重ね合わせ、それぞれの〈機能名〉と〈固有名〉の初出との関係を表したものである。新しい技術を示す〈機能名〉が初めに増加し、その技術が各社に行き渡ると（普及・一般化局面では）、差別化のために〈固有名〉が増加することが分かる。

上記④の「類概念の意味変化」について例を挙げる。初め「冷蔵庫」という普通名には「電気」という〈機能名〉が前についていた。それは戦後の日本には「氷冷蔵庫」と「ガス冷蔵庫」が普及しており、それらとは異なり、「電気」で冷やすことが目新しかったため、「電気冷蔵庫」と呼ばれていたのである。ところが、電気冷蔵庫の普及率が六〇％を超えた昭和四一年（一九六六）には、〈機能名〉「電気」がつけられている例は一例だけで、昭和四三年（一九六八）にはゼロとなる。この時点でもう、電気による冷蔵庫は新しいものではなくなり、「電気」という〈機能名〉は消え、類概念「冷蔵庫」には〝電気〟の意味が【吸収】されたといえる。

以上述べたことを概念図にまとめると、図4－4のようになる。これは家電製品名の命名メカニズムの基本モデルといえるものである。縦軸が普及率、横軸が年の経過を表し、曲線は商品の普及率を表している。商品が出始めたころは、まず〈基本名〉で名づけられ、次いで〈機能名〉Aがつけられる。その機能が各メーカーに行き渡

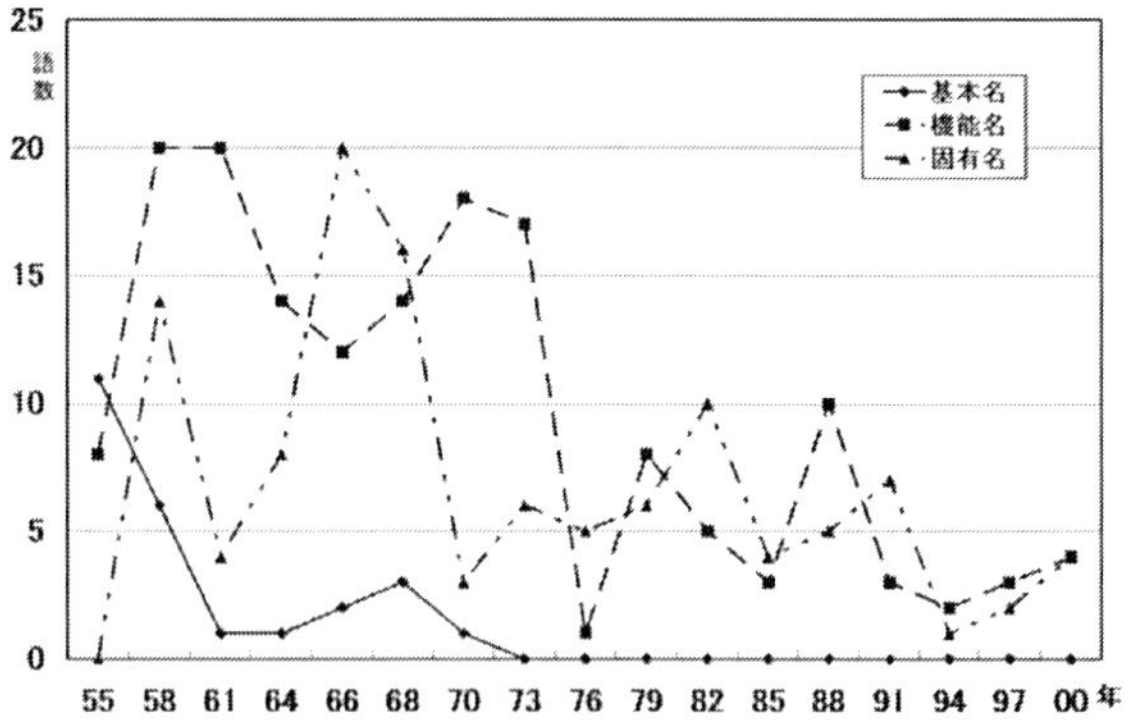

図4－2　テレビの商品名構成要素の出現パターン

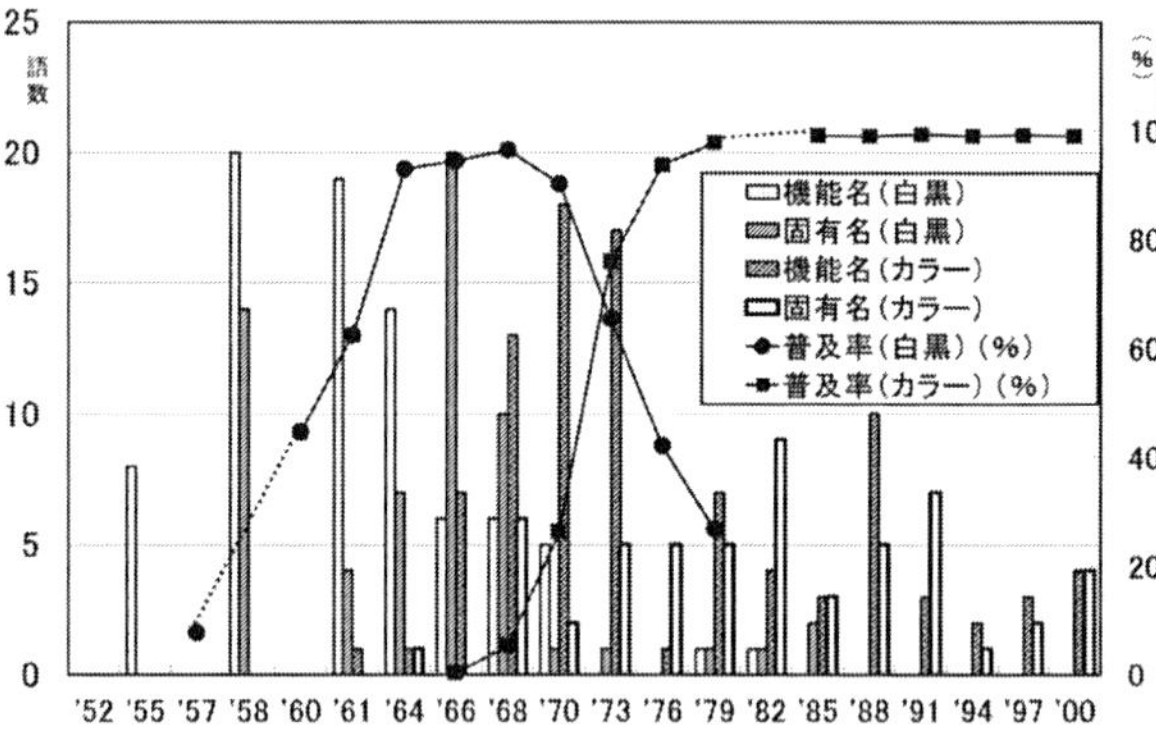

図4－3　テレビの〈機能名〉〈固有名〉と普及率

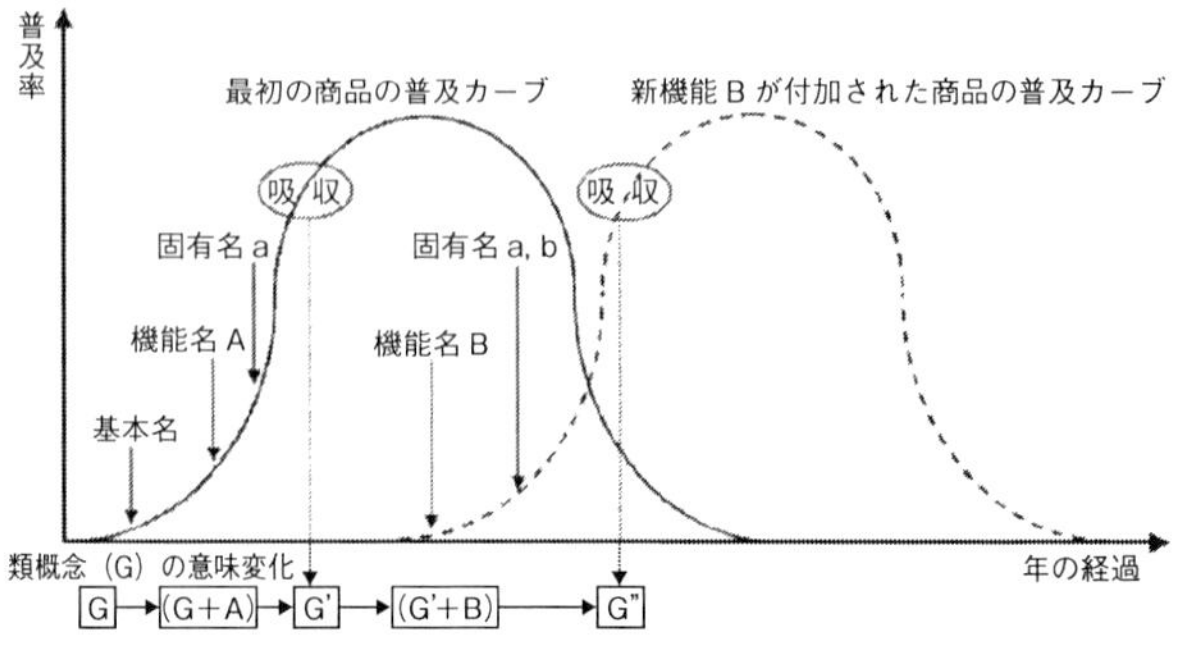

図4－4　家電製品名の命名メカニズムの基本モデル

ると、差別化のために〈固有名〉aがつけられる。そしてその機能を持った商品が普及し、一般化の局面に達すると、〈機能名〉Aの機能が類概念に吸収され、普通名Gは意味が変化し、G′になるのである。そして、新たな機能が開発されると、それは〈機能名〉Bと名づけられ、さらにその機能が各社に広がると〈固有名〉aや〈固有名〉bがつけられる。そしてその機能もまた、類概念に吸収され、類概念G″に意味が変化するのである（蓑川 二〇一二）。

六．再命名

（1）再命名とは

「再命名（現象）」とは、鈴木孝夫による用語で、「ある事物なり現象を、それと対立することばと並べて使用するうちに、もとのものを、対立することばが含む別の視点観点から見なおして、（もとのものに）新しい名を付けること」（鈴木 一九七五）とされ、例として「西洋風の料理が洋食と名付けられると、今度は今迄の普通の食事が日本食あるいは和食として対比的に再把握されるのだ。（中略）ウイスキーなどが洋酒ならば、従来ただ単に酒といわれていたものが日本酒と呼ばれるようになる」（鈴木 一九七六）などの事例が挙げられている。

　こうした再命名の現象は、右の定義・事例からも分かるように、新しい事物・現象の出現によって、それと既存のものとの間に持続的な対立関係が構成されたときに生じるもので、既存のものが新しいものに取って代わられるような場合には、既存のものは消えていくわけであるから、再命名の現象は起こらないはずである。実際、蓑川（二〇〇六）でも、冷蔵庫には再命名の現象が見られなかった。しかし、洗濯機とテレビについては再命名が観察され、また、その後ワープロにも再命名の現象が見られることが分かった。

　このことは、家電製品の命名において再命名が偶然にではなく生じていること、したがって、再命名という命名法を家電製品名の命名メカニズムに組み込むことが必要であることを示している。

　なお、鈴木（一九七六）は再命名を（1）再帰型（2）二重再帰型（3）反転型の三種に分類している。実際に、再命名のほとんどは、鈴木のいう（1）再帰型であり、家電製品の再命名も、テレビのように、多くは再帰型に属すと考えられる。しかし、ワープロ、洗濯機の場合は、単純な再帰型ともいえない。家電製品における再命名は、旧機能（旧商品）と新機能（新商品）との関係からみれば、蓑川（二〇〇八）の調査に限られるものの、以下のような三つのタイプに分けることができる。

①基本型：旧機能が、新機能との区別のために、再命名される（テレビ）
②付加型：旧機能を持つものが、新機能を付加されて、再命名される（ワープロ）
③再登場型：過去に新機能として命名されたものが、再び旧機能として再命名される（洗濯機）

以下、洗濯機を例に、再命名のメカニズムについて説明する。

（2）再命名の事例―洗濯機―

洗濯機は、初め一槽だけのものであった。昭和三三年（一九五八）までは洗濯する槽のみの一槽式の洗濯機か、それに絞り機の付いたものが洗濯機だった。そこに、脱水機の付いた、今でいう二槽式洗濯機が登場し、昭和三六年（一九六一）には、手や絞り機で絞る必要がないことをアピールする〈機能名〉「脱水」が、まずは現れる（例：サンヨー脱水乾燥洗濯機）。当時は二槽式洗濯機という名前は生まれていない。槽が二つであることには、まだ注目されていないのである。ところが昭和三九年（一九六四）から、槽が二つであることを示す（〝2〟を意味する）〈機能名〉が盛んに使われる（例：日立脱水洗濯機ペア、ナショナル自動脱水洗濯機W（ダブル））。

一九六〇年代前半は、広告では旧来の一槽式と新型の二槽式、そして販売量ではまだわずかな全自動という三種の洗濯機が混在していた。販売数量では一槽式が圧倒的に多いものの、昭和三八～三九年（一九六三～一九六四）には、二槽式の販売数量も急増する。そのような時期に〝2〟を意味する〈機能名〉（「ダブル」「ペア」「ツイン」など）が、一槽式との区別のために（「脱水」と併存して〈固有名〉的に）使われたと考えられる。「脱水」という〈機能名〉は脱水のみを専用で行う槽を指すので、二槽式であることを示しているが、それだけでは不十分だったのだろう。

しかし、昭和四五年（一九七〇）に一槽式が生産されなくなり、洗濯機は槽が二つで、脱水機も付いていることが当たり前になると、〝2〟を意味する〈機能名〉は不要になり、その意味は類概念「洗濯機」に一旦吸収される。「洗濯機」は一槽のものから二槽のものへと意味が変化するのである。

だがその後、全自動洗濯機の普及で、再び一槽のものと二槽のものとが対立的な関係になると、それまでの全自動ではない洗濯機に対して、槽の数に注目した「二槽式」という〈機能名〉による再命名が行われ、昭和五四年（一九七九）には「二槽式洗濯機」が現れる（例：二槽式みずピタ、自動二槽うず潮２ＷＡＹスピンリンス）。

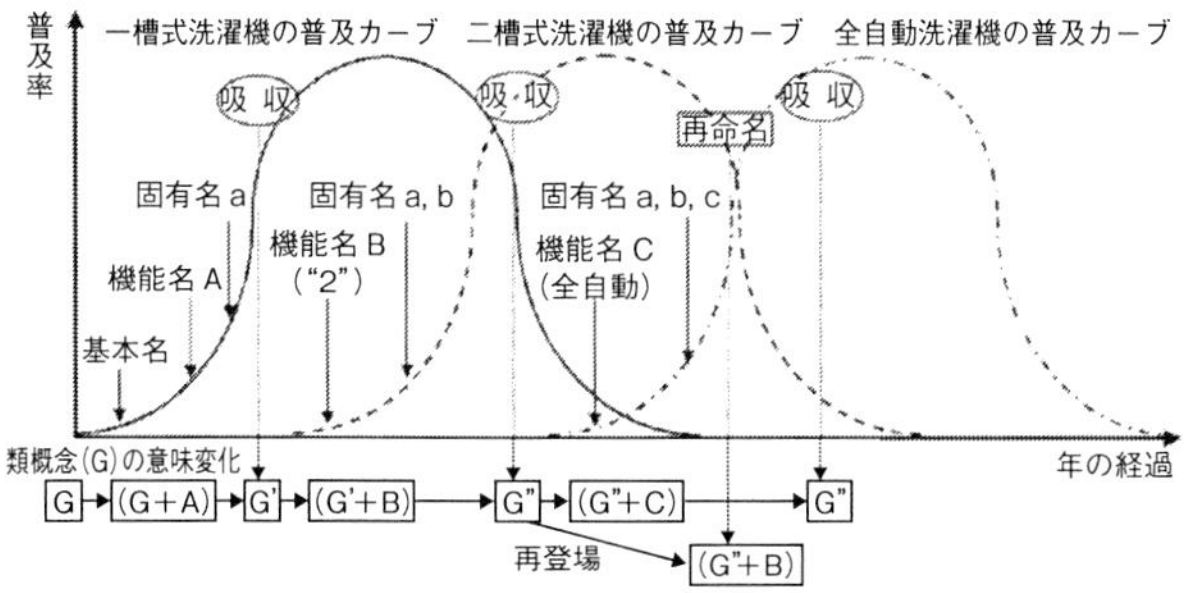

図４－５　再登場型のモデル（洗濯機）

要するに、脱水機付きの二槽式の洗濯機は、まず初めに〝脱水〟を意味する〈機能名〉で表現され、次いで「ダブル」「ペア」など〝2〟を意味する〈機能名〉で表現されたものの、その一般化によって一旦そうした〈機能名〉は消え、全自動洗濯機の普及に伴って、再び「二槽式」という〈機能名〉で再命名されたのである。二槽であることを示す〈機能名〉が、新機能を表す際と、旧機能を再命名として表す際と、二度使われていることになる。

（3）再命名のモデル—洗濯機の場合—

洗濯機の再命名を、家電製品の命名メカニズムの基本モデルに組み込むと図４－５のように模式化できる。初めの曲線が一槽式洗濯機、次が二槽式洗濯機、右端が全自動洗濯機の普及を表している。図４－４と同様に、初め〈基本名〉、次いで〈機能名〉Ａで名づけられ、その後に〈固有名〉ａがつけられ、初めの〈機能名〉、例えば「電気」が類概念に吸収され、類概念ＧはＧ′に意味が変化する。そのあと脱水機の付いた洗濯機が作られ、〝2〟を意味する〈機能名〉Ｂ（「ダブル」「ペア」など）がつけられる。その後〈固有名〉がつけられ、一旦〝2〟の意味は類概念に吸収され、類概念Ｇは槽が二つあるというＧ″に意味が変化する。さらに全自動洗濯機が普及し始め、〈機能名〉Ｃ（「全自動」「ノンタッチ」など）

がつけられ、〈固有名〉による命名が行われる。一方、全自動洗濯機は開発されても、販売を続けるために二つの槽がある洗濯機も、そこで一旦吸収された〝2〟を意味する〈機能名〉が再登場し、「二槽式」という〈機能名〉で再命名されるのである（蓑川 二〇一二）。

七．企業規模別の命名行為の特徴と相違点
―果実飲料の場合―

商品の命名行為の中には、多種多様な局面が存在する。そうした局面の一つに、名づける企業の規模による違いがあるのではないかと考えられる。例えば商品の命名は、企業内で行う場合もあれば、広告代理店やコピーライターなどに外注する場合もある。外注するにはそれなりの費用がかかる。ネーミングにお金をかけられる企業とそうでない企業があることになる。また、原材料の調達や海外企業との提携において、グローバルな企業と、もっぱら国内で、国内の原料のみを使用して製造・販売する場合がある。したがって、商品の命名には企業集団による違いがあるものと考えられる。商品の命名ということで、ひとくくりにするのは適当ではないだろう。そこで、企業を大きく二つのグループに分けて、商品名における命名行為の階層性について述べる（蓑川 二〇一〇）。

一般社団法人全国清涼飲料工業会（現全国清涼飲料連合会）の『清涼飲料関係統計資料』を資料とし、果実飲料を取り上げる。また上記資料の調査に先立って、新聞広告でも調査・分析を行った。商品名は業界団体の統計資料から得られたデータを用い、企業を二つのグループに分ける際には、新聞広告を打つ企業を便宜上大企業としてAグループと呼び、それ以外をBグループと呼ぶ。

AグループとBグループを比較したところ、〈タイプ名〉と〈固有名〉は、Aグループの方がBグループより多く、総じて増加傾向である。それに反して、〈主原料名〉と〈成分・製法名〉は、A・B両グループとも増加傾向で、同じような動きを示している。

果実飲料の生産量も考慮に入れながら、詳しく述べる。生産量が減少する局面（平成三～九年（一九九一～一九九七））では、Aグループは〈主原料名〉〈成分・製法名〉〈タイプ名〉や〈固有名〉を増やしている。一方、Bグループは〈主原料名〉〈成分・製法名〉〈固有名〉が増加しているが、Aグループほどの伸びではなく、〈タイプ名〉は少ない中でも減少している。売り上げが落ちているときに、Aグループは〈社名〉〈類概念〉以外の四つの名

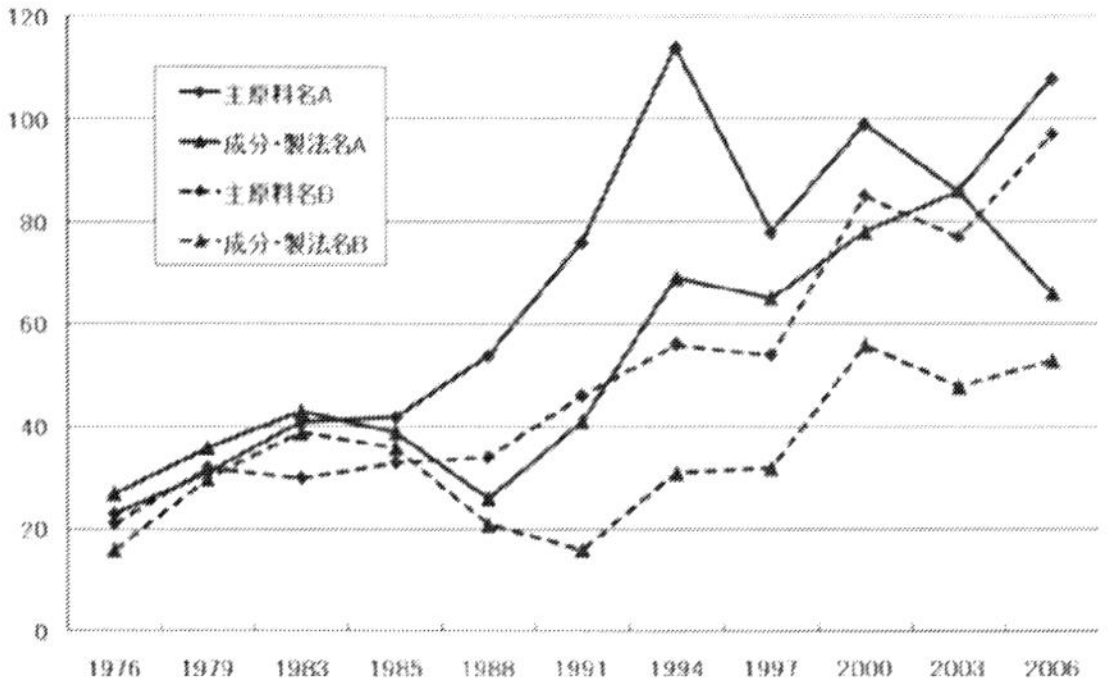

図4－6　Ａグループと Ｂグループの〈主原料名〉と〈成分・製法名〉

前〈主原料名〉、〈成分・製法名〉、〈タイプ名〉、〈固有名〉を使い、異なりを増やしてバリエーションを増加させる。新商品をつぎ込み、種類も増やして、需要を喚起する方向に進むのである。一方、Ｂグループは四つの名前のうち〈タイプ名〉や〈固有名〉については、基本的に横ばいであるが、〈主原料名〉と〈成分・製法名〉を増やしている。〈タイプ名〉や〈固有名〉でバリエーションを増やすということはできないのである。以上は、生産量が減る局面で、Ａグループの大企業にできることと、Ｂグループの中小企業にできることに違いがあるということを示している。

図4－6は、ＡグループとＢグループの〈主原料名〉と〈成分・製法名〉だけを取り出して、重ねたグラフである（Ａは実線、Ｂは破線）。これを見ると、双方増加傾向であるが、明らかにＡグループが先に増加し、Ｂグループはそれを追いかける形で増加しているのが分かる。このことから、技術開発は大企業が早く、中小企業は後追いにならざるをえないということが見て取れる。後者は、独自に開発するというより、後発になるということだろう。

すべての企業をまとめたデータを見ると分からないが、企業をＡ、Ｂ二つのグループに分けると、データの示す意味が異なることが明らかになる。業界団体と言っても、その中身は一様ではなく、その中に集団があるのである。それは商品の命名にも、影響を与えていることが読み取れる。

飲料を製造する企業としては、同一の職業・専門分野に属す同じ社会集団であるが、企業間の階層とでもいうべきものが存在し、同じ果実飲料であっても、命名の際に使用する商品名構成要素が異なるのである。先に見てきたように、〈タイプ名〉は明らかにＡグループに多かった。そして、〈固有名〉も、Aグループでは平成六年（一九九四）から平成一八年（二〇〇六）まで平均して一〇〇使用されているのに対し、Bグループでは四〇である。また、Bグループでは、他の五つの構成要素より〈主原料名〉で名づけられることが明らかに多い。このようにAグループとBグループの間には、命名においてはっきりした違いが見られる。どの構成要素に重点を置くか、生産ラインの数や原料調達の範囲など、様々な要因が名づけのバリエーションに影響していることが予想される。したがって、同じ業種の企業であっても、その中に異なる集団があり、命名行為に階層性が認められるのである（蓑川 二〇一〇より抜粋）。

八．オノマトペの増加が意味すること

果実飲料の〈固有名〉に注目すると、平成六年（一九九四）以降、オノマトペ（擬音語・擬態語）の使用が増加している。中でもAグループの方がオノマトペを使って名づけることが多いが、Bグループは積極的ではない。なぜ平成六年以降、オノマトペの使用が増加したのかについて考えたい。

平成三年（一九九一）のバブル経済崩壊後、日本の経済状態は悪く「平成不況」とか「失われた一〇年」などと言われた。景気が悪くなると、企業は売り上げが伸びないため、経費を削ろうとする。初めに削減されるのは3Kと言われる交通費、交際接待費、広告宣伝費であり、商品名に関わるのは広告宣伝費である。

岩永（二〇〇〇）によると、不況になって物が売れなくなると、次々と目新しい新商品の開発が進んでいき、大量の製品がしのぎを削ることになるという。しかし広告はしてもらえない。それでは広告せずに多くの新商品をどのようにして売っていくのか。それは他の商品より少しでも目立つことであり、それがネーミングにも表れるのだとしている。また、岩永（二〇〇一）では次のように指摘している。好況、バブルの時代には理屈や説得の広告で売れたものが、不況の時代になると、感性や本能的な感覚が力を持ってくる。そこでまずキャッチフレーズでオノマトペが多用される現象が起こり、それが次にネーミングにも浸透していくのだ。

岩永（二〇〇〇）を踏まえ、蓑川（二〇一五）での果実飲料の〈固有名〉におけるオノマトペ表現の調査結果より、次のようなことが言えるだろう。広告費をかけら

れない中で、個々の商品を目立たせる苦肉の策として、名前らしくない（名詞ではない）長い名前をつけること、オノマトペを用いて感覚的に商品の特徴を示すことが行われるようになったのではないか。またそれは、大都市や社会の成熟とも関わり、人と人があまり言葉を交わさない世の中になり、スーパーやコンビニが増えたことも遠因だろう。直接人とは話さないが、優しい暖かい言葉は欲しいという願望が人々の心の底にあり、その一部を商品名が担っているのかもしれない（蓑川 二〇一五）。

九．どのようにして商品を識別するのか
—自動車名の場合—

（1）延べ語数から見る自動車名の必須成分と任意成分

調査対象の車名の数（自動車数：自動車の商品名数）は年によって変動がある。車の数が増えれば構成要素の数が増加し、減れば構成要素数も減少する。そこで、車の数を一とした時の各商品名構成要素の値を見るため、年別の各構成要素を各年の車の合計数で割り、車一台あたりの構成要素数を算出した。下の図4－7はその延べ語数のグラフである。

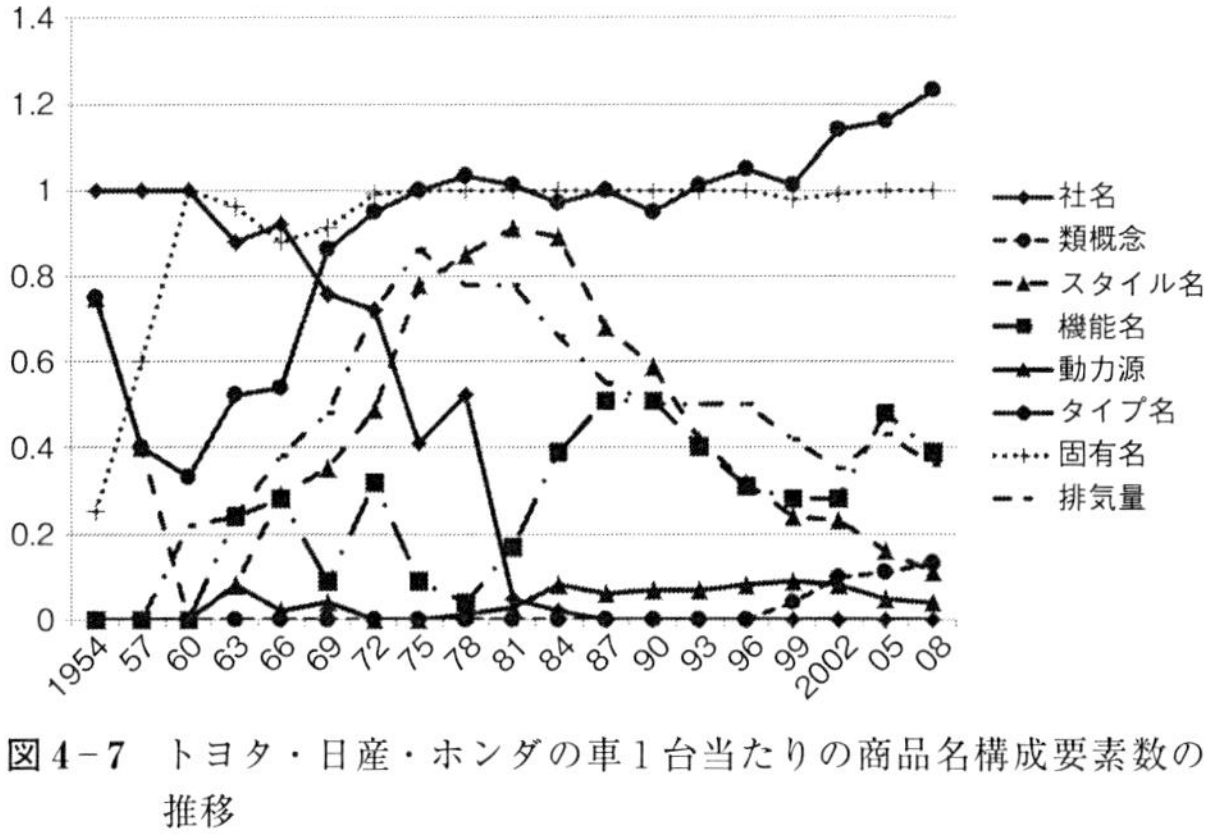

図4－7　トヨタ・日産・ホンダの車1台当たりの商品名構成要素数の推移

一九六〇年代までは〈社名・ブランド〉が自動車名の必須成分であった（例：ニッサン　セドリック　デラックス）。しかし、昭和四四年（一九六九）には〇・八を割り、その後は減少の一途をたどり、任意成分でもなくなり、昭和五六年（一九八一）以降はほとんど現れない。〈スタイル名〉は、一九七〇年代後半から一九八〇年代にかけては自動車名の必須成分に近かったのであるが、一九八〇年代後半からは任意成分となる。今では商品名すなわち固有名と思われるようになったが、一九五〇年代は必ずしも、〈固有名〉がつ

けられるとは限らなかった（例：ダットサン　デラックス　セダン、ホンダ　S８００　クーペ）。しかし〈固有名〉は昭和三五年（一九六〇）に一となり、その後ほぼずっと〇・九台から一を保っている。〈タイプ名〉も〈固有名〉と同様に初めは少なかった。しかしながら、昭和四四年（一九六九）に〇・八六となってからは、常に〇・九以上の数値を示し、さらに〈固有名〉は一以上にはならないが、〈タイプ名〉は一よりも多くなる傾向にあり、平成二〇年（二〇〇八）はこれまでの最高値で一・二三である。実数では延べ語数も異なり語数も減少しているのに対し、比率では増え続けている。これは〈タイプ名〉が一つの車名に二つ以上つけられることを示している。一つの〈固有名〉に複数の種類を作り〈タイプ名〉でバリエーションを持たせることによって売り上げを伸ばそうとしているのだろう。

以上見てきたように、〈固有名〉と〈タイプ名〉は一九七〇年代以降、車の数とほぼ一致すると言える。自動車名にとってこの二つの構成要素は必須成分である。そして、二〇〇〇年代には上記必須成分のみの車が圧倒的になり、任意成分を持つものが少なくなってきている（蓑川 二〇一六）。

（２）商品識別の時代的変遷

自動車名の識別は、どのように行われているのだろうか。それは時期によって異なるのではないか、と考えられる。前項で見たように、自動車名には必須成分と任意成分がある。時期によって、必須成分が主に活躍する時に違いがある。時期による変化をおおまかに図示すると、図４－８のようになる。

時代の流れと、何をもって商品を識別しようとしているのか、という観点から考えると、このような大きな流れが見いだせるのではないだろうか。

「カセット効果」とは柳父（一九七六）が、翻訳語についての仮説として提示したものである。カセット（宝石箱）は外から見るだけできれいで、その上、

他社製品との識別（〈社名・ブランド〉による）

↓

形・大きさによる識別（〈スタイル名〉による）

↓

個別に識別＋カセット効果によるイメージアップ（〈固有名〉＋〈タイプ名〉による）

図４－８　識別に使用される構成要素の変遷

中に何かいいものが入っているのだろうという気にさせるものである。柳父は外来語についてもこの表現を用いて説明したが、これは自動車の〈タイプ名〉にもあてはめられると考えられる（意味がわかりにくい外来語や「X」「Z」などのアルファベットを指す）（蓑川 二〇一六）。

一〇．まとめ

これまで主に家電製品の名前から商品名の命名メカニズムの基本モデルを見、再命名という現象が商品名でも見られることを指摘し、再命名も命名メカニズムのモデルに組み込んだ。清涼飲料では果実飲料を取り上げ、企業規模による命名行為の相違を観察し、同じ業界における命名であっても、ひとくくりにはできないことを見た。自動車名では構成要素の中に必須成分と任意成分があることを示し、商品の識別は時期によって使用される構成要素が異なることを述べた。今後は家電、飲料、自動車の三者に共通する命名メカニズムがあるのか、三者三様なのか、さらに精密化し、考察を深める必要がある。

注

（1）類概念とは類を示す概念。例えばユリという概念は、姫ユリ・鬼ユリ・山ユリなどユリ科の植物の類を示す類概念である。前接する要素は、種差という。（森岡・山口 一九八五、二八頁）

文献

岩永嘉弘（二〇〇〇）「ネーミングとことば遊び」『月刊言語』二九－二
岩永嘉弘（二〇〇一）「広告キャッチフレーズとネーミングのオノマトペ化」『月刊言語』三〇－九
鈴木孝夫（一九七五）「（報告）言語と文化」阪倉篤義司会『シンポジウム日本語第三巻　日本語の語彙・意味』学生社
鈴木孝夫（一九七六）「語彙の構造」鈴木孝夫編『日本語講座第四巻　日本語の語彙と表現』大修館書店
玉村文郎（一九八八）「命名と造語」金田一春彦・林大・柴田武編『日本語百科大事典』大修館書店
蓑川恵理子（二〇〇六）「商品名の命名メカニズム─家庭用電気製品『三種の神器』を例に」『日本語の研究』二－一
蓑川恵理子（二〇〇八）「商品名の命名メカニズムと再命名─家電製品名の場合」『計量国語学』二六－七
蓑川恵理子（二〇一〇）「商品名命名の位相性─果実飲料を例に」『待兼山論叢第四四号日本学篇』大阪大学文学会
蓑川恵理子（二〇一二）「家電製品にみる命名」『日本語学』三一－一
蓑川恵理子（二〇一五）「果実飲料の命名の位相性─語彙的側面に注目して」『京都光華女子大学京都光華女子大学短期大学部研究紀要』五三

蓑川惠理子（二〇一六）「なぜ商品に名前をつけるのか―自動車名の場合」『語彙研究』一三
森岡健二・山口仲美（一九八五）『命名の言語学―ネーミングの諸相』東海大学出版会
柳父章（一九七六）『翻訳とはなにか―日本語と翻訳文化』法政大学出版局
G・ステルン〔Stern, G.〕（1931）*Meaning and Change of Meaning with Special Reference to English Language*（五島忠久訳述（一九六二）『意味と意味変化』研究社）

第2部

メディアによる語彙の創造と広がり

第五章　作家による語彙の創造

はんざわかんいち

本章でどんなことを取り上げるか考えあぐねていた時、格好の種本になるのではないかと思ってしまったのが、馬上（二〇一四）。そのタイトルは『文豪たちの「?」な言葉』。

早速読んでみると、扱っているのは、「全然・役不足・女に別れる・しれい（命令形）・左近を打たせた」などという語・表現の、一般的には誤りとされがちな、しかし文豪ならではの?特異な用法に関してであった。「語彙の創造」に語法も含めるならばともかく、語そのものではなく、また文豪による「創造」というわけでもないので、本章の趣旨とは異なるものであった……。

近代文学研究者の知人に教わり、日本ペンクラブの「電子文藝館」というサイトを検索してみたら、「作家の「造語」が残るとき」という題の文章があり、作家・遠藤周作の「苦楽《くるたの》しい」という造語が紹介されていた。「苦しさもあるけれど、それを超えた先で楽しさに出会える」という意味らしく、これはまさに「作家による語彙の創造」にふさわしい。と思ったが、残念ながら、この語は作品においてではなく、対談の中で遠藤が発した言葉ということなので、これまた趣旨とは違ってしまう。

そういえば、『講座日本語の語彙』に「現代の語彙」の巻があったことを思い出して確認してみると、樺島（一九八二）が収録されていた。が、造語ではなく、品詞や語種などの量的構造に関するものであった。

さらに、語彙関係の本に手当たり次第あたり、沖森ほか（二〇一一）も縦覧してみたら、「第8章　ことばと社会　第4節　文芸のことば」があり、!と思ったが、季語や枕詞などの韻文特有語の説明であった。やんぬるかな。

一・造語の認定

あらためて「作家による語彙の創造」とは何かを考えてみる。

「作家」にも、作るものは様々ありえるが、ここでは言葉（日本語）に関わる作家、特には小説家や詩人などの文学者に限定しておく。しかも、当巻は現代という時代区分なので、中心は敗戦後、という条件も付くだろう。

「語彙の創造」を、語そのものを造り出すこととすると、「作家による語彙の創造」とは、特定の作家による特定の造語ということになる。ただ、これには規定上の問題が二つある。

一つめは、造語自体のありようである。

以前には存在しなかった、全く新たに造られた形を持つ語というのもありえなくはない。しかし、それがあくまでも個人的あるいは臨時的にとどまるのであれば、一般的な意味での語としては取り上げにくい。また、新たに日本語内で用いられるようになった外国語も、その出自が明らかである限り、意味・用法の違いが生じたとしても、造語とは言えない。造語の多くは、既成語を何らかの形で複合したものであり、その語形も語義ももとの語同士に由来する。あの有名なドラえもんの取り出す道具の名前のほとんどは、複合による造語である。

二つめは、造語の認知・流通のありようである。

かりに個人的・臨時的ではないとしても、認知・流通を支える集団の規模や使用の頻度・時間にはかなりの幅が想定される。例えば流行語には造語されたものが多いが、それらは一時的には大規模・高頻度であるものの、普通の国語辞典に登録されるとは限らない。作家による造語の場合、それが用いられた作品がベスト・セラーあるいは評判作になったとしても、その中の特定の語が広く認知され流通することにはならない。当たり前ではあるが、発表・出版された時点で、作品は公的なものになるとはいえ、それがそのまま語彙の社会的な広がりを保証するわけではないのである。

二・季語とオノマトペ

作家の造語として、ある程度の普遍性を持ちうるものに、俳句の季語がある。代表的なものに、中村草田男の「万緑」、加藤楸邨の「寒雷」、松本たかしの「虫時雨」、阿波野青畝の「芋嵐」などが挙げられる。これらは現代の歳時記に載ることによって、当の俳人以外の使用が担保される。ただ、言うまでもなく、季語は俳句の世界においてもっぱら通用するのであって、一般化しうる語ではない。

日本語の語彙の中で、その造語性の高さが特徴とされるものに、オノマトペがある。オノマトペは、その最低限のパターンさえふまえれば、誰でもいつでもどのようにでも造り出すことができる。

オノマトペの造語という点で、作家として最も有名なのは、宮沢賢治であろう。詩においても童話においても、造語と見られるオノマトペがふんだんに見られる。宮沢のオノマトペだけを集めた本（栗原監修・杉田編 二〇一四）も出されるほどで、作品を読んだことがあれば、彼独自のオノマトペと、すぐに気づくはずである。

ところで。

季語であれオノマトペであれ、作家がそれを新たに造語するのは、単なる新奇さを求めてでも、個人的な嗜好からだけでもなく、何よりも創作上の必然性による。つまり既成語そのままによって表現しえない事柄を表そうとするためである。その意味で究極的には、その造語は当該作品あるいは当該場面における文脈での、その場限りの一回的な出来事であって、そもそも他での反復使用は想定されえない。

それに対して、社会的かつ実用的な需要を背景とする造語ならば、話は別である。何らかの新たな事物・文化・思想を表すために新たに生み出された語は、競合による淘汰を経て一般化し定着する。例えば、石井（二〇〇五）の挙げる「聴導犬」や「電動自転車」などの例がそれにあたる。

作家による語彙の創造は、あくまでも個人的な創作上の必要からであるから、語彙一般における、語としての成り立ちを支える認知・流通という規定自体をあてはめても意味がない。むしろ、一般的な規定に反すれば反するほど、その作家・作品だからこその語彙の文学的な創造性が際立つとも言えよう。そして、それゆえにこそ、本巻にもわざわざ一章として設けられたのだろうけれども。

三．造語のタイトル

ということで、本章を閉じる…わけにもいかないので、別の観点から考えてみる。
作品名つまりタイトルである。
タイトルももちろん語であり、その作者の命名によるる固有名である。それが既成語そのままの場合もあれば、造語の場合もある。また、作品名としては語相当であるが、実際には単語だけではなく、句や文の単位で構成されることもある。句や文になれば、単語レベルでの制限はなく、その実現形にはほぼ無限の組み合わせが考えられるので、ここではとりあえず、単語からなる作品名に絞っておく。

タイトルは、作品内部における個々の語とは違って、他の作品と区別するためにある。その実用性という点において、語としての顕著性あるいは一般性が求められるので、造語の動機性も必要性も強いと考えられる。

例えば、作家・村上春樹は、「まず、何といってもこの素晴らしいタイトル、『騎士団長殺し』。最初にぜひ伺っておきたいんですけれど、このタイトルはどのようにして?」というインタヴュアーの問いに対して、次のように答えている。

「騎士団長殺し」って言葉が突然頭に浮かんだんです、ある日ふと。「『騎士団長殺し』というタイトルの小説を書かなくちゃ」と。なんでそんなこと思ったのか全然思い出せないんだけど、そういうのって突然浮かぶんです。どこか見えないところで雲が生まれるみたいに。でもそういうある種の不思議さって、タイトルには大事なんです。ちょっとした違和感みたいなものが。

（川上・村上 二〇一七、七五頁）

「騎士団長殺し」というタイトルは、村上の最新長編小説（二〇一七）に付けられた、「騎士団長」と「殺し」という二語の複合による造語である。このタイトルにおける「ある種の不思議さ」とか「ちょっとした違和感」とかいうのは、まずは書き手にとっての創作の動機付けとして「大事」であるという面と、読み手の関心を引くために「大事」という面の両方がある。それが「騎士団長殺し」という、目慣れない造語だからこそとりわけ感じ取られるということになる。

村上春樹作品のタイトルがいつもそのようにして生み出されてきたわけではない。実は、それまでの彼の長編小説一三作のうち、同様にあきらかな造語からなるタイトルは、「ねじまき鳥クロニクル」（一九九四）の一作しかない。

タイトルの表現構成としては、デビュー作の「風の歌を聴け」（一九七九）という一文によるものを除いて、あとはすべて名詞止めであり、その中には「アフターダーク」や「1Q84」のような一語、「1973年のピンボール」、「ノルウェイの森」、「スプートニクの恋人」、「海辺のカフカ」のような修飾句、「世界の終りとハードボイルド・ワンダーランド」、「色彩を持たない多崎つくると、彼の巡礼の年」、「ダンス・ダンス・ダンス」、「国境の南、太陽の西」のような並列句などのパターンが見られるが、このうち造語的と見なせなくもないのは、「1Q84」と「ハードボイルド・ワンダーランド」くらいである。

もとより、句や文によるタイトルであっても、「ある種の不思議さ」とか「ちょっとした違和感」とかはありえようが、表現が長くなる分だけ、単語に凝縮された造語とはおのずからレベルもインパクトも異なろう。村上の場合も、「騎士団長殺し」と「ねじまき鳥クロニクル」という造語タイトルはむしろ例外的であって、この両作品に限っては、造語タイトルから物語が着想・展開されたものと推測される。この両タイトルを、造語性という点から見るなら、時代や国は異なるにしても、ありえそうな「騎士団長＋殺し」に比べて、その対象が現実的とは言えない「ねじまき＋鳥＋クロニクル」のほうが意外性が大きい分だけ、受け手の印象には残りやすいかもしれない（なお詳しくは、はんざわ（二〇一八）を参照）。

四．小説のタイトル

玉村編（一九八八）には、「名付けの諸相」の一つとして「小説名」が取り上げられていて、「小説の命名は、三つの要素の組み合わせによって行われる」という。第一要素が内容・材料で、①テーマ、②主人公、③世界（地域的、時期的）、の三つに分けられ、第二要素が象徴度で、①ストレートな表現か、②何かに見立てるなど、象徴的な表現か、の二つに分けられ、第三要素が言葉使いのテクニックで、その選択の中に、表現構成のほかに、「俗語・方言・英語・新造語」が含まれる、としている。

タイトルの第三要素の「新造語」という点から見ると、それがさらに第一要素の内容・材料の如何、第二要素の象徴度の如何によってそれぞれ分かれることになる。しかし、これらはその作品テクストを知らないことには、判定のしようがない。よって、まずは、タイトルそのものだけに注目してみる。

二〇一七年度版『新潮文庫【解説目録】』には、「日本の作品」として四〇〇頁以上にわたり、三〇〇〇件ほどの作品名（書名）が列挙されている。その多くは小説かエッセイであるが、この中から名詞一語の、作家による造語として目に付くものを抜き出してみると、実は一〇〇件にも満たない。しかも、比較的最近の作品にほぼ集中し、それ以前は、「金色夜叉」（尾崎紅葉、一八九七〜）、「歌行燈」（泉鏡花、一九一〇）、「夫婦善哉」（織田作之助、一九四〇）、「人間失格」（太宰治、一九四八）などが見られる程度である。これらの古い造語はその知名度ゆえにか、『日本国語大辞典』にも立項されている。

小説のジャンルとして造語タイトルが目立つのは、なぜか時代小説である。いま、任意に挙げてみると、次のとおり。

「春告げ坂」（安住洋子）、「戊辰繚乱」（天野純希）、「あばれ狼」（池波正太郎）、「義烈千秋」（伊東潤）、「恋細工」（西條奈加）、「つばくろ越え」（志水辰夫）、「緋色からくり」（田牧大和）、「恋情からくり長屋」（辻原登）、「久能山血煙り旅」（早見俊）、「時雨みち」（藤沢周平）、「堪忍箱」（宮部みゆき）、「誰そ彼れ心中」（諸田玲子）、「虚空遍歴」（山本周五郎）、「かんじき飛脚」（山本一力）など

これらは、語種の組み合わせは異なるものの、いずれも複合による造語であるが、タイトルだけから時代小説と察せられるのは、それほど多くはない。

時代小説作家の中で、タイトルに異彩を放つのが畠中恵である。すべてひらがな表記のうえ、「けさくしゃ」「ころころろ」「しゃばけ」「ちょちょら」「ひなこまち」など、それ自体では意味が判じ難い、独自の造語タイトルになっている。

時代小説以外で、作家ごとに見ると、大江健三郎の「芽むしり仔撃ち」「同時代ゲーム」、重松清の「きよしこ」「くちぶえ番長」「なきむし姫」「ゼンメツ少年」、星新一「気まぐれ指数」「妄想銀行」「おみそれ社会」「どんぐり民話館」「つぎはぎプラネット」、舞城王太郎「阿修羅ガール」「ディスコ探偵水曜日」「ビッチマグネット」などの造語タイトルが、一人の作家の複数作品に見られるという点で、目を引く。

今度は、歴代の芥川賞・直木賞の受賞作品のタイトル

を見てみる。

まずは芥川賞の方から。造語とみなされるタイトルは全体の一割にも及ばず、しかも「コンビニ人間」（村田沙耶香）、「ａｂさんご」（黒田夏子）、「きことわ」（朝吹真理子）、「ひとり日和」（青山七恵）、「家族シネマ」（柳美里）、「背負い水」（荻野アンナ）、「自動起床装置」（辺見庸）、「表層生活」（大岡玲）、「苦役列車」（西村賢太）など、近年の、特に女性作品に多い。古くは、「暢気眼鏡」（尾崎一雄、一九三七、第五回）があるくらいである。

直木賞の方も量的には似たようなものであるが、「強情いちご」（田岡典夫、一九四三、第一六回）、「燈台鬼」（南條範夫、一九五六、第三五回）、「はぐれ念仏」（寺内大吉、一九六一、第四四回）など、比較的古くから見られ、近年でも、「下町ロケット」（池井戸潤）、「白球残映」（赤瀬川隼）、「狼奉行」（高橋義夫）、「青春デンデケデケデケ」（芦原すなお）、「恋紅」（皆川博子）、「炎熱商人」（深田祐介）などあって、こちらは男性作品に目立つ。

新潮文庫収録作品であれ、芥川賞・直木賞受賞作品であれ、世に出ている文学作品のごく一部にすぎない。ただ、総じてそのタイトルに関して言えそうなことは、造語一語によるものはいたって少なく、しかも既成語の複合による、ということである。

それは、なぜか。理由として、とりあえず三つ考えられる。

一つめは、タイトルのキャッチー性である。文学作品の場合、造語によるキャッチー性を積極的には求めないようである。たとえ造語であっても、その構成要素から意味がおおよそ知れるものであり、意味不明の、まったき新造語というのはほとんど見当たらない。これはおそらく、文学作品が言語芸術であり、タイトルに関しても、テクスト内容との関係において、一般的にはその意味を抜きにしてはありえないということであろう。

二つめは、タイトル表現の多様性である。文学作品のタイトルは名詞句がほとんどであり、その中心が名詞一語であるのは事実であるが、それに限られるわけではない。造語ならぬ造句さらには造文となると、その多様性には制約がなく、独自の内容を表すことができるのであって、主流の命名ではあれ、あえて名詞一語の造語にこだわる必要はないのである。

三つめは、ジャンルや作家による偏向性である。造語タイトルが比較的よく見られるジャンルや作家の場合、同一の命名パターンをとってシリーズ化する傾向が強い。時代小説しかり、ショート・ショートしかり。それが個性として他の作家あるいは作品と区別し流通させる役割を果たしている。とはいうものの、そういう意図・戦術によるジャンルや作家は限られるということである。

五．タイトルとテクスト（一）

文学作品のタイトルは、あくまでもそれによって名付けられたテクストがあってのタイトルである。先に紹介した玉村編（一九八八）の「小説名」の分類のように、タイトルとテクストの関係を明らかにしなければ、タイトルの価値つまり作家の創造性のありようを示したことにはなるまい。その作家がそのテクストに対して、なぜ、どのようにしてそのタイトルを付けたか、という問題である。

一例として、向田邦子の短編小説のタイトルとテクストの関係を、造語という観点から見てみる（なお、向田の短編小説集『思い出トランプ』の総タイトルおよび各作品タイトルについては、半沢（二〇一一）で扱っているので、参照されたい。ちなみに、「思い出トランプ」という書名も向田の造語であり、後にそれを模した「思い出コロッケ」（諸田玲子）という短編集名もある）。

『向田邦子全集　第三巻』（文藝春秋、一九八七）に収録されている向田の短編小説は全部でわずか二二編である。その中で、造語によると見なされる作品タイトルは「だらだら坂」と「嘘つき卵」の二つしかなく、先に取り上げた文学作品の全般的な傾向と変わりない。

まずは、「だらだら坂」。

実は、この語は『日本国語大辞典』に載っていて、泉鏡花・志賀直哉などの作品の用例が示されているので、厳密には向田の造語と言えない。ただ、この作品で設定された舞台が「もとは麻布と呼ばれた屋敷町」であり、もともとその地名ではなく、しかも新たな意味付けをしたという点で、造語に準じるものと見ておく。

このタイトル語は、テクストではほぼ終わりに、何の説明もなく、登場する。その坂自体はその前から出てきているのであるが、「ゆるやかな坂」（二八・三九頁、『思い出トランプ』新潮社、一九八〇による）、「坂はゆるやかな勾配だから」（三〇頁）のように表現されている。それが最後に、「だらだら坂は、自分でも気がつかない

うちに爪先が先に降りてゆく。」（三九頁）と変わるのである。そしてテクストは、

　トミ子のマンションに寄らず、このままだらだらと坂を下り、下の煙草屋で煙草を買って、タクシーを拾ってうちへ帰ろうか。庄治は坂の途中で立ち止り、指先でポケットの小銭を探した。（四〇頁）

で、幕を閉じる。ここでは、「だらだら坂」ではなく、「だらだらと坂を下り」のように表現されている。

「ゆるやかな坂」から「だらだら坂」への、ラストでの変更の意図はきわめて明らかである。坂の勾配そのものを示していた「ゆるやかな」が、「だらだら」に置き換わることによって、その坂を下る際の主人公・庄治の肉体的かつ心理的な疲労感も表しているのである。それだけではない。その疲労感は同時に、テクストに展開されてきた、トミ子との愛人関係に対するものでもあり、さらには庄治の人生に対するものでもある。

「だらだら坂」という造語タイトルは、テクストのそういうテーマを象徴的に表わす語として位置付けられよう。

この「だらだら坂」というタイトルとテクストのどちらが、実際上、先行したかは分からない。ただ、テクスト内における「だらだら坂」という語の布置を見る限りでは、タイトルの方が先んじていたように思われる。

六．タイトルとテクスト（二）

向田作品の、もう一つの造語タイトルである「嘘つき卵」は、事故死によって中絶してしまった「男どき女どき」という、世阿弥の「花伝書」に由来するタイトルの連作短編集の一編に付けられたものである。

「嘘つき卵」というタイトルは「だらだら坂」とは違って、辞書にも載っていない、向田の正真正銘の造語である。少なくとも、文学作品のタイトルとしては他に見当たらない。

その由来はテクストの中で説明されている。「一定の場所で産ませるための囮《おとり》」として、「本当の卵の中に混ぜてお」く、瀬戸物で作られた「偽卵《ぎらん》」（八三頁、『男どき女どき』新潮社、一九八二による）という漢語を、向田が和語に言い換えたものである。もっとも、テクストの中では、「偽卵」は何度か見られるのに対して、「嘘つ

き卵」は一度も用いられていない。つまり、「嘘つき卵」という語は、タイトルのためにのみ造られたということである。

　この「偽卵」とテクスト内容との関係は、次のような箇所から窺える。

　偽卵の冷たさ固さは、冷蔵庫から出したての卵そっくりである。いくらあたためても孵らないところはあたしに似ていると思った。
　松夫との夫婦仲は良いほうだと思う。それだけに、抱かれても抱かれても、みごもらない自分のからだが、瀬戸物で出来た偽卵のような気がしてきた。（八三頁）

　なかなか妊娠しない、語り手の「あたし」のことを、「偽卵」に喩えているのである。その意味で、「偽卵」を言い換えたとおぼしき「嘘つき卵」というタイトルは、テクストにおける「あたし」を象徴的に表わしている、と一応は言えよう。

　テクストは、折々、卵にまつわる描写・説明を織り交ぜながら展開し、「あたし」が妊娠したことが分かったところで、終わる。その直前に、次のような述懐がある。

　松夫とは先輩の紹介で知り合った、見合い結婚である。取り立てて不満はなかったが、燃えたとか疼いたとかいうものを味わうことはなかった。みごもるためには、気持もからだもあたたまらなくては駄目だったのか、卵みたいに。（九六頁）

「あたし」の気持があたたまったのは、夫の松夫によってではなく、ある男と出会ったときめきによる。肉体関係はなかったにもかかわらず、そのときめきによって、「あたし」は「偽卵」ではない、本物の卵になれたと思い込むのである。

　それにしても、「偽卵」を単純に言い換えるとしたら、「いつわり卵」や「にせ卵」でも良かったはずである。なぜ「偽」とはやや意味の離れた「嘘つき」を選んだのか。

「嘘つき卵」というタイトルは、それ自体で、卵を擬人化した表現としても解釈できるが、「卵」で人を喩えていると見ることもできよう。このテクストの中ほどには、次のような箇所がある。

　目をさますと、一番先に台所へゆき冷蔵庫から卵を出す。

　二個の冷たい卵は、生きているように身を震わせ、音を立ててぶつかり合い、それから静かになる。皿の上に、寄りそうようにならんでいると、二個の卵は夫婦にみえる。だが、これは卵ではなく、卵に似たものなのだ。抱いて温めても二つの卵が子供を生んで、三つになることはない。

　結婚してから、二人は朝だけで何千個か、かなりの数の卵を食べている。食べただけで、卵を産むことは出来ないのだ。（九二頁）

　ここに出てくる「卵」は、いわゆる「偽卵」ではなく、普通の食用鶏卵である。ただ、それは有精卵ではないという点で、「卵に似たもの」とされる。

　注目すべきは、それが「あたし」だけではなく、夫にも重ね合わされているところである。しかも、この夫婦は、妊娠をめぐって、それぞれ秘密を抱え、互いに嘘をついてきたのである。

　ここにこそ、「偽卵」の単なる言い換えではなく、「嘘つき卵」をタイトルとした、向田の命名上の工夫と仕掛けがあったのではあるまいか。

七．まとめ

　作家による語彙の創造について、作品名という観点から考えてみると、量的には目立ったところは見られなかったものの、テクストとの関係においては、タイトルの造語にそれなりの意図なり必然性なりがあるという可能性は示しえたかと思われる。

　ただ、くどいようであるが、テクスト内における個々の語（あるいは語彙）に関しては、あくまでテクストを構成するためにあるのであって、語単独を取り上げて、創造云々という議論はありえない。かりに特定の造語が何らかの理由で社会的に独り歩きすることになったとしても、当該の文学テクストとは直接の関わりはない。作家による語彙の創造を取り立てるのであれば、それは、そのテクストの文脈においてのみ価値を有する。そしてその限りにおいて、テクストと、そこに用いられた語彙とは、相互規定的に成り立っている（そのあたりの関係の捉え方一般については、髙崎（二〇一一）に詳しい）。

　突然ながら、気になるのは、国語辞典で見出し語の用例が挙げられる場合、その出典に文学作品が圧倒的に多いことである。うっかりすると、その語の初出がその文学作品にあると受け取られかねない。あたかも作家こそがそれらの語を創造したかのように。もちろん、特定分野の語彙にはそういうこともないとは言えないが、大抵は便宜的に一例として示されたにすぎないはずである。

もしかすると、辞書というメディアにおける、そういう取り扱いに対する錯覚・誤解が、語彙の創造や資料という点で文学作品を特権化してしまっているという面もあるかもしれない。

ちなみに、文学作品のタイトルは造語か否かにかかわらず、一般語彙とは異なり、固有名として、百科事典項目の扱いなのであった。

文　献

石井正彦（二〇〇五）「命名・造語」多門靖容・半沢幹一編『ケーススタディ日本語の表現』おうふう
馬上駿兵（二〇一四）『文豪たちの「?」な言葉』新典社
沖森卓也・木村義之・田中牧郎・陳力衛・前田直子（二〇一一）『図解日本の語彙』三省堂
樺島忠夫（一九八二）「文学作品の語彙」佐藤喜代治編『講座日本語の語彙　第七巻　現代の語彙』明治書院
川上未映子・村上春樹（二〇一七）『みみずくは黄昏に飛びたつ』新潮社
栗原敦監修・杉田淳子編（二〇一四）『宮沢賢治のオノマトペ集』筑摩書房
髙﨑みどり（二〇一一）「文章論・文体論と語彙」斎藤倫明・石井正彦編『これからの語彙論』ひつじ書房
玉村文郎編（一九八八）「名付けの諸相」金田一春彦・林大・柴田武編『日本語百科大事典』大修館書店
半沢幹一（二〇一一）『向田邦子の比喩トランプ』新典社
はんざわかんいち（二〇一八）『題名の喩楽』明治書院

第六章　アニメキャラクターの言葉

金水　敏

一．日本のアニメとポピュラーカルチャー

アニメ（アニメーション、animation）はかつて「漫画映画」と呼ばれ、戦前から輸入・国産の作品が楽しまれていたが、今日日本が「アニメ大国」と呼ばれる隆盛を築いたきっかけといえば、連続テレビ・アニメ「鉄腕アトム」（手塚治虫原作、一九六三年一月～一九六六年一二月放映）の成功であろう。このことを契機として、連続テレビ・アニメの形式は急速に定着し、数多くの作品がお茶の間に流され、海外へも輸出されて世界中に影響を与えた。例えば「巨人の星」（一九六八～一九七一）、「サザエさん」（一九六九～）、「ドラえもん」（第二作。一九七九～二〇〇五）、「キャプテン翼」（一九八三～一九八六）、「アンパンマン」（一九八八～）、「美少女戦士セーラームーン」シリーズ（一九九二～一九九七）、「名探偵コナン」（一九九六～）など枚挙にいとまがない。

一方、劇場アニメ映画は戦前より名作とも称される作品が作られていたが、「もののけ姫」（一九九七）、「千と千尋の神隠し」（二〇〇一）に代表されるスタジオジブリ作品で世界的な名声を得、その外にも「うる星やつら2　ビューティフル・ドリーマー」（一九八四）、「AKIRA」（一九八八）、「GHOST IN THE SHELL 攻殻機動隊」（一九九五）、「ヱヴァンゲリヲン新劇場版：破」（二〇〇九）、「サマーウォーズ」（二〇〇九）、「君の名は。」（二〇一六）、「この世界の片隅に」（二〇一六）などが話題となった（以上、キャヴァリア（二〇一二）、山口編著（二〇〇四）参照）。

しかしこれを日本語資料、特に語彙資料としての面から見た場合、アニメを他のいわゆるポピュラーカルチャ

ー作品から区別する特徴を見いだすことは難しい。そもそも「鉄腕アトム」が月刊マンガ雑誌『少年』に連載されたマンガ作品（一九五二～一九六八年連載）を原作としていることに見て取れるように、アニメとマンガでは、その語彙や語法等において、異なる点は見いだしにくい。強いて言えば、アニメはマンガに音声が付け加えられたことに特徴があり、声優によって演じられる台詞は「アニメ声」「アニメ口調」と呼ばれるような性質を持つものとして捉えられるようにはなっている。今日では、アニメ（テレビ版、劇場版その他）、マンガ（雑誌、単行本）、実写動画（テレビ版、劇場版その他）、文字作品（小説、ライトノベルなど）、ゲームその他のいわゆる「メディアミックス」がいっそう活発になっており、言語的にはこれらポピュラーカルチャー作品をジャンルを区別せずに扱うほうが都合がよい場合もある。本章でもそのような立場に立ちながら、ポピュラーカルチャー作品の代表としてアニメ作品を題材にとって考察するものである。

本章では、特に「役割語」（金水 二〇〇三、金水編 二〇一四、その他）の観点を導入してアニメおよびポピュラーカルチャーの語彙を分析していく。二. では役割語について概観するとともに、アニメの台詞にどのように役割語が見られるかということの一端を示す。三. では特にその中から方言語彙のポピュラーカルチャーへの取り入れということに言及する。四. では、物語の構造と登場人物の台詞を探るという観点から、スタジオジブリ作品「千と千尋の神隠し」をケーススタディとして取り上げる。

二. アニメに見る役割語と語彙

アニメの語彙を考える場合に考慮すべき点として、役割語の問題がある。役割語とは、「そうじゃ、わしが知っておるんじゃ」と言えば老人、「そうですわよ、わたくしが存じておりますわ」と言えばお嬢様か奥様といったように、特定のキャラクターとステレオタイプ的に結びついた話し方のパターンである。役割語自体は、小説、ドラマなど他のジャンルにも共通して適用されるが、日本の場合、特にマンガ、アニメがその固定、継承、拡散に貢献したことは間違いない。戦後日本の役割語は、マンガ、アニメの発展とともに発達してきたのである。例えば、金水（二〇〇三）では、老人語における「わし」「～おる」「～じゃ」といった語彙項目が「鉄腕アトム」のお茶の水博士や「名探偵コナン」の阿笠博士の話し方に見られることを指摘している。また金水（二〇一四）では、明治時代の横浜居留地で発生したと考えられる「〜ある」という語法が、戦前「のらくろ」シリーズや手塚治虫作品のほか、近年では「銀魂」の神楽や「AXIS POWER ヘタリア」の中国といったキャラクターに受け継がれていることを指摘した。いかに役割語の継承・拡散にとってマンガ・アニメの力が大きいかということは、金水編（二〇一四）で用例の出典二七三点のうち九三点をマンガから採っており、そのマンガのほとんどがアニメ化されていることからも窺われる。

　なお、次節で扱う方言とも関連するが、リアルな言語を資源としながらマンガ・アニメに用いられる中で文法的・語彙的な性質が変わってしまう語彙もしばしばある。例えば武士ことばに現れる「ござる」という動詞は、「刀がござる」「武士でござる」のように、存在を表す動詞としての表現、名詞述語を作る補助動詞としての表現は室町時代末から歴史資料に見えるが、次の例のように、他の動詞・形容詞の終止形、タ形の後に付く例はポピュラーカルチャー作品で広がったと考えてよい。

左様な台詞は最後まで立っていられた時に言うでござるよ

（和月伸宏『るろうに剣心—明治剣客浪漫譚—完全版01』一六七頁、集英社、二〇〇六）

また、厳密な意味で役割語とは言えないが（金水 二〇一六）、アニメ作品に登場例が求められる「ツンデレ」キャラクターの話し方には独特なパターンがあり、冨樫（二〇一一）、西田（二〇一一）で詳細に分析されている。

三．アニメの語彙的資源としての方言

田中（二〇一一）では、一定の意図をもってフィクションの中で用いられる方言を「ヴァーチャル方言」と名付け、さらに遊びの感覚で他方言やや古い地元方言の語彙を用いることを「方言コスプレ」と呼んでいる。方言コスプレ的なヴァーチャル方言はアニメでもしばしば用いられ、特に一人称代名詞や、「キャラ語尾」（金水 二〇〇三、定延 二〇〇七、金田 二〇一一）として現れやすい。『〈役割語〉小辞典』（金水編 二〇一四）から、方言を資源とする項目を抜き出してみる。

あかん　あほ　えらい　おいでやす　おいどん　おおきに　おます　おまん　がんす　ごわす　ごんす　すんまへん　ぜよ　だす　ちゃう　でっか　とる　なんでやねん　ねん　ばってん　べえ　へん　ほんま　まいど　もうかりまっか　よっしゃ　わて

大阪弁・関西弁からの立項が多いことに着目される（傍線部）。これはこの辞典の特徴ではあるが、大阪弁・関西弁を資源とするキャラクターがマンガ・アニメに多数登場することの反映であると言える。

方言を資源とするマンガ・アニメの台詞の例として、「怪物くん」（マンガは一九六五年より。アニメは一九六八年より）のオオカミ男が用いる「〜がんす」（広島方言、山形方言）を挙げておく。

わしゃタヌキ男じゃないでがんす!!　オオカミ男でがんすよ

（藤子不二雄Ⓐ『怪物くん ベスト・セレクション 友情篇』七三頁、小学館、二〇一〇）

また、「うる星やつら」（マンガは一九七八年より。アニメは一九八一年より）のラムちゃんは「〜ちゃ」という終助詞を用いている。

な、なんで……牛の角みたいだっちゃ

（「ラムちゃん牛になる⁉」一九八四年放送）

「妖怪ウォッチ」（二〇一四〜二〇一八）というアニメ作品では、方言由来の表現が多く用いられている。コマさんという、狛犬を模したキャラクターは、語尾として「〜ズラ」（長野・静岡・山梨等東海・東山方言）を用い、驚いたときに「モンゲー」（岡山方言）と叫ぶ。またUSAピョンというキャラクターは、「〜ダニ」（愛知県三河方言）という語尾を用いる。これらの表現は、視聴者の子どもたちの間で流行語となり、またネット上でそのルーツ探しなどが行われた。

さて、以上は方言であることの効果をねらった表現であると言えるが、一方で方言語彙を資源としながら、それと気づかせず、あるいは共通語として用いている例もある。そのような例として、「千と千尋の神隠し」のリンが用いる「どんくさい」を挙げることができる。松本（二〇一〇）によれば、大阪の地方局である朝日放送のプロデューサーとして昭和五〇年（一九七五）に番組「ラブアタック」を担当したが、一九七九年、全国放送となったことをきっかけに、大阪方言の「どんくさい」を全国に広めたいと考えた。そこで、番組の中で出演者が「どんくさい」を用いたらそのシーンは全部放送するようにとスタッフに指示した。そこで、そのおかげで一九八〇年の『現代用語の基礎知識』「若者用語の解説」に「どんくさい」が掲載されたが、それきりで特にマスメディアに取り上げられることもなかった。ところが、一九九三年、後輩のディレクターに「どんくさい」が東京弁になっていると知らされ、二〇〇一年に「千と千尋の神隠し」が公開されたとき、リンが使用していることを確認したのである。次節に示すように、リンの台詞はぞんざいな男ことばではあるが、特に方言要素をまとう必然はないので、共通語として使用していると考えてよいであろう。

四．ケーススタディ「千と千尋の神隠し」

ここで、長編アニメにおける物語の構造とキャラクターの言葉の関係について、スタジオジブリ作品「千と千尋の神隠し」（宮崎駿監督、二〇〇一年公開）を例にとって考察したい。金水（二〇一七）では、J・キャンベルの神話学やヴォグラーのシナリオ分析の手法を用いて、アニメ映画「風の谷のナウシカ」（一九八四）のキャラクター分析を行った。この分析法では「ヒーローの旅」というテンプレートを作品に当てはめる。おおよそ、次のようなものである。

> 日常の生活をしていた主人公（ヒーロー）が「冒険への呼び出し」をきっかけに旅に出る羽目になるが、最初はためらいを見せる。指導者（メンター）が現れて主人公を勇気づけ、道具や知恵を与えたりする。旅の途中でいくつもの関門をくぐり抜け、その過程で同調者や敵やトリックスターや変貌者（性格や気分が変わってつかみ所のない人物）に出会う。最後に最大の敵「影」と対峙し、これを打ち破って帰還の途に就くが、途中で死ぬような目にも遭う。最後はもとの日常に戻るか、新しい安住の地へと至る。

さらに、キャラクターを三つのレベルに当てはめて、その言語的特徴を次のように規定する。

クラス1：主人公および準主人公。登場頻度が高く、また内面描写も豊富である。すでに見たように、受け手の自己同一化はこのクラスのキャラクターに誘導しなければならないので、あまり奇抜な特徴付けは行われない場合が多い。従って言葉遣いも、標準語を基調とする、役割語度の低い（＝標準語に近い）話し方となることが多い。
クラス2：メンター、同調者、敵対者、トリックスター、変貌者、影といったアーキタイプに属する重要なキャラクターがここに位置する。個性的であるが、内面描写はクラス1の人物よりも少なく、「他者」として立ち現れる人物たちであると言える。
　言葉の面では、典型的な役割語（標準語を含む）が用いられる場合が多いが、一方で、通常の役割語からずらしたり、重ねたり、あるいはまったくそれまでに例のないユニークな話し方をさせる場合もある。
クラス3：ほぼ一回登場したらそれっきりの人物であり、従って名前が現れることもまれである。あらゆる属性において、環境になじんで目立たないことが一番の特徴である。言葉の面では、役柄に応じた一番無難な（典型的な）役割語（標準語を含む）を使用することが基本である。
（金水　二〇一七、二五七頁）

　さて、「千と千尋の神隠し」は、千尋という名の一〇歳の少女が、引っ越し先へ向かう途中に立ち入ったトンネルから、神々の世界へ迷い込んでしまう物語である。千尋の両親は掟を破ったことで魔女の湯婆婆《ゆばーば》によって豚に変えられてしまう。千尋は、湯婆婆によって千と名を変えられ、湯婆婆の経営する銭湯で働きながら、両親とともに人間の世界へ帰るために奮闘する。さらに、もと川の神であったハクという少年が影になり日向になり、千を助ける。また銭湯「油屋」の釜焚き役である釜爺、下働きの少女リン、湯婆婆の息子「坊」、湯婆婆の姉「銭婆《ぜにーば》」も千を助力する。それぞれの台詞を抜き出してみよう。数字は、アニメージュコミックスペシャル　フィルム・コミック『千と千尋の神隠し』（徳間書店、二〇〇一）①～⑤の巻と頁の番号である。「※」以下に、簡単に特徴をメモしておく。

【女性キャラクター】
千尋～千（図6－1）
「ちひろって……わたしの名だわ」③－14
「わたしもう取られかけてた　千になりかけてたもん」③－15

図6－1　千尋（千）

「釜爺さん　わたしこれ湯婆婆のお姉さんに返してくる」「返して　あやまって　ハクを助けてくれるように頼んでみる」④－168

「おねがい　ハクはわたしを助けてくれたの　わたしハクを助けたい」④－169

※「わたし」という一人称代名詞、「～だわ」「～の」といった文末表現は女ことばの特徴を示すが、「～もん」など子どもっぽい言葉づかいが混じる。

リン（図6－2）

「人間がいるじゃん！　やばいよ　さっき上で　大さわぎしてたんだよ」②－48

「やなこった!!　あたいが殺されちまうよ」②－50

「エーーッ　あたいに押しつけるのかよ」②－137

「ここがオレたちの部屋だよ」「食って寝りゃ元気になるさ……」②－143

「必ず戻ってこいよ！」⑤－64

「セーーン！」「お前の事ドンクサイって言ったけど取り消すぞーー」⑤－65

※少女ではあるが、その言語は「あたい」という一人称代名詞を除けば、ぞんざいな男ことばと認められる。「オレ（たち）」という代名詞の使用もある。

湯婆婆（図6－3）

「なんであたしがお前を雇わなきゃならないんだい」②－143

「つまらない誓いをたてちまったもんだよ」②－125

「ああごめんごめん」「いい子でおネンネしてたのにねェ」「バーバはまだお仕事があるの」「いい子でおネンネしててね」④－94

銭婆

「お前さんのおかげでここを見物できておもしろかったよ」④－122

「そいつは妹の手先のドロボー竜だよ」「わたしのところから大事なハンコを盗み出した」④－123

「お前はカオナシだね　お前も座りな」「オヤあんた達

図6-2　リン

図6-3　湯婆婆

魔法はとっくに切れてるだろう　戻りたかったら戻りな」⑤-124

「あたし達二人で一人前なのに気が合わなくてね」⑤-125

「ホラあのヒトハイカラじゃないじゃない」「魔女の双子なんて厄介の元ね」「お前を助けてあげたいけどあたしにはどうすることもできないよ　この世界の決まりだからね」⑤-126

※湯婆婆・銭婆は、「〜あたし（は）〜だよ」というパターンを多く用いる、若いおばあさん語と分析できる（金水ほか（二〇一一）のうち、三好担当分）。ただし作品における役どころの違いから、湯婆婆は言葉が荒く、銭婆は物静かなもの言いとなっている。

油屋の女達

「あたしらのとこへはよこさないどくれ」「ヒトくさくてかなわんわ」②-136

「ますます大きくなってるよ」「あたい食われたくない」⑤-17

※時代劇風の女ことばであるが、俗っぽく、上品さに欠ける。

【男性キャラクター】

ハク（図6-4）

「こわがるな　私《わたし》はそなたの味方だ」①-104

「ムダ口をきくな」「私《わたし》のことはハクさまと呼べ」①-133

「ここのものを三日も食べればニオイは消えよう」「それでも使いものにならなければ」「焼こうが煮ようが好きにするがいい」②-136

「湯婆婆は相手の名を奪って支配するん

だ」「いつもは千でいてほんとうの名前はしっかり隠しておくんだよ」③-14

「私《わたし》も思い出した　千尋が私の中に落ちた時の事を　クツを拾おうとしたんだよ」⑤-149

※役どころから、千（千尋）と二人でいるときは優しい言葉づかいとなり、みんなの前では強く非情な口調を用いる。「そなた」という、時代劇風な二人称代名詞を用い、全体に格調高く古風な雰囲気になっている。千への優しい口調では「〜だよ」が用いられる。

釜爺（図6-5）

「わしゃあ釜爺《かまじい》だ　風呂釜にこきつかわれとるジジイだ」②-21

「いくらでも代わりはおるわい」②-22

「おめえ　湯婆婆んとこへ連れてってくれねえか」②-50

「判らんか」「あいだ　愛」⑤-15

※老人語の一種と認められるが「じゃ」ではなく「だ」を用いる。粗野な田舎ことばが混じる、田舎のじいさん風の言葉づかいといえるが、見かけや言葉づかいに似合わない、しゃれたもの言いをする。

坊（図6-6）

「おまえ病気うつしに来たんだな」「おんもには悪いバイキンしかいないいんだぞ」④-99

「血なんか平気だぞ」「遊ばないと泣いちゃうぞ」④-113

「とってもおもしろかったよ　坊」「千を泣かしたらバーバキライになっちゃうからね」⑤-156

※「おんも」「泣いちゃうぞ」など、赤ちゃんことばだが、子どもの発話にありがちな音転倒や母音・子音の訛りなどがない（岡﨑・南 二〇一一）。

青蛙

「お主何者だ!?　客人ではないな」「そこに入ってはいけないのだぞ」②-164

番台蛙・父役・兄役

「なんかにおわぬか」「におう　におう」「うまそうなにおいだ」「お前何か隠しておるな」②-79

「はよぅ行け！」②-139

「判らんやつだな」「アッ……よもぎ湯ですね」「どうぞごゆっくり……」③-59

「エエイしずまれ」「しずまらんか」「さがれ　さがれ」「これはとんだご無礼をいたしました」④-59

「めっ　めっそうもない」④-61

※カエルが変化した油屋の男達はみな、時代劇の下っ端役人風の言葉づかいをしている。

図6－4　ハク

図6－5　釜爺

図6－6　坊

これらの言葉づかいを参考にして、キャラクターの分類を行ったのが表6－1である。

言語的に特に興味深いのは、リンであろう。少女でいながら、その言葉づかいはぞんざいな男ことばである。一人称は「あたい」のほか「オレ（たち）」も用いている。アニメではしばしば男ことばを使う「ボクっ子（ボク少女）」「オレっ子」が登場し、男性性を具有する少女として描かれるが（金水編二〇一四、六六・一六九頁）、その一例となる。

五．まとめ

本章では、アニメなどポピュラーカルチャー作品の語彙が役割語の観点から整理可能であることを示した。また、物語の構造と登場人物の台詞のスタイルが強く関連しあっていることを示

表6－1　『千と千尋の神隠し』登場人物のアーキタイプと言語

分類	細分	名前	アーキタイプ	自称詞	言語
クラス1		千＝千尋	主人公	わたし	〈女ことば〉 〈子どもことば〉
クラス2	クラス1に近い	ハク	同調者・メンター・変貌者	わたし	古風な〈男ことば〉
		釜爺	メンター	わし	〈老人語〉〈田舎ことば〉
		リン	同調者	あたい・オレ	〈男ことば〉
		湯婆婆	影	あたし	若い〈おばあさん語〉
		銭婆	メンター	あたし・わたし	若い〈おばあさん語〉
		カオナシ	変貌者		(うなり声)
		坊	トリックスター	坊	〈赤ちゃんことば〉
	クラス3に近い	青蛙 番台蛙 父役・ 兄役	トリックスター		〈時代劇語〉
クラス3		女達		あたしら・あたい	時代劇風〈女ことば〉

し、アニメの言葉の全体像を把握する方法について検討した。

文　献

キャヴァリア、S.著、仲田由美子・山川純子訳（二〇一二）『世界アニメーション歴史事典』ゆまに書房

キャンベル、J.著、倉田真木・斎藤静代・関根光宏訳（二〇一五）『千の顔をもつ英雄　上・下』〔新訳版〕ハヤカワ・ノンフィクション文庫

ヴォグラー、C.著、岡田勲・講元美香訳（二〇〇二）『夢を語る技術〈五〉神話の法則―ライターズ・ジャーニー』ストーリーアーツ&サイエンス研究所

岡﨑友子・南侑里（二〇一一）「役割語としての「幼児語」とその周辺」金水編（二〇一一）所収

金田純平（二〇一一）「要素に注目した役割語対照研究―「キャラ語尾」は通言語的なりうるか」金水編（二〇一一）所収

金水敏（二〇〇三）『ヴァーチャル日本語　役割語の謎』岩波書店

金水敏（二〇一四）『コレモ日本語アルカ？　異人のことばが生まれるとき』岩波書店

金水敏（二〇一六）「役割語とキャラクター言語」『役割語・キャラクター言語研究国際ワークショップ二〇一五報告論集』私家版

金水敏（二〇一七）「言語―日本語から見たマンガ・アニメ」山田奨治編著『マンガ・アニメで論文・レポートを書く―「好き」を学問にする方法』ミネルヴァ書房

金水敏編（二〇一一）『役割語研究の展開』くろしお出版

金水敏編（二〇一四）『〈役割語〉小辞典』研究社

金水敏・田中さつき・小島千佳・津田としみ・仲川有香里・中野直也・三好敏子・東雅人・伊藤怜菜著、岩田美穂・藤本真理子要約（二〇一一）「大阪大学卒業論文より（二〇〇二～二〇一〇）」金水編（二〇一一）所収

定延利之（二〇〇七）「キャラ助詞が現れる環境」金水敏編『役割語研究の地平』くろしお出版

田中ゆかり（二〇一一）『「方言コスプレ」の時代—ニセ関西弁から龍馬語まで』岩波書店

鄭惠先（二〇〇七）「日韓役割語対照研究—その可能性を探る」金水敏編（二〇一一）『役割語研究の地平』くろしお出版

冨樫純一（二〇一一）「ツンデレ属性における言語表現の特徴—ツンデレ表現ケーススタディ」金水編（二〇一一）所収

西田隆政（二〇一一）「役割語としてのツンデレ表現—「常用性」の有無に着目して」金水編（二〇一一）所収

松本修（二〇一〇）『「お笑い」日本語革命』新潮社（後に改題、新潮文庫『どんくさいおかんがキレるみたいな。—方言が標準語になるまで』二〇一三）

山口康雄編著（二〇〇四）『日本のアニメ全史—世界を制した日本アニメの奇跡』テン・ブックス

第七章　流行歌・Jポップの言葉
——自己組織化現象としての日本語回帰

伊藤雅光

一・流行歌・Jポップの言葉の特徴

流行歌とJポップの歌詞は文体面からは話し言葉ということになる。そのため、次のような話し言葉性の高い語が多用される（国立国語研究所　一九五五・一九七四、柏野　二〇一六）。

①副詞、感動詞、接続詞、こそあど言葉
②代名詞、敬語、俗語形、卑罵語（バカ、アホウ）
③可能動詞（書ける、読める、聞ける、話せる）
④補助形容詞（て／よい、て／ほしい）
⑤授受補助動詞（て／（さし）あげる、て／やる、て／いただく、て／くださる、て／くれる、て／もらう）」
⑥補助動詞の融合形（て／いる→てる、て／ゆく→てく、て／しまう→ちゃう）

また、擬音語と擬態語も多用される。従来、書き言葉のテクストでは、擬音語と擬態語は用言を修飾するための「副詞」と認定されてきた。しかし、Jポップの歌詞では以下のような用例が見られる。

（i）ぎゅっ！ぎゅっ！ぎゅっ!!! 抱きしめて！
Chu♪ Chu♪ True love☆ I love you☆
（唄：ももいろクローバー、作詞：TZK、二〇〇一「ももいろパンチ」）

この用例では擬態語の「ぎゅっ！ぎゅっ！ぎゅっ!!!」や擬音語の「Chu♪ Chu♪」は一語文として使われてい

て、修飾先がないので副詞と認定することはできない。つまり従来の品詞論の枠組みに入らないのである。そこで「擬音詞」と「擬態詞」という新しい品詞を提案した（伊藤 二〇一七）。このような品詞が多用されるのはマンガで、映画の効果音に相当する役割を果たす。

その他、外国語、とりわけ英語を使う歌詞が多いということが大きな特徴として挙げられる。日本語のテクストの中では最も英語を使うことが多いといえる。しかし、時代により英語を使う歌詞の量にも変化が認められる。そこで、本章では一九六〇～二〇一七年の半世紀にわたる流行歌のヒットランキング一〇〇の歌詞の語種比率の変遷を調査して、その英語の増減の過程を明らかにした。

結論から言えば、その変遷の中で「日本語回帰」の現象が認められたのである。日本語回帰とは松任谷由実と中島みゆきのほぼ半世紀にわたる、それぞれ約四〇〇の歌詞の調査で見られたもので、外国語の使用が一九八〇年頃から増加しつづけるが、二〇〇〇年頃から減少に向かう現象を指す。それがヒットランキング一〇〇の歌詞でも認められたことから、日本語回帰は一般性の高い現象であることが判明した。また、その学問的な位置付けについては複雑系の科学の立場から考察した。

二．調査概要

調査は一九六〇～二〇一七年の半世紀にわたるほぼ一〇年間隔の時系列調査である。ヒットランキング一〇〇のデータは表７－１の資料に基づいた。なお、オリコンのヒットランキングが始まったのは一九六八年からなので、それ以前は音楽雑誌『ミュージック・ライフ』に掲載されたチャートをデータにした。なお、オリコンのヒットランキングは一九六八年から一九七五年まではトップ五〇で、トップ一〇〇になったのは一九七六年からである。そこで、一九七〇年度は二年分のデータ（七〇、七一年）を使用して曲数を一〇〇に近づけた。

また、『ミュージック・ライフ』のランキングは売上枚数付きで毎月掲載されたが、一回の掲載順位は六～二二位とばらつきがある。そこで、一九六〇年度も二年分のデータ（六〇、六一年）を使用して曲数を一〇〇に近づけた。ヒット曲は月をまたいで何度も掲載されるので、同じヒット曲は売上枚数を合算して再ランキングを行った。

年度ごとの曲数にばらつきがあるが、これは次のよう

表7－1　使用データの書誌

年度	曲数	参考文献	発　行
2017	100	『ORICON エンタメ・マーケット白書』2010, 2017	オリコン・リサーチ（2011, 2018）
2010	100		
2000	99	『オリコン年鑑』2001	オリコン・エンタテインメント（2001）
1990	99	『ORICON CHART BOOK 1968-1997』	オリコン・エンタテインメント（1997）
1980	89		
1970	77		
1960	95	『ルーツ・オブ・ジャパニーズ・ポップス 1955-1970』（『ミュージック・ライフ』の復刻版）	バーン・コーポレーション（1995）
合計	659		

な不適格な曲を除外したためである。（1）洋楽で外国語だけの曲、（2）インストルメンタルの曲、（3）重複曲である。なお、洋楽でも日本語に翻訳されている場合は対象に入れた。

（1）単位認定

①日本語の場合

a．調査単位はいわゆる「長い単位」とした。

b．長い単位としては「文節」だけではなく「慣用句」も入れた。慣用句の判定は国立国語研究所編（二〇〇四）に従った。品詞認定は伊藤が行った。

例：掛け替えのない（形）、気合いを入れる（動）、鯖を読む（動）……

c．集計単位（見出し語単位）は自立語だけとし、付属語は対象から外した。

d．集計単位の認定にあたっては「連語」も認めた。連語の判定は国立国語研究所編（二〇〇四）と『明鏡　国語辞典』（大修館書店、二〇〇二）に従った。辞書では連語の品詞は明記されていないので伊藤が判断した。

例：どこか（代名）、なんだかんだ（副）、つまらない（形）

e．日本語の品詞認定にあたっては補助動詞、可能動詞、補助形容詞も区別した。

表7－2　ヒットランキング100の年度ごとの語数

ランキング年	1960, 61	1970, 71	1980	1990	2000	2010	2017	合計
延べ語数	4471	5280	8769	11109	14220	15840	16863	76552
異なり語数	1312	1321	2139	2676	2952	3177	3647	8278

f．歌謡曲の歌詞は口語体で俗語も入りやすい。当然のことながら、補助動詞や補助形容詞の融合形が多く使われている。その場合は見出し語の認定のときに原形に戻した。

例：てる→いる、てく→ゆく、ちゃう→しまう

②英語の場合

a．調査単位はいわゆる「長い単位」とした。

b．長い単位としては熟語、句動詞の類も入れた。

例：come on, give up, carry on, cry out

c．集計単位は自立成分だけとし、日本語の付属語に相当する前置詞と冠詞は対象外とした。

d．英語の調査単位の認定にあたっては短縮形は二つに分割し、見出し語認定の段階で原形を復元した。

例：I／'m→I／am, we／'ve→we／have, is／n't→is／not

以上の認定基準に従って延べ語数と異なり語数とを集計した結果は表7－2のようになった。

(2) 外国語と外来語との判定基準

語種の中で問題となるのは外国語と外来語の区別だが、それに関しては次のような判定基準を提案した（伊藤二〇〇二）。

①外来語基準：仮名かローマ字で表記された外国出自の単語は外来語である。

②外国語基準：アルファベット表記された外国出自の単語は外国語である。

しかし、一九六〇年代や二〇〇〇年代以降の歌詞には以下のように外国語の文や句を仮名で表記する例が目立つ。

「アイワンダー（I wonder）」（漣健児訳詞・一九六一「悲しき街角」）、「パパ・アマ・マンマ（Papa ama mama）」（音羽たかし訳詞・一九六〇「パパはママにイカレてる」）、「ユー・ニーズ・タイミング（You needs timing（原歌ではneed））」（漣健児訳詞・一九六一「ステキなタイミング」）、「モア ラブリー（more lovely）」（つんく作詞・二〇〇〇「恋のダンスサイト」）、「ワチュワナドゥ（What Do You Wanna Do）」（ORANGE RANGE作詞・二〇〇六「UN ROCK STAR」）、「フォーリンラヴ（fall in love）」（ORANGE RANGE作詞・二〇〇六「STEP BY STEP」）、「アイドンノー（I don't know）」（ORANGE RANGE作詞・二〇〇九「KIMAGURE 23」）

これらの動詞や形容詞は外来語と判定するわけにはいかないので、「仮名書き外国語」ということになる。そこで次のような外国語の第二基準を設定した。

③外国語第二基準：仮名で表記された単語でも外国語文脈で使用されている場合は外国語である。基準②よりも優先される。

三．松任谷由実と中島みゆきの歌詞に見られる日本語回帰現象

ここではシンガーソングライターの松任谷由実（以下、ユーミン）と中島みゆきの歌詞における延べ語数の語種構成比率の変遷から日本語回帰の現象が起こったことを確認していく。なお、語種構成比率の変遷のグラフ図7－1～図7－3では、和語とその他の語種との比率が極端に違うため、グラフでは和語の目盛りは左軸に、その他の語種は右軸に取っている（伊藤 二〇〇七・二〇一七を改訂）。

図7－1のユーミンの場合は、外国語は台形の変遷を示しているのに対し、和語はそれとは対照的な皿のような形をしている。つまり、両者は反比例の関係にあり、外国語は二〇〇〇年代後半までに三ポイントの減少に転じたことから、この時点で日本語回帰現象が起こっており、その回帰先は和語であることが分かる。

図7－2の中島みゆきの場合も、外国語は台形の変遷を示している。八〇年代前半から増加した外国語は、九〇年代後半の五・三％をピークに減少し続けているので、この時点で日本語回帰が起こったことが確認できる。こ

表7－3　ユーミン作品における延べ語数の変遷

時期	70-74	75-79	80-84	85-89	90-94	95-99	00-04	05-09	10-14	合計
延べ	1286	4916	6721	4548	5400	4501	3319	1176	2221	34088

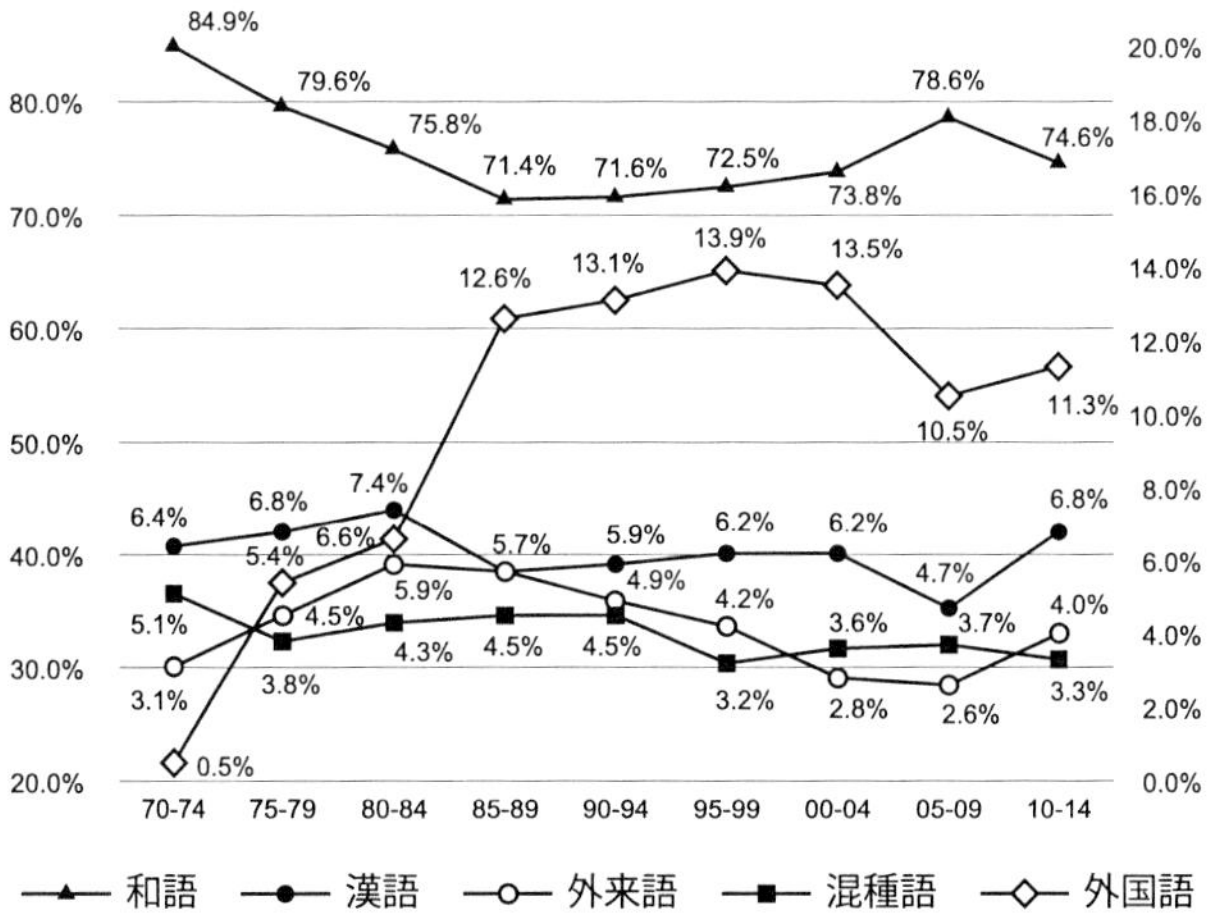

図7－1　ユーミン作品の語種構成比率の変遷（延べ語数）

の減少に対し、漢語は逆に増加しており、中島の日本語回帰現象の初めの一〇年間の回帰先が漢語であったことがわかる。また、この時期、中島が漢語を意識的に多用していたことが前後の状況から分かる。

ところが、その漢語は二〇一〇年以降に減少に転じ、一四年までの五年間に三ポイント減の七・七％になっている。それに対し、その他の和語、外来語、混種語がそれぞれ〇・七～二・一ポイントの微増を示していることから、中島の日本語回帰現象の後半の五年間の回帰先はこれら三語種に移ったことが分かる。

両者を比較して注目されるのはどちらも外国語が台形の変遷を示している点である。つまり、外国語の増加が止まったあとすぐに減少するのではなく、高止まりの状態が一〇～一五年間続いている。増加が止まったのはどちらも八五－八九年だが、日本語回帰の始まりはユーミンが〇五－〇九年で、中島が〇〇－〇四年とユーミンの方が五年遅い。

また、外国語の急増期の始まりはユーミンが七五－七九年で、中島が八五－八九年と、ユーミンが一

表7－4　中島みゆき作品における延べ語数の変遷

時期	70-74	75-79	80-84	85-89	90-94	95-99	00-04	05-09	10-14	合計
延べ	388	6064	5670	5936	6605	4711	4177	4289	5191	43031

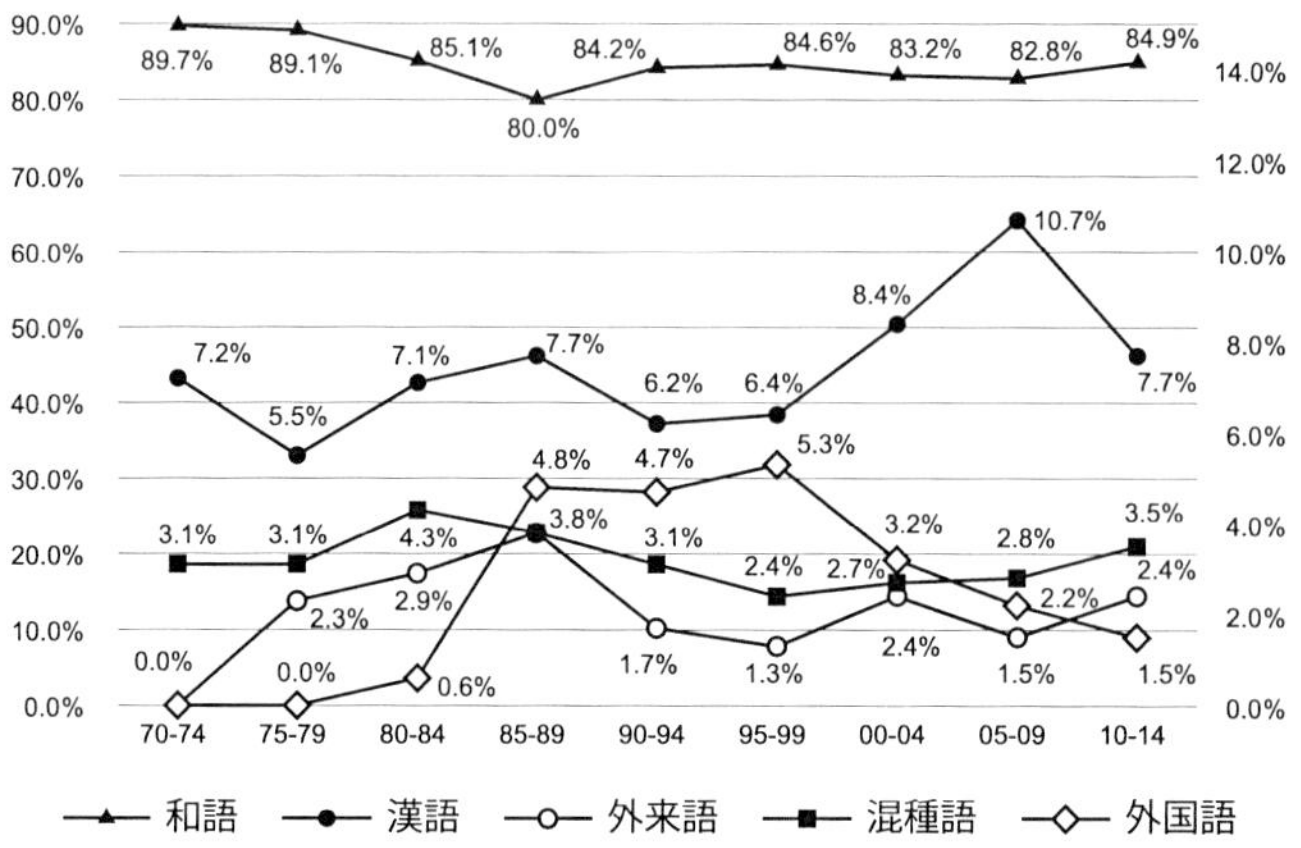

図7－2　中島みゆき作品の語種構成比率の変遷（延べ語数）

〇年早い。結局、外国語の台形の高い部分はユーミンが二五年間なのに対し、中島が一〇年間なので、ユーミンが中島より一五年長いことが分かる。

外国語比率の最大値は、ユーミンが一三・九％、中島が五・三％とユーミンが二・五倍弱も多く使っている。このことは、語種比率で一番多いのはどちらも和語だが、二番目はユーミンが外国語で、中島が漢語である点にその原因が見えてくる。つまり、中島はユーミンよりも漢語を多用したために、その分だけ外国語の使用率が低くなったのである。

四．ヒットランキング一〇〇の語種比率の変遷

ここからヒットランキング一〇〇に関連した三つの語種調査、つまり「語単位」と「歌詞単位」と「歌詞タイトル」の調査結果を紹介する。

（1）語単位の語種調査

一九六〇～二〇一七年の語種構成比率の変遷は図7－3のとおりである。

外国語は二〇〇〇年を山の頂点としている。和語と外国語の折れ線はほぼ反比例の関係にある。つまり、外国

表７－５　語単位の語種構成比率の変遷（ヒットランキング 100）

	和語	漢語	外来	外国	混種	合計・％	合計・実数
1960, 61	72.5	4.7	9.0	9.6	4.2	100.0	4471
1970, 71	86.3	6.0	2.6	0.5	4.6	100.0	5280
1980	79.5	6.5	2.4	7.1	4.5	100.0	8769
1990	67.0	6.4	3.3	18.6	4.6	100.0	11109
2000	64.1	7.8	1.7	21.7	4.7	100.0	14220
2010	69.3	6.1	0.9	20.4	3.3	100.0	15840
2017	65.2	9.2	2.9	17.6	5.1	100.0	16863

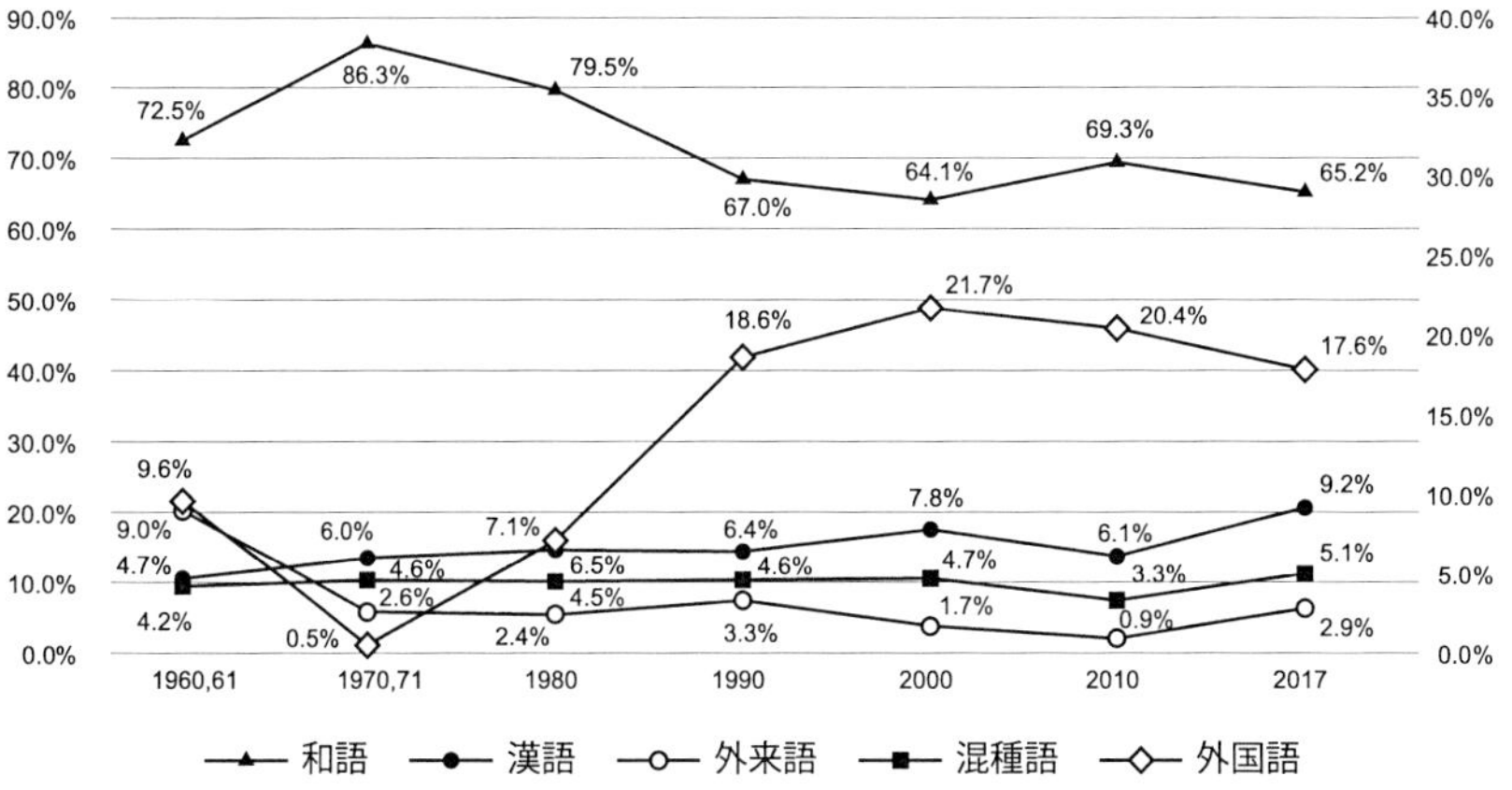

図７－３　ヒットランキング 100 における語種比率の変遷

語は一九七〇年から二〇〇〇年までに二一・二ポイントも増加したがその後は減少に転じ、二〇一七年にかけて四・一ポイント減の一七・六％まで緩やかに下がっている。一方、和語はその逆で一九七〇年から二〇〇〇年までに二二・二ポイント減少したが、二〇一〇年にかけて五・二ポイントの増加に転じている。つまり、二〇〇〇年から二〇一〇年にかけて日本語回帰が見られたが、その回帰先は和語ということになる。その後、二〇〇〇年から二〇一七年にかけて和語は減少に転じ、それに対し漢語と外来語と混種語が増加しており、回帰先がこれら三語種に移ったことが分かる。

　漢語はこの半世紀間で四・五ポイントも増加しているが、これは興味深い変化である。というのは、一般に話し言葉では漢語は避けられる傾向があるからである。

外国語で次に注目されるのは一九六〇年の使用率の高さである。一九六〇年代初期は欧米のポップスが直輸入されるとすぐに日本語に翻訳されて、歌詞の半分ずつを日本語と外国語で歌う、いわゆる「チャンポン・スタイル」が定着していた時期なので、外国語の使用率が高かったのである。ただし、一九六〇年はネイティブの外国語だが、一九八〇年以降は日本人が使用した外国語であるため誤用も含まれている。さらにいえば、二〇〇〇年前後には帰国子女の宇多田ヒカルやアンジェラ・アキだけではなく、日本人にアメリカ人やカナダ人のメンバーが加わった、Def Tech や MONKEY MAJIK のようなグループの曲がヒットしている。このようなアーチストの歌詞の英語はもちろんネイティブイングリッシュである。

ここで、ヒットランキング一〇〇とユーミンと中島の結果を比較していく。まず、外国語比率の最大値は、ユーミンが一三・九%、中島が五・三%であったが、ヒットランキング一〇〇は二一・七%とユーミンよりもさらに一・五倍も多いことがわかる。この理由としてはユーミンと中島はオリジナルアルバムの歌詞だけを対象にしているため、文体にバラエティーを持たせていることが考えられる。つまり、アルバムに収録された歌詞の文体が同じものだけだと、ファンにすぐに飽きられるので、その状態を故意に避けているのである。そのために外国語を使用した歌詞がいくら人気があってもそれだけを収録するわけにはいかないという裏の事情がある。一方、ヒットランキング一〇〇は購買者が外国語を使用した歌詞が好きであればいくらでもレコードやCDを買うので、購買者の嗜好がアルバムよりも強く反映されるわけである。それだけに日本語回帰はより確実な現象として認められるのである。

(2) 歌詞単位の調査

図7－4は一九六〇〜二〇一七年までの五七年間にわたる外国語を使用している歌詞比率の変遷を示している(伊藤 二〇一四・二〇一七を改訂)。この調査は歌詞単位で行われているため、例えば外国語が一語しか使われていない歌詞も、三〇語も使われている歌詞も、歌詞数はどちらも一と算出される。

外国語使用の歌詞比率の折れ線は、基本的には図7－3の語単位の外国語の折れ線と似ており、二〇〇〇年を境に日本語回帰が見られる。ただし、二〇一〇年から二

表７－６　外国語を使う歌詞数の変遷（ヒットランキング100）

	1960, 61	1970, 71	1980	1990	2000	2010	2017
外国語使用	22	1	33	60	73	59	66
年度別歌数	98	77	90	100	100	100	100

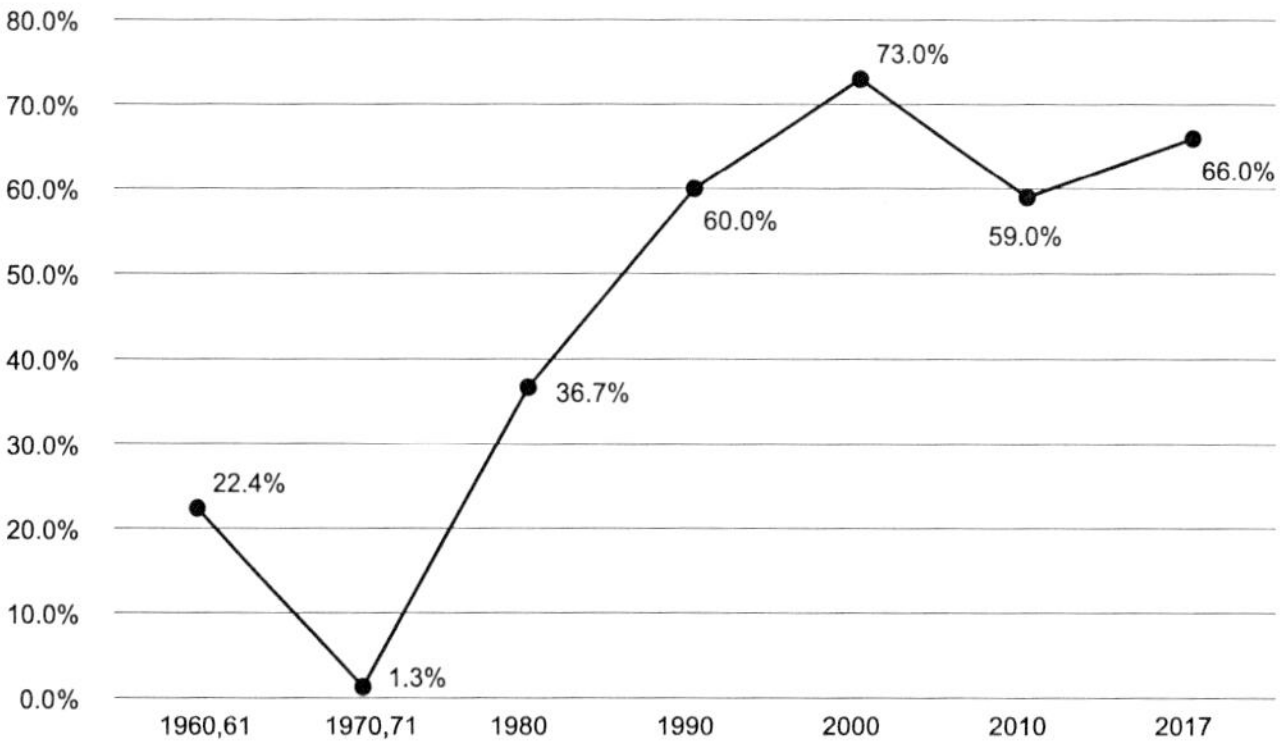

図７－４　外国語使用の歌詞比率の変遷（ヒットランキング100）

〇一七年にかけて七ポイント増加している点が語単位の調査と異なっている。つまり、歌詞単位では増加しているのに、語単位では減少しているのである。これは外国語が少数しか使われていない歌詞が多かったことを意味している。

（３）歌詞タイトルの語種調査

図７－５は歌詞タイトルの語種構成比率（延べ語数）の変遷を示している(伊藤 二〇一四・二〇一七を改訂)。外国語タイトルは一九八〇年から使われだし、その後二〇〇〇年までに五〇ポイントも急増した。その後、二〇一〇年までに八ポイント減少して四七％になっている。つまり、二〇〇〇年以降に日本語回帰が起こったことが分かる。

和語タイトルは一九七〇年の五〇％をピークに下降を続けるが、二〇〇〇年以降はまた上昇に転じ、二〇一〇年までに八ポイント増加している。これは日本語回帰の主な回帰先が和語であったことを意味している。

以上、ヒットランキング一〇〇に関連した三つの語種調査を見てきたが、どの調査においても二〇〇〇年以降に日本語回帰が起こったことが確認できた。日本語回帰が起こった時期は中島と一致しているのに対し、ユーミ

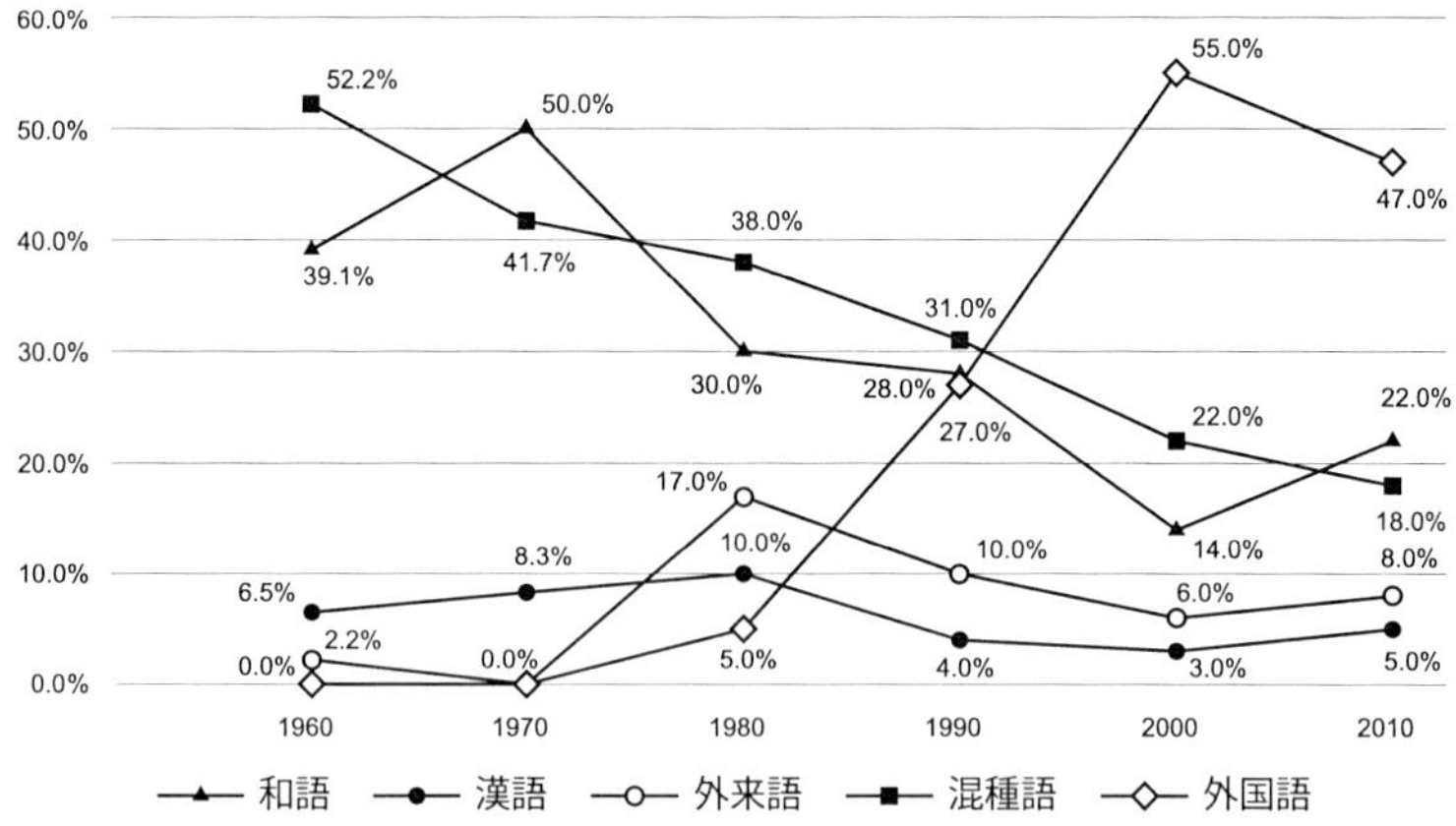

図7-5　歌詞タイトルの語種構成比率（延べ語数）の変遷（ヒットランキング100）

ンだけが五年遅れており、それだけ彼女が外国語使用にこだわっていたことが分かる。以上の調査で、日本語回帰はユーミンと中島みゆきの歌詞だけに見られた現象ではなく、流行歌全体に見られる一般性の高い現象であることが判明した。

五．日本語回帰という自己組織化システム

第二次大戦直後の一九四〇年代後半から一九六〇年代後半までに欧米から多くのジャンルの流行歌、例えば、ジャズ、ラテン、ロカビリー、ポップス、ロック、フォークなどが輸入され、それぞれのブームが日本で生まれた。日本人はこれらの影響をうけ、各ジャンルの日本オリジナルの流行歌を作成することを繰り返してきた。つまり、「原語・原曲の洋楽→日本語訳・原曲の洋楽→日本語のオリジナル洋風曲」というサイクルを繰り返してきた。これは「和風化現象」で、のちに起こる日本語回帰の原型となる。つまり、和風化現象が定着していたので日本語回帰が起こったのである。

一九七〇年代以降は洋楽離れが進み、この和風化サイクルが途切れるようになる。つまり、洋楽に魅力的な曲

が少なくなったため、日本人の好みに合った独自の洋風の曲であるニューミュージックが作られるようになった。ここから外国語、とりわけ英語が使われるようになる。このような英語を使った曲は一九八〇〜一九九〇年代に数多くのミリオンヒットを生むほどの人気を博し、バンドブームや小室哲哉ブームなどいくつかのブームが生まれた。

このようなブームについて、世界的ヘヴィメタル・バンドMegadethの元ギタリストのマーティ・フリードマンは、「Jポップは八〇年代、九〇年代前半くらいまで、洋楽の真似だった」と指摘している（フリードマン 二〇一二）。また、音楽プロデューサーの秋元康は次のように述べている（秋元 二〇一七）。「一九九〇年代に入って小室哲哉のダンスミュージックからすべてが変わった。それまではレコーディングをしていても、どこかでボーカルを立てていたため一九八〇年代までの昭和歌謡はみんなで口ずさめる。ところが、小室のダンス音楽は人間の声が楽器の一つになってサウンドとしてカッコい い。作詞の面でも、リズムが細かく刻まれたりすると英語の方がカッコよく聞こえる。」一九八〇〜一九九〇年代に英語を使用する流行歌が増加した原因がこの二人の発言から見えてくる。つまり、英語は日本人にとって言語的意味のないスマートなサウンドとして使われていたということである。

しかし、二〇〇〇年前後からその人気に陰りが見られるようになり、外国語を使用する歌詞が減少してきた。つまり、歌詞が日本語で占められていた一九七〇年代の状況にもどりつつあるわけで、これが日本語回帰である。

和風化という点では日本語回帰もまぎれもなく和風化現象なのだが、一九六〇年代後半までの状況と異なっているのは、一九七〇年代以降のポップスが西洋生まれの洋楽からではなく、日本生まれのニューミュージックから始まったという点にある。

ユーミンや中島の場合であれば、個人の意志で外国語の使用をコントロールできるが、ヒットランキング一〇〇の場合は誰がコントロールしているのだろうか。もちろんそのような「見えざる手」は存在せずに、レコード・CDの購買者という大衆が、自己の「好み」だけで自律的に生み出した秩序である。複雑系の科学では、ブームや流行は「自己組織化（self-organization）」の現象と解釈される。自己組織化とは「自律的に秩序を持つ構造を作り出す現象」のことである。つまり、語種構成比率のうち外国語比率だけが一九八〇～一九九〇年代に急増するという構造を形成する自己組織化現象が起こっていたということである。そして、それが自己崩壊したのが日本語回帰の現象として現れた。近年、自己崩壊現象も自己組織化の一種として捉えられているので、日本語回帰は自己組織化の「自己崩壊モデル」として位置付けることができる。

なお、自己崩壊する直前まで増加する現象を「自己組織化臨界現象」という。さきのユーミンと中島のグラフでいえば、外国語の折れ線で台形が認められたが、その高止まりの状態や、語単位のヒットランキング一〇〇のグラフにおける二〇〇〇～二〇一〇年の高止まりの状態が自己組織化臨界現象にあたる。いわば英語が「飽きられる」直前の不安定な臨界状態である。

その原因としては作詞者と購買層の世代差が指摘できる。つまり、一九八〇～一九九〇年代の英語の急増期の作詞者と購買層は洋楽にあこがれていた世代であった。それに対し、二〇〇〇年以降の停滞・減少期の作詞者と購買層は洋楽を聞かずにJポップにあこがれて育った世代だということである。アーチストとしては、前者ではDREAMS COME TRUEの中村正人、後者ではいきものがかりの水野良樹が挙げられる（伊藤 二〇一七）。つまり、後者の世代は「英語に魅力を感じない」ということである。古い世代には「飽きられ」、新しい世代には「魅力を感じない」という相乗作用によって自己崩壊が起こったと考えられる。

なお、この節の冒頭に述べた和風化現象では洋楽のあるジャンルが日本化されて、日本独自の日本語の流行歌としてブームが構築されるが、そのジャンルが低迷するかしないかのうちに次のジャンルが輸入されて新しいブームが構築されるというように、和風化現象のサイクルが繰り返されてきた。このように自己組織化現象が動的で時間変化する場合には「散逸構造（dissipative structure）」と呼ばれて、外部からの刺激が途絶えるまで繰り返される。また、日本語回帰のように一回限りの自己組織化現象の場合は「自己集合（self-assembly）」と呼ばれる。

ユーミンや中島の場合はオリジナルアルバムの収録曲だけを対象としているので、購買者との関係は間接的である。にもかかわらず、ヒットランキング一〇〇と同じ外国語比率の増減が見られたのはなぜか。一つの解釈としては世の中の動きを機敏に察知していたことが考えられる。しかし、ユーミンの場合はむしろブームの旗振り役だった可能性が高い。というのは、ユーミンからニューミュージックが始まったといっても過言ではないからである。つまり、一九七〇年代から一九九〇年代にかけて何度か起こったユーミンブームにより、歌詞で日本語と英語とを混ぜて使うという「日英混交文体」（伊藤 二〇〇〇）が他のアーチストにも影響を与えた。また購買層にも受け入れられて社会現象となっていき、それが一九九〇年代の小室ブームにまでつながっていったと考えられる。そして、そのブームの自己崩壊現象もアーチスト個人だけではなく、社会現象として起こったわけで、それが日本語回帰現象を生んだと解釈される。

今後、この日本語回帰現象がどのように展開していくか興味深く見守っていきたいと思う。

文献

秋元康（二〇一七）「100年インタビュー　秋元康」ＮＨＫ-ＢＳプレミアム、二〇一七年九月一六日22：50-0：20放送

伊藤雅光（二〇〇〇）「ユーミンの言語学（三九）―パソコンが作るユーミンソング（一〇）」『日本語学』一九-一三

伊藤雅光（二〇〇二）「ポップス系流行歌語彙の語彙調査における外来語と外国語の判定基準」『計量国語学』二三-二

伊藤雅光（二〇〇七）「Ｊ-ＰＯＰの中の外来語・外国語」国立国語研究所・第三一回「ことば」フォーラム

伊藤雅光（二〇一二）「最近の歌謡曲のタイトルにみる命名」『日本語学』三一-一

伊藤雅光（二〇一四）「Ｊ-ＰＯＰの歌詞に見られる日本語回帰現象について―Ｊ-ＰＯＰ日本語回帰説」『日本語学』三三-一五

伊藤雅光（二〇一七）『Ｊポップの日本語研究―創作型人工知能のために』朝倉書店

オリコン（一九九七）『ORICON CHART BOOK　1968-1997』オリコン・エンタテインメント

オリコン（二〇〇一）『オリコン年鑑』二〇〇一、オリコン・エンタテインメント

オリコン（二〇一一、二〇一八）『ORICONエンタメ・マーケット白書』二〇一〇、二〇一七、オリコン・リサーチ

柏野和佳子（二〇一六）「学術的文章作成時に留意すべき「書き言葉的」「話し言葉的」な語の分類」計量国語学会第六十回記念大会

黒沢進監修（一九九五）『ルーツ・オブ・ジャニーズ・ポップス1955-1970―ロカビリーからブループサウンズまで』シンコーミュージック

国立国語研究所（一九五五）『談話語の実態』秀英出版

国立国語研究所（一九七四）「話し言葉の調査」（国立国語研究所の歩み一〇）『言語生活』二七一

国立国語研究所編（二〇〇四）『分類語彙表　増補改訂版』大日本図書

フリードマン（二〇一二）「マーティ・フリードマンが語るＪ-ＰＯＰの魅力」（GQJAPAN, http://gqjapan.jp/culture/bma/20120403/j-pop)

第八章　テレビ放送による言葉の広がり

加藤昌男

日本でテレビの本放送が始まったのは昭和二八年（一九五三）である。以来六五年余り、テレビは、白黒からカラー、ハイビジョン、デジタル化と急速に進歩し、放送内容もニュース、情報番組、スポーツ、お笑い、バラエティーと幅を広げ、使われる言葉も、時事用語から流行語、俗語まで硬軟混在した雑多な言葉が飛び交うメディアとなった。

当初、テレビは〝茶の間〟の〝一家団欒《だんらん》〟の象徴であったが、今や、各世代が好みのチャンネルから個別の番組を選ぶ時代となり、生活スタイルや価値観の多様化を反映している。全国規模で瞬時に情報を伝えるこのメディアは、その伝播力の強さ、速さ、規模の大きさから、日本語にこれまでにない速度で変化をもたらしている。

テレビがもたらした主な言葉の変化を挙げると、①「全国共通話し言葉」の普及、②雑多な日常言葉の拡散、③流行語、若者言葉など〝日本語の乱れ〟と呼ばれる現象の増幅などが考えられる。以下、この三点を柱にテレビがもたらした日本語の変化を見ていく。

一．「全国共通話し言葉」の普及

(1) 誰が聞いても一度で分かる「耳のコトバ」

放送は、ブロードキャスティングの名の通り「広い範囲の不特定多数に情報を届けるメディア」である。したがって「どこに住んでいる誰が聞いても一度で分かる言葉」が求められる。放送の初期、まず探求されたのは「全国共通話し言葉」であった。

ラジオ草創期の昭和九年（一九三四）、当時の日本放送協会に「放送用語並びに発音改善調査委員会」が置かれた。設立の目的は「ラヂオ聴取者の共通理解を基準として、美しい語感に富む『耳のコトバ』の建設により、放送効果の充実をはかる」ことであった。委員会は、岡倉由三郎、土岐善麿、新村出らで構成され、放送で使われるあらゆる語彙を「目のコトバ」と「耳のコトバ」とに選り分け、「理想的なラヂオ言語」を探る議論が進められた。検討項目は、ニュース、気象用語、人名・地名、慣用語句、敬語など多岐にわたった。

「日本語」と一言でくくっても地域差が大きく、明治初期には六十余州の「お国ことば」が飛び交っていたと言われる。井上ひさしの『國語元年』には、薩摩弁、長州弁、東京山の手言葉、米沢や会津の方言などが飛び交う光景が描かれ、フィクションの世界とは言え、全国に通じる「話し言葉の統一基準」作りが急務であったことが想像できる。

「目のコトバ」（文字言語）は一目で意味を把握できるが、音声化するときにはどう発音するのが適切かの判断が必要となる。「耳のコトバ」（音声言語）の検討では、「日本」は「ニッポン」か「ニホン」かなど、個々の事例に沿って詳細な検討が進められた。こうした検討を経て、「全国共通の音声言語」によるラジオニュースの形が整っていった。

（2）「あります・ございます」調から「です・ます」調へ

放送開始当時のニュースや告知文の文体はどうであったか。大正一四年（一九二五）、ラジオの第一声は「JOAK、こちらは東京放送局であります」「本日をもって本邦最初の正規放送を開始いたします」であった。太平洋戦争開戦時の「臨時ニュースを申し上げます」や終戦時の「全国聴取者の皆さま、ご起立願います」「これよりつつしみて玉音をお送り申します」など、この時代の告知文は、改まった姿勢で、うやうやしく、距離の離れた聴取者にも声を届けようという、「あります・ございます」調が基調であった。

一方、ニュースの文体は、新聞社や通信社から取り寄せた「である」調の文字原稿を「です・ます」調に置き換えるところから出発した。戦後、昭和二一年（一九四六）にNHKが第一期の「放送記者」を採用し、独自の取材で「です・ます」文体の原稿を出稿するようになり、これが現在の放送原稿の基本となる。「です・ます」は、事実を簡潔に伝え、誰が読んでも客観性と汎用性を保てることから、放送用の文体として定着してきた。これがラジオのニュースからテレビのニュースへと引き継がれる。

（3）「読む」ニュースから「語りかける」ニュースへ

日本でテレビ放送が始まったのは昭和二八年（一九五三）二月である。

初期のテレビニュースは、ラジオ用の原稿に写真や地図など〝静止画〟を添える形でスタートした。やがて一六ミリフィルムの〝動く〟映像となったが、取材カメラのほとんどは「音声」を同時収録できない機材であった。このためニュースの内容や登場人物の談話はすべてアナウンサーの声で伝えることになり、アナウンサーは、明瞭な発音、正しいアクセントで、「です・ます」文体の「書き原稿」を正確に「読む」ことが求められた。

やがて読み手であるアナウンサーの姿が画面に登場することになる。一九五七年から始まった〝顔出しニュース〟である。「書き原稿」をカメラに向かって「顔をあげて読む」。「読む」だけでなく「話しかけるように」伝える工夫が求められるようになった。

一九六〇年代半ば、一連のニュースショー、ワイドショーが登場する。それまでアナウンサー一人が固定した席に座って読んで伝えていたニュースが、男女複数の司会者がスタジオ全体を広く使う演出へと変わっていく。六四年四月放送開始の「木島則夫モーニングショー」（NET、現テレビ朝日）に続き、六五年にはNHKが「スタジオ102」、フジテレビが「小川宏ショー」をスタートさせる。

NHKの「スタジオ102」は、政治、経済から文化、スポーツまで最新情報を取り上げ、記者解説やゲストへのインタビュー、事件現場からの生中継やリポートを交えた総合的なニュースショーであった。一方、民放のワイドショーは、ニュースに加え、今朝の話題、時の人、プレゼントコーナーや専属バンドの生演奏も交えての放送で、ソフトな語り口でにこやかに語りかける番組は朝の時間帯の特に主婦層に受け入れられた。

これと前後して登場したのが「キャスターニュース」である。一九六二年にTBSで始まった「ニュースコープ」は新聞記者出身の田英夫が初代キャスターを務めた。のちの「ニュースセンター9時」（NHK、七四年）は放送記者出身の磯村尚徳が、「NEWS23」（TBS、八九年）は元新聞記者の筑紫哲也がフリートークに近い語り口で伝えた。また、「ニュースステーション」（テレビ朝日、八五年）はアナウンサーの久米宏がキャスターを務め、自らを司会者と呼ぶなど、個性的な語り口でニュースの幅を広げていく。

こうした流れを経て、テレビニュースは、「書き言葉」の持つ正確さと「音声言語」の持つ親しみやすさを備えた「全国共通話し言葉」の形を整えていくことになる。

(4) 「標準語」と「共通語」の違いは……

放送、特にニュースで使われる言葉は、かつては「標準語」と呼ばれていたが、今では一般に「共通語」と呼ばれている。両者の違いを平たく言えば、「標準語」は〝模範となる理想的な言葉〟、「共通語」は〝全国どこに住んでいる人にも一度で通じる実用的な言葉〟ということになる。

標準語も共通語も、東京の山の手言葉を基本とし、発音も、アクセントも、用法も、それにのっとっている。これは東京の言葉が優れているからということではなく、いわば「全国に通じる便宜的な話し言葉」であり、「コミュニケーションの手段」として便利であるからである。「標準語」という概念は「こう話すべき」という意味合いが強く、その規範からはずれた地方の言葉「方言」が否定されたり排除されたりする動きが戦前から戦後にかけて各地で起きた。そうした経緯もあり、現在では、放送の言葉は、全国どこでも通じる「共通語」という呼び方が一般的となっている。

昭和の初め「耳のコトバ」の探求が行われた調査委員会はその後NHKの「放送用語委員会」に引き継がれ、今でも月一回のペースで開かれている。その回数は一四〇〇回を超え、新たに登場する言葉の読み方や解釈、用法についての統一見解は日々の放送に反映されており、これがいわば「全国共通話し言葉」のよりどころとなっている。

二．雑多な日常言葉の拡散

(1) 〝よそ行きの言葉〟から〝普段着の言葉〟へ

テレビは初期、非日常的な〝ハレの場〟とされ、そこで使われる言葉には一定の節度と品位を備えた〝よそ行きの言葉〟が求められた。性能の十分でないマイクは発音の明瞭な放送者を求め、取り直しのきかない生放送は適切な立ち居振る舞いができる出演者を求めた。テレビに出演できるのは、一定の言葉のトレーニングを積んだアナウンサーや俳優や歌手で、評論家や文化人でも「話のうまい」人に限定された形でスタートした。

テレビ誕生から五年目の昭和三三年（一九五八）、東京タワーが完成し、受信契約数は一〇〇万件を突破する。一九五九年の皇太子ご成婚、六〇年のカラー化、六四年の東京オリンピックを経て受信契約は二〇〇〇万件を突破する。テレビはほぼ各家庭に行き渡り、茶の間の団欒の中心となる。家族揃ってクイズやドラマに興じ、大晦日の「紅白歌合戦」は七〇%から八〇%の視聴率を記録する。この時代、テレビから流れてくる言葉は、家族全員が安心して接することのできる穏やかで抑制のきいたものであったと言える。

一九六〇年代半ば、テレビ各局はワイドショーを競って新設する。そこには、ニュースもスポーツも、三面記事的な話題も芸能ゴシップも盛り込まれる。ブラウン管からは、よど号事件、あさま山荘事件、ベトナム戦争などが報じられる一方、興味本位の社会事象も流れてくる。また、一般視聴者の参加番組が増え、テレビ出演者の幅も広がっていく。テレビは硬軟混在したメディアとなり、使われる言葉も〝よそ行き〟の口調から、雑多な日常言葉が飛び交う〝普段着〟の場へと姿を変えていく。

評論家大宅壮一が「一億総白痴化」と称してテレビの大衆化、低俗化に警鐘を鳴らしたのは昭和三二年（一九五七）、テレビ放送が始まってわずか四年目であったが、その後ほどなく、テレビは、大宅の危惧した方向へと進んでいくことになる。

（2）大衆化を加速させた小型ビデオ機器

テレビの日常化、大衆化には、テレビ機材の小型化とビデオ編集機器の開発という技術革新が大きく作用している。当初テレビは、大型の放送機器を備えた「スタジオ」という閉鎖空間からスタートした。しかも、収録機器が整うまでは「生放送」だった。

一九七〇年代末、「小型ビデオ機器」が次々に開発され、生活の中に入り込んでいく。わざわざスタジオに足を運ばなくてもカメラが出向いて来る。街角でも行楽地でも一般の人たちにマイクが向けられる。多少「話下手」でもビデオの編集がそれを救ってくれる。テレビは誰もが〝普段着〟の言葉で語れるメディアとなった。

小型機器の導入は、まず報道分野で始まった。「ＥＮＧ」(Electronic News Gathering)、つまり電子機器を活用した取材システムである。事件、事故、災害などの緊急報道では小回りの利く機材が不可欠である。今では携帯電話でもスマートフォンでも動画撮影ができるが、当時は事件現場に報道カメラがタイミングよく居合わせることなどとても考えられなかった。小型カメラと小型ビデオの導入によって、ニュースの当事者が「現場」で自分の「表情」「声」「言葉」で語る姿を伝えることが可能になった。

小型ビデオ機器は、報道分野だけでなく一般の番組にも導入されていく。小回りの利く機材なら、山奥にもビルの谷間にも相手のホームグラウンドにも入っていける。人々が生活の場で語る「言葉」と「表情」には、文字には置き換えられない説得力がある。生活情報番組でも、ワイドショーでも、バラエティー番組やお笑い番組でも小型ビデオが使われ、芸能人のスキャンダルを追うレポートにまで入り込む。テレビは、あらゆる分野のあらゆる言葉が飛び交う場へと姿を変えていく。

（3）〝軽チャー路線〟が雑多な言葉を拡散

技術革新と並んでテレビの大衆化を加速させたものに、テレビ局の編成方針の転換が挙げられる。一九八一年、フジテレビが「楽しくなければテレビじゃない」というキャッチコピーを打ち出し、チャンネルイメージを一新させる。それまでの「母と子のフジテレビ」という路線からの大転換である。これを機に同局はいわゆる「軽チャー路線」に徹し、「漫才ブーム」「お笑いブーム」が湧きあがる。

この路線は、タモリ、たけし、さんまという類まれなタレントを輩出する一方で、一テレビ局の路線変更にとどまらず、テレビ全体を大きく変質させた。他局もこぞってこの動きに同調したことで、テレビは一気に〝饒舌《じょうぜつ》な〟メディアへと舵を切った。

以前は〝穏やかな語り口〟と一定の〝品位〟が求められたテレビが〝にぎやかで刺激的な言葉〟〝猥雑《わいざつ》な言葉〟が飛び交うメディアへと変身する。〝控えめ〟だった笑いが〝無遠慮な〟爆笑となる。賑やかな言葉の洪水が家庭に飛び込んでくることとなる。

テレビでのべつ幕なしに喋りまくるタレントやお笑い芸人の言葉が若者たちを刺激し、日常会話にも影響を与える。小型カメラはタレントたちの楽屋裏にまで入り込み、内輪話やウワサ話を拾い出す。楽屋裏の雑談をそのまま持ち込んだようなバラエティー番組が増える。ビデオ編集で、盛り上がらない部分はカットし、刺激的な言葉だけをつなぎ合わせる。若者たちはその輪の中にいるような気分で笑い興じる。そこで飛び交う流行語や俗語があっという間に全国に広がる。

テレビが日常化し〝開かれた場〟となったことは歓迎すべきことと言えるが、その結果、テレビは「なんでもあり」の〝ごった煮〟のメディアと化した。政治、経済や国際問題を硬い言葉で伝える一方、日常のお喋り、雑談、流行語や省略語、俗語や業界の符丁《ふちょう》までが飛び交い、二四時間喋り続ける饒舌なメディアとなった。

テレビが誕生して三〇年。当初、新たな報道メディアとして、また新たな「文化」としての期待を背負って誕生したテレビは、この時期、文字通りの「軽チャーショック」に見舞われ、日本語の変化を加速させることになった。

三.〝日本語の乱れ〟を加速させたテレビ

(1)「日本語は乱れている」が八割に

一九六〇年代に入って日本語が〝乱れている〟という指摘が各方面から聞かれるようになり、テレビがその原因を作り、伝播、拡散させているという批判が巻き上がった。言葉の変化を〝乱れ〟と呼ぶか〝揺れ〟と捉えるかは見解が分かれるが、〝乱れている〟という指摘は年々高まり、八〇年代には各種世論調査で八割に達した。

二〇〇七年度の文化庁の「国語に関する世論調査」でも、「国語は乱れていると思うか、乱れていないと思うか」という問いに対して、「非常に」と「ある程度」を合わせて七九・五％が「乱れていると思う」と答えている。「どのような点で乱れていると思うか」という問いには、「敬語の使い方」が六七％、「若者言葉」が六〇％、「あいさつ言葉」が三九％、「新語・流行語の多用」が三六％、「発音やアクセント」が二五％と続く。

またこれより前の二〇〇〇年度の同じ調査では、「子供の言葉遣いに与える影響の大きいものは」という問いに、「テレビ」が八三％、「母親」六八％、「友達」六三％、「父親」六二％、「漫画」四五％となっており、テレビ番組の中でも影響の大きいものは「バラエティー番組の芸能人の話し方」六九％、「アニメのキャラクターのせりふ」五八％、「コマーシャルに出てくる言葉」が五〇％で、テレビが子どもたちの言語形成にも大きく関わっていることが読み取れる。

お笑いタレントの奇妙な言い回しやコマーシャルの言葉、人気ドラマやアニメのセリフが、翌朝には全国の若者や子どもたちに一気に広がる。その伝播の速さと広がりは他のメディアとは比べ物にならないものとなった。

(2) テレビが生み出した新語・流行語

テレビは「新語・流行語」を次々に打ち出してきた。

連続ドラマで繰り返されるセリフや頻繁に流れるコマーシャルは波及力が強い。新聞で生まれた造語も、メールやインターネットで使われる若者言葉も、テレビ電波に載ると一気に広がる。

「アラフォー」という言葉が一時期はやった。「アラウンド・フォーティ」つまり四〇歳前後の女性をターゲットとしたドラマから広がった。ここから派生して「アラサー」（アラウンド30）も流行語になり、自らを「アラ還」（還暦前後）と称する世代も現れた。「〜なう」が高校生同士のメールで交わされる。「渋谷なう」は「いま渋谷にいます」という意味だという。これがテレビで紹介されると、年配者も知るところとなる。

コマーシャルは刺激的なほど効果がある。コピーライターは日本語の約束事を崩したコピーを書く。「おいしい生活」は形容詞の用法としてはおかしいが新鮮な響きをもって登場した。「ピカピカの一年生」「なんである、アイデアル」「セブン、イレブン、いい気分」は音の組み合わせで引き付ける。「Ｏｈ！　モーレツ」に対して「モーレツからビューティフルへ」が、「24時間戦えますか」には「のんびり行こうよ、おれたちは」が返歌となる。「流行語」はその名の通り短期間で消えていくものが多いが、その時代の社会、経済状況を反映する言葉は、時を経ても存在感がある。時代を的確に表す言葉は息が長い。

高度経済成長期以降、それぞれの時代を語った言葉を振り返ってみる。「中流意識」「核家族」「石油危機」「狂乱物価」の後は「価格破壊」「規制緩和」と続いた。「学歴社会」「偏差値」「学級崩壊」「ゆとり教育」と、教育現場の課題が新語、造語となった。好景気に沸いた時代は「神武景気」「岩戸景気」「いざなぎ景気」とメディアが打ち出す言葉もエスカレートした。「団塊の世代」は堺屋太一の命名だが、テレビ、新聞、雑誌が繰り返し使った。その世代が「大量退職」の時期を迎え、今やこの国は「少子高齢化」「人口減少」へと向かっている。これらの新語、造語は時代の空気を端的に表してきた。

（3）次々に登場する気象の新語

一方、気象に関する用語もメディアが次々と新たな表現を打ち出し、生活の中に浸透してきた。「集中豪雨」はもともと正式な気象用語ではなく、一九五三年、京都での豪雨を朝日新聞がそう名付けたのが始まりとされる。「ゲリラ豪雨」は民間気象会社の造語である。最近は「爆弾低気圧」といった物騒な新語までもがテレビに登場する。

一日の最高気温が二五度以上の日を「夏日」、三〇度以上の日を「真夏日」と呼ぶが、それを超える日が増えた。そこで三五度以上の日は「猛暑日」と名付けられた。夜間の最低気温が二五度以上の寝苦しい夜を「熱帯夜」と名付けたのは気象エッセイストの倉嶋厚である。「不快指数」も正式な予報用語ではないがテレビでは頻繁に使われてきた。連日の猛暑から、かつての「日射病」に代わって「熱中症」が盛んに使われるようになる。積乱雲が連続して発生して豪雨をもたらす「線状降水帯」という専門用語も、今や一般の人にも浸透してきた。

天気予報はラジオが誕生した初日から放送されてきた放送プログラムの定番である。従来は気象庁の発表を基本としていたが、一九九三年の気象業務法の改正を機に民間気象会社が増え、新たに誕生した「気象予報士」がテレビの伝え手となってから、各社が競い合うように新語や造語を打ち出してきた。

曰く「花粉情報」「紫外線情報」「洗濯指数」「ビール指数」「鍋物指数」と、至れり尽くせりである。ちなみに「洗濯指数」は木綿の長袖シャツの乾き具合を、気温や湿度、風速、日射量などをもとに算出するというが、計算方法は各社の〝企業秘密〟だそうである。

（4）「やばい」が表舞台に出てきた事情

日本語の〝乱れ〟と言うと、やり玉にあげられるのが「若者言葉」である。若者言葉は世代限定の仲間うち言葉であるから年配者には理解しにくいものが多い。「最近若者の言葉遣いが変だ」「下品だ」といった嘆きが広がり、これが〝日本語の乱れ〟と呼ばれることになる。

年配者から見れば人前では口にしたくないという言葉も、若者たちが頻繁に使う。その代表例が「やばい」である。テレビで繰り返し使われているうちに広がり、男女を問わず、時も所もわきまえず使われ、ビジネスマンの間でも多用されるようになった。

「やばい」は、もともとある限られた世界で使われていた言葉であった。意味は「危ない」「あやうい」「不都合が予測されるさま」で、不正を働いた者が身辺に追及の手が及びそうな場面で口にする言葉とされ、表立った場面では使われない言葉であった。

若者たちが当初「あぶない」「格好悪い」の意味で口にしていたものが、やがて「すごい」になり、ついには「衝撃を受けるほどすばらしい」という意味にまで広がる。料理が予想以上に美味《うま》いときも「やばい」である。

否定的にも肯定的にも使われる。

こうした言葉が表舞台に出てきたのは、一九八〇年代の漫才ブーム、お笑いブームあたりからである。お笑いタレントと呼ばれる人たちが楽屋裏で使っていた言葉をテレビで頻繁に口にする。本来、芸人仲間では「楽屋落ち」と呼ばれる身内にしか通じない冗談や洒落を舞台で使うことは禁じ手とされていた。バラエティー番組ではそれが遠慮なく登場する。こうして芸能界内部の俗語、隠語、符丁が生活の中に広がってきた。

若者がよく口にする「マジ？（本当？）」も楽屋裏の符丁で、「マジ（本気）」と「シャレ（冗談）」が対になって使われていたとされる。「ネタ」もそうである。「ネタ」は「種」を反転させた言葉で、あまり品の良い言葉ではない。芸能界の俗語「ドタキャン（土壇場でキャンセル）」もテレビで盛んに使われるうちに若者たちの日常会話に広がり、ビジネスマンの取引の場面にまで広がってきた。

表立った場面では憚《はばか》られるこうした言葉が拡散してきた経緯を遡ると、「軽チャー路線」「お笑いブーム」でテレビの変質が始まった八〇年代の初頭にたどり着く。

（5）広がる「早口」「ら抜き」「平板アクセント」「省略語」

テレビ誕生から六十数年の間に日本人の話し方がどう変わってきたか。これまで指摘してきた変化に加えて、次の四点にも言及しておきたい。①テレビの「早口化」、②「ら抜き言葉」、③「アクセントの平板化」、④「省略語・短縮言葉」の四点である。

①日本人全体が早口に？

テレビの初期、ＮＨＫの『アナウンス読本』では、ニュースを読む速度の目安を一分間に三〇〇字程度としていた。一九六四年のニュースの録画を計測してみたところ三二〇字であった。八〇年から九〇年にかけて各局がニュース項目を増やし早口で伝えることを競い、このころのニュースでは最大五六〇字に達した。現在は三七〇〜四〇〇字弱に落ち着いているが、ニュースの早口化は明らかに進んでいる。

一方、バラエティー番組で早口のタレント同士が丁々発止と喋り合っているシーンを測定してみると二〇一一年に五〇二字という数字が出た。さらにビデオ編集で音の隙間を切り詰めた番組が多いので、引きも切らず言葉が飛び交っていることになる。テレビの早口化に影響され、日本人全体の話し方も早くなりつつあることが類推される。

② 「ら抜き言葉」が多数派に？

「来られる」を「来れる」、「食べられる」を「食べれる」という「ら抜き言葉」。これが「気になるか」を尋ねた一九九二年の総理府の調査では「気にならない」が六割近くに達するなど「ら抜き」を許容する傾向が次第に強まっている。

では実際に「使っているか」という二〇一五年度の文化庁の調査では、「今年は初日の出が見れた」が四八％、「見られた」が四五％と「ら抜き」が本来の言い方を上回った。しかし「食べられる」「考えられる」の場合は依然「ら」の入った言い方が優勢である。

テレビニュースではまだ「ら抜き」を許容しておらず、スポーツ選手が「オリンピックに出れるように頑張ります」と話しても字幕には「出られる」と表記される。近い将来「ら抜き」が多数派になるとする研究者もおり、今後どう推移するかが注目される。

③ アクセントの平板化

「ドラマ」を「ドラマ」、「エイガ（映画）」を「エイガ」と発音する「平板アクセント」が若者たちの間に広がっている。音楽好きの仲間は「ギター」「ドラム」「ボーカル」と平らに発音することで仲間意識を共有する。新たに登場するカタカナ言葉は若者に限らず、「メール」「アドレス」「ネット」と平らな発音が多い。

一般の大人でも「電車・自転車・図書館」を「デンシャ」「ジテンシャ」「トショカン」と平らに発音する人が増えてきた。このまま進むと日本語全体が起伏のない単調な言葉になっていくのではないかと気にかかるところである。

④ 省略語・短縮言葉

「パーソナルコンピューター」は「パソコン」、「携帯電話」は「ケータイ」、「スマートフォン」は「スマホ」と短縮され、「就活」「婚活」「イケメン」「イクメン（育児をする男性）」など、流行語の多くは短縮された形でテレビに登場する。

ニュースでも「原子力発電所」が「ゲンパツ」に、「安全保障理事会」は「アンポリ」に、「事故調査委員会」は「ジコチョー」に短縮して報じられる。「天カメ（天気カメラ）」「朝ドラ（朝の連続ドラマ）」など内部の用語も略語のまま電波に載る。こうした短縮語や省略言葉を連発されると、日本語全体が素っ気ないものになっていくのではないかと気になるところである。

四．テレビは日本語の規範たりうるか

テレビは、社会の変化と言葉の変化を〝鏡〟のように映し出してきた。それとともに言葉の規範を示す〝鑑《かがみ》〟としても期待されてきた。日本語のお手本は放送にあり、という期待である。ところが、テレビの現状を見ると、その通りです、とは言い難い。

初期のテレビは「全国共通話し言葉」の基盤を作ってきた。また、限られた人たちしか出演できなかったテレビは、次第に誰もが気軽に参加できる媒体となった。その意義は大きい。その一方で、饒舌なお喋りや新語・流行語、俗語や業界語を四六時中打ち出す〝ごった煮〟のメディアとして生活の中に入り込んでいる。

その中に、言葉の規範となるものがどの程度あるのか。肝心なのは、言葉を〝聞き分け〟、情報を〝選り分ける〟視聴者の〝耳〟と〝見識〟である。時にはテレビで爆笑し、熱狂するのもよい。問題は、いざというときに「確かな情報」を「確かな言葉」でテレビが発信してくれるかどうかである。特にニュースや情報番組にはそれが求められる。

今や、インターネット、ＳＮＳが行き渡り、誰もが欲しい情報を好みの端末から受信し、また発信することもできる。ただ放送が他のメディアと異なるのは、公共の財産である「電波」を使って発信する点である。情報の信頼性と、言葉の質を常に問われる媒体である。

テレビは、重大な事態が生じたときに「信頼できる情報」を「しっかりした言葉」で伝えてくれるメディアでなければならない。これは「東日本大震災」を経験して誰もが感じたことである。それは、付け焼刃でできることではない。発信する情報と言葉が信頼できるものであるかどうかは、放送の送り手側が常に問われることであり、受け手である視聴者も〝聞き分け〟〝選り分ける〟賢さが常に求められているのではないか。

文　献

日本放送協会編（二〇〇一）『20世紀放送史（上・下巻）』日本放送出版協会
加藤昌男（二〇一二）『テレビの日本語』岩波新書
井上ひさし（一九八五）『國語元年』大野晋・丸谷才一編『日本語の世界一〇　日本語を生きる』中央公論社
ＮＨＫ放送文化研究所（一九三四）「放送用語並びに発音改善調査

委員会」審議記録
ＮＨＫ放送用語委員会審議記録「文研月報」「放送研究と調査」ＮＨＫ放送文化研究所
ＮＨＫアナウンサー史編集委員会編（一九九二）『アナウンサーたちの70年』講談社
日本放送協会編（一九六二）『テレビラジオ新アナウンス読本』日本放送出版協会
日本放送協会編（一九八〇）『ＮＨＫ新アナウンス読本』日本放送出版協会
日本放送協会編（一九八五）『ＮＨＫアナウンスセミナー』日本放送出版協会
ＮＨＫ放送文化研究所編（二〇〇五）『ＮＨＫことばのハンドブック』日本放送出版協会
文化庁「国語に関する世論調査」（二〇〇〇年度、二〇〇七年度、二〇一五年度）
金田一春彦・柴田武・外山滋比古・平岩弓枝・永野重史・井上史雄・加藤昌男（一九九二）「放送用語委員会 テレビの早口を考える」ＮＨＫ放送文化研究所編『放送研究と調査』一九九二年八月号
「若者ことばアンケート報告」ＮＨＫ放送文化研究所編『放送研究と調査』一九九三年一〇月号

第九章　新しいコミュニケーションツールとネット集団語

三宅和子

一．「話しことば」から「打ちことば」へ

現代社会における語彙を考えるとき、近年大きく変容してきたコミュニケーションの現状を語る必要がある。二〇世紀末に電子メディアが普及したことにより、日常生活にインターネットを介したコミュニケーションが深く浸透してきている。さらに二〇一〇年前後からパソコン（以下PC）に近い機能をもったスマートフォン（以下スマホ）[1]などのモバイル・メディアの使用が増加し、今ではインターネットで情報を得たりコミュニケーションをとったりするのはむしろこちらが主流になっている[2]。近年まで、個人間で交わされる日常の話しことばは、談話研究などの目的で記録に残す以外は、その場限りで消費され忘れられるものであり、研究の対象として取り上げられることはほとんどなかった。しかし、コミュニケーションの多くが電子メディア、特にモバイル・メディアを介して行われるようになった現在、公的な文書のみならず、私的な日常が事細かに書かれ交わされている。私たちは、他人が書いた日常の様々な「書きことば」を日々目にし、自らの「書きことば」を大量に残す時代を生きているのだ。「書きことば」といっても、正確には電子機器のキーボードを打つ「打ちことば」（田中 二〇一〇）、あるいはスマホの画面をタッチする「タッチことば」というべきなのかもしれない。しかし音声言語（音声を媒介とする言語）ではなく、文字言語（文字を媒介とする言語）であるという点では、「書きことば」である。現代は、「書きことば」の意味するものが変容し、「話しことば」と「書きことば」の接近・融合が起こっているのである（三宅 二〇一四）。

インターネットで様々な情報を得たりコミュニケーションをとったりすると、これまで自分も周りも使わなかったような表現やことば遣いを特定の人たちがしているのに気づくことがある。インターネットが普及していく中で「ネット集団語」に注目が集まったのも自然な流れだったといえよう。しかし、「ネット集団語」の定義や、実際にはどのようなものを指すのか、その使用の実態などが研究として取り上げられることはほとんどなかった。そこで本章は、新しいコミュニケーションツールの発達と利用拡大につれて広がった「ネット集団語」に注目し、その特徴とメディア時代のコミュニケーションにおける存在意義について考えたい。

二．ネット集団語

「集団語」は、隠語、職業語、スラングなどを包括する概念として柴田（一九五六）によって提唱された。その後は集団語を取り上げた研究者間で分類や定義、注目点に異動がある。例えば、柴田（一九五八）はさらに、それまで「特殊語」「社会方言」「位相語」と呼ばれていたものが集団語に相当するとしている。渡辺（一九八一）は、集団語をまず「隠語」と「非隠語」に大別し、「非隠語」を「職場語・職業語・専門語・術語など」と「スラング」に分けた。米川（二〇〇〇）は、集団語を四分類して「反社会的集団の語（犯罪用語・不良用語）」「職業的集団の語（業界用語・職場語）」「趣味娯楽集団の語（釣り・囲碁の語など）」「若者集団の語（若者語・キャンパス用語）」とし、その各集団語に「隠語」と「非隠語」があるとした。これらの論考に共通する集団語の特徴としては、二人以上が集まる集団で人工的に作られ使用されることにより、その集団の仲間意識や親近感を作り出し、団結を固くすることなどが挙げられる。

ネット集団語は、インターネットを介してのコミュニケーションに現れる集団語を指す。松田（二〇〇六、二八頁）は、「インターネットを仲介して繋がった人々がネット上の掲示板、メール（含メーリングリスト）、チャットなどで交流するうちに発生した集団語がネット集団語である」とさらに詳しく定義している。一九九九年に生まれた巨大匿名掲示板「2ちゃんねる」で使われる「2ちゃんねる語」はネット集団語の代表格として、それまでの書きことばの言語規範から大きく逸脱した言語的特徴が話題になった。しかし二〇一八年現在、2ちゃんねるの注目度や求心力は減退しており[3]、それに代わる巨大掲示板やサイトも現れていない。2ちゃんねるが注目を集めた二〇世紀末とは異なり、現在はTwitterやFacebook、LINE、Instagramをはじめとする様々なSNSがあり、気軽に個人で発信できるようになった。ネット集団語は、かつての2ちゃんねるのようなサイトから次々に生み出されるというより、様々なSNSやサイトで使われることばが拡散し、個々人が相手や好みに合わせて使うようになったと考えられる。若者を中心に消費され、一部は隠語的性格を強めたり、一般的に使われる語になったりして定着している。例えば文末に付くカッコ文字「(笑)」は、「w」や「草」を生み出し、その後「wwwww」、「大草原」(大笑いしていることを示す)「草不可避」(笑いが避けられないことを示す)などが若者の間で使われるようになったが、一方で「(笑)」や「w」は多くの人に様々な場面で気軽に使用される語となってきている。本章ではネット集団語を「インターネット使用を牽引する若者を中心とした集団によく使われていることば」として緩やかに捉え、その特徴を見ていくことにする。

　ネット集団語に限らず、インターネット上のことばは、必然的にその表記が注目されることになる。松田(二〇〇六、二八頁)は、「ネット集団語は大別して顔文字(emoticon, smiley, face mark)と、単語を中心として、音声、文字、文法などの言語形式をもつものがある」としている。ネット集団語として「言語形式」以外に顔文字も認めている点が注目されるが、考察はもっぱら言語形式に集中している。顔文字のみを認めているが、その他にも絵文字をはじめとする視覚に訴える表記は多種多様にあり、「言語形式」と結びついて使われている。これまでの語彙の議論では「言語形式」以外はほとんど取り上げられてこなかったが、ネット集団語が表記を問題にする以上、ネットで大量に生み出される「言語形式」以外の様々な表記や「文字」も考察の対象とすべきであろう。

　こうした「言語形式」以外の表記が現代の語彙として重要な価値を持つことを如実に示した出来事が二〇一五年に起こった。Oxford Dictionariesがこの年のThe Word of the Yearに、「泣き笑い」のemoji[4]、「Face with Tears of Joy」を選んだのである。その年の気風、ムード、関心事を最も強く反映している単語だというのが理由である(BBC newsbeat 2015)。さらに二〇一六年

には、ニューヨーク近代美術館（MoMA）が、docomoが最初に作成した絵文字一七六個を常設収蔵品として購入し（New York Times 2016）、歴史・文化的な重要性を持つことを内外に知らしめた。二一世紀はインターネットがコミュニケーション環境の大きな部分を占めるのが現実である。語彙研究はこれらの「文字形式」以外の表記をその研究対象として分析・考察を進めていく必要がある。

本章では「言語形式」と、それ以外の絵文字・顔文字・記号、そして近年のＬＩＮＥなどのＳＮＳで使用されるスタンプ類などの視覚に訴える表記を、新しいコミュニケーションツールに現れるネット集団語と捉え、2ちゃんねる、ポケベル、携帯メール、ＬＩＮＥを通してその特徴を読み解いていく。

三　ネット集団語と超言文一致体

日々の話題や関心事をインターネットを介して非対面の状態で表現するようになると、その場で湧き起こる感覚や感情、雰囲気を伝えるために、顔の表情・動作など[5]の非言語や、声の調子やニュアンスなどのパラ言語[6]を何らかの方法で表現したい欲求が高まってくる。携帯メールが急速に広まっていった二〇世紀末から二一世紀の初頭には、言語形式以外の視覚に訴える表現が様々な形で現れ使われるようになった。三宅（二〇一四）はこれらの表現を用いた文体を「超言文一致体」と名づけた。佐竹（一九八〇）が提唱した「新言文一致体」を超えた文体という意味である。佐竹は、一九七〇〜八〇年代に若者向け雑誌のジュニア小説に、思いつくまま、感じるままに相手に話しかけるような文体が現れてきたことを指摘し、「新言文一致体」と名づけた。終助詞の多用、流行語や俗語形の使用、文末のいいさし、文の途中での挿入句など、話しことばに見られる形式が書きことばに持ち込まれるのがその特徴だ。新しい雑誌の創刊や軟派な読み物としての印刷物が多くなったことが背景にあったと考えられる。「超言文一致体」は、「新言文一致体」の「まるで話しているときのように」表現するという特徴を保ちながら、音声言語（話しことば）ではできないような表現操作を、電子メディア上の文字言語（書きことば）で行っている。超言文一致体はさらに、携帯メールや掲示板などの個人間あるいは比較的閉ざされたコミュニティの中から生まれ、広がっていったものである。そこに現れる文字・表記は、本章で扱うネット集団語と言い換えても問題ない。三宅（二〇一四）は超言文一致体の表記の特徴を、①ヴィジュアル重視と②脱規範性というキーワードで説明している。

「ヴィジュアル重視」とは、視覚に訴えることを志向した表記であることを指す。日本語は、漢字、ひらがな、カタカナという三種類の文字を基本に、ローマ字や様々な記号を交えて表記するという、世界でも稀な表記法を持った言語である。特に漢字から発生したひらがな、漢字の一部を利用して作り出したカタカナを併用してきたという歴史は、日本語話者の文字遊びや文字を分解して新しい表現を生み出す創造力の源となっている。一方「脱規範性」とは、正しいと考えられている規範からあえて逸脱する志向性を持っていることを指す。これは「超言文一致体」が若者を中心に発生したことと関連がある。規範から意識的に逸脱し、特定のコミュニティにおいてのみ通用する独特のコミュニケーション様式を使うことにより、そこに帰属することを確認し合い仲間意識を高める。ときに過剰に感じられるほどの遊び感覚が見られるが、その一部は広く使われるようになり、脱規範の意識は薄まっていく。

ネット集団語を考えるうえでもう一つ踏まえておきたいことに、利用されるメディアの特性がある。ネットを介したことばは、そのメディアの特徴や制約に影響を受ける。以下に2ちゃんねる、ポケベル、携帯メール、LINEを見ていくが、それぞれに背景となる時代があり、その時点で利用できた／されやすかったメディアがある。その背景のもと、使われたメディアに影響を受けたネット集団語の現れ方がある。二〇世紀末から現在までのわずか二〇年余ではあるが、インターネット環境と電子メディア機器の発達は、ネット集団語の変遷に大きな影響を与えてきたのである。

四．2ちゃんねる

一九九九年に開設された2ちゃんねるは、その最盛期がTwitterなどのSNSの登場やスマホ普及期より前であったことや利用者の属性から、PCの利用が多かった。そこに現れる様々な表記は、モバイル・メディア上の顔文字、ギャル文字などの特殊表記（表9－2）にも影響を与えた一方で、絵文字やスタンプのようなモバイル・メディアのメディア特性に依存して創出された表記は、当然ながら2ちゃんねるでは使われていない。2ちゃんねる語の特徴は多岐多様だが、「書きことば」の特性を生かし、言語形式や記号などの多様な操作により、娯楽性と脱規範性の強い文字遊びが展開された。以下、2ちゃんねるの表記の特徴を鈴木（二〇〇五）を参考にまとめる。

①当て字：文字を誤変換したのに気づかずにそのまま書き込んでしまう、誤変換の面白さに味をしめてわざわざ誤変換をする、読み間違いから誤表記につながり、そのまま定着するなどの例（空気読め→空気嫁、サーバ→鯖、ふんいき→ふいんき、既出→がいしゅつ）。

②促音と長音の交替：もとの単語の促音（「っ」「ッ」）を消去し、代わりにもとの位置よりも一文字後のところに長音（「ー」）を配置させ、弛緩した雰囲気を作り出す例（マッタリ→マターリ、カップル→カプール、いっぱい→イパーイ、さっぽろ→さぽーろ）。

③類似したカナの利用：視覚的に類似した文字を代用して使用する例（スマン→スマソ、シンデレラ→ツンデレラ）。

④省略：表記の一部の省略、母音の省略などの例（無理っぽい→無理ぽ、激しく同意する→禿同、くわしく→kwsk（ローマ字表記の母音を省略）、Read Only Member→ROM）、動詞の活用を単純化する省略の例（食べろ→食べれ、見ろ→見れ（一段活用を五段の規則で代用））。

⑤アスキーアート：ASCII Artと呼ばれる、文字だけで構成された絵の例。モナーというマスコットは罵倒したり批判したりする発言があると「オマエモナー」の台詞とともに書き込まれる（図9－1）。2ちゃんねるに現れる定番顔文字である「キター」（ｷﾀ━━━(ﾟ∀ﾟ)━(ﾟ∀)━(ﾟ)━( )━(ﾟ)━(∀ﾟ)━(ﾟ∀ﾟ)━━━!!）や、「orz」（_|￣|○・(●´/￣|_）などもこれに加えることができよう。

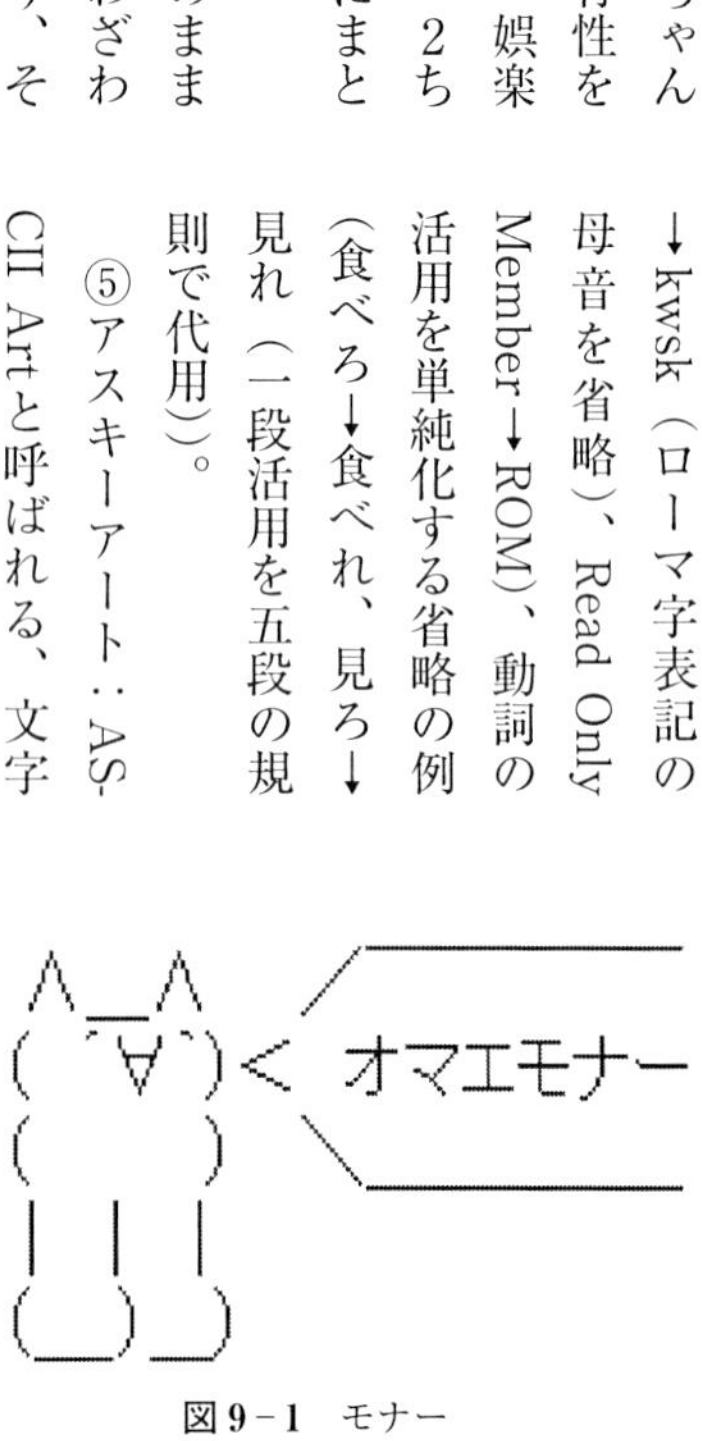

図9－1　モナー

五．ポケベル

一九九〇年代に女子中高生を中心に爆発的なブームを

表9－1　ポケベルに見られる表記例

①	0840（オハヨー）：おはよう　0833（オヤスミ）：おやすみ 4649（ヨロシク）：よろしく　5731（ゴメンナサイ）：ごめんなさい 3341（サミシイ）：さみしい　14106（アイシテル）：愛してる
②	194-117*-1930（イクヨ ジカン ゴゴ7ジ30プン） ＝午後7時30分に行くよ　*117番は時報の電話番号
③	1-514-840-09　（1＝送信者ID コイヨ バショ 09＝マック） ＝マックにきて．ID 1より．

①語呂合わせ　②語呂合わせ＋社会的共有知識　③独自の暗号＋語呂合わせ

生んだポケベルは、日本電電公社（後のNTT）の呼び出し専用の通信機器として、外回りが多く連絡の取りにくいビジネスマンなどに使われたが、次第に女子中高生ら若者に利用がシフトしてブームとなった。ポケベルは私たちが初めて獲得した個人用のコミュニケーションツールであった。今から見ると極めて原始的な機器だが、若者が好むモバイル・メディアの要素（個人使用、移動体機器、メディア上の書きことば、仲間意識の醸成効果など）を備えていた。

一九九六年にNHKで放送された「ベル友〜12文字の青春」は、深夜の電話ボックスでひたすらプッシュボタンを押す一六歳の少女が、打ち終わってポケベルに入った相手のメッセージを読み、再びメッセージを送るのを繰り返す姿を追っていた。一度に一二文字しか送れず、ポケベル自体は受信専用で送信は固定電話を使わなければならないといった制約があり、そこで使われる語彙は暗号を解読する要素が強いものであった（三宅 二〇〇一）。表9－1にその代表的な例を挙げる。

①は「0840」（おはよう）のように数字の複数の読み方を利用したり、「14106」（愛してる）のように1を英語の「I」に見立てたりする語呂合わせの例である。②は「194＝いくよ」のような語呂合わせ的要素と、「117＝時刻」のような社会的共有知識の組み合わせの例である。③はポケベル仲間で作った独自の暗号「1＝ID番号1の者」、「09＝皆が集まる場所の中でマクドナルドに付与された番号」などの要素を用いる例である。語呂合わせや社会的共有知識は多くの人が解読できるが、仲間独自の暗号は閉鎖的で解読が難しい。短いメッセージの中で仲間意識を醸成するコミュニケーションが行われていた。ポケベルのピークは一九九六年

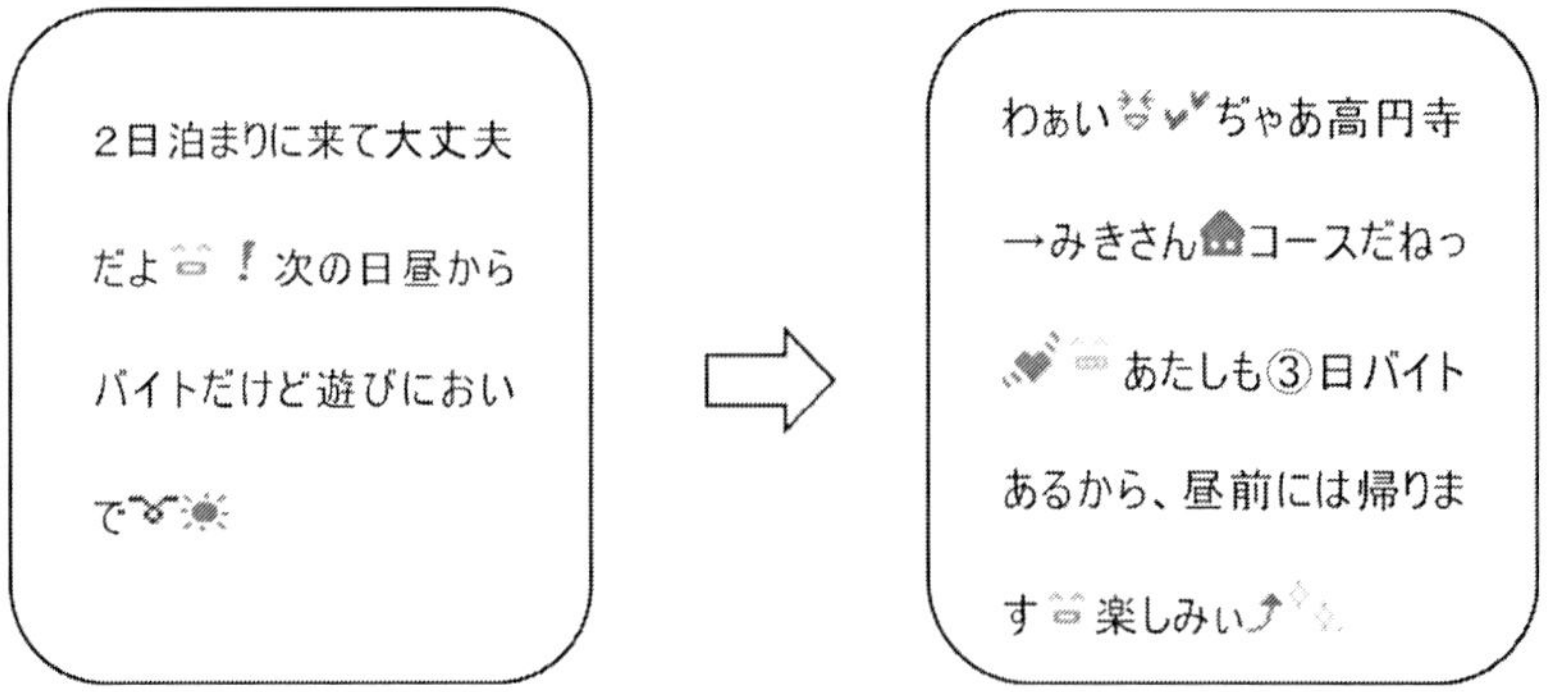

図9－2　東京在住の親しい女性の友人同士（20歳）の携帯メール（三宅 2005より）

であったといわれる。

六．携帯メール

一九九五年頃から、ポケベルに代わって若者の利用者数を急速に伸ばしていったのが携帯電話である。当初電話機能だけだったが、九六年には文字メッセージが利用できるようになった。さらに九九年にはＮＴＴドコモからｉモードが開発され、それまでの顔文字や記号に加えて絵文字が使えるようになる。絵文字は若者、特に女子の間で人気を博し、ＫＤＤＩ（後のａｕ）やVodafone（のちのSoftbank）も追従して絵文字を開発し、携帯メールには不可欠なアイテムとなっていった。図９－２に携帯メールのやりとり例を示す。

親しい友人間のおしゃべりメールに現れる「遊び」の要素が多数現れ、楽しさを演出する工夫がなされている。「言語形式を持つもの」（Ｂの「わぁい」「ぢゃあ」「だねっ」など）とそれ以外の視覚的な要素（　　など）が同時に見られる。表９－２に言語形式を持つものとそれ以外の視覚的な要素をまとめた。ただしこれらは画面で見ることによって脱規範性やヴィジュアル志向が分かる

表 9－2　携帯メールに現れた特殊表記例

種類	例（＝説明）
①長音	…するよー　いいねえ～　まってるからね～～～
②促音	よしっ　家いくからっ　わかったっ
③疑問符・感嘆符	?　??　!　!!!　?!
④（意識的）誤表記	をつかれ～（＝おつかれ）　まぢきれたよ（＝まじきれたよ）
⑤小文字づかい	末期だゎ　ありがとぅ　ぉはよぉ　おっけぃ
⑥漢字→カタカナ	リョーカイ　スイマセンでした　アノ人　渋スギだよ
⑦カタカナ→ひらがな	ぷりぺいどかーど　てれび　ふぁみれす
⑧ローマ字・外国語表記	GW はいかがかなぁ　zzZ　BBQ パーティー　謝謝
⑨省略漢字	それは全然可です（＝それはぜんぜん問題ない／可能です）
⑩数学用語	彼氏とイチャ②するの　今るん×2 で家帰って
⑪ギャル文字	ぁりヵゞ`⊂ぅ（＝ありがとう）　こ〃めωTょ±レヽ（＝ごめんなさい）
⑫カッコ文字	昨日徹夜（死）　もう寝るデ（爆）　許さん！（笑）
⑬記号	★　△　◎　♪　$　@　%
⑭顔文字	(>_<)　(^^;)　m(_ _)m　(σ´∀`)σ　(;´Д`)
⑮絵文字	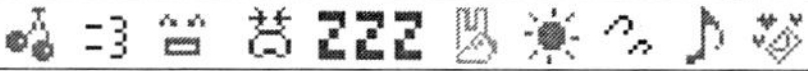

という意味では、すべて視覚的な要素であり、両者を明確に区別することは難しい。

ポケベル時代に流行した暗号（0833《オヤスミ》、464《ヨロシ》9《ク》など）表記はほとんど出てこなくなる。ポケベルの一二文字という文字制限から解放され、一度に送れるメッセージの字数制限が次第に緩和されると、メッセージを短くする必要がなくなっていった。また女子中高生よりも年齢が高い大学生が携帯メール利用を牽引していたこともこの変化に影響を与えている。交際範囲が広がり、秘密保持の暗号解読型のようなメッセージで連帯感を高める必然性がなくなったといえよう。一方絵文字は、携帯メールによって花開いた視覚言語の最たるものであった。当初携帯電話会社ごとの機種に依存していたため、メールを送り合うと文字化けが起こっていたが、二〇〇五～二〇〇六年には他社宛て絵文字変換機能がつくようになった。

日本の携帯電話だけで使われていた絵文字は、後にUnicode化されて世界標準となり、emojiとして世界中のスマホの画面を彩るようになる。Oxford Dictionaries の The Word of the Year に選ばれるころには、モバイル・メディアだけではなくＰＣ上でもemojiが気軽に使えるようになっていた。

七．ＬＩＮＥ

ＬＩＮＥは二〇一九年現在、ＳＮＳの中でも圧倒的な利用者数を誇り、若者のコミュニケーションにはなくてはならない存在となっている。[7] ここでは二〇一六年一〇〜一二月に収集したＬＩＮＥでのやりとり例を示す。

図９－３においてまず目を引くのは、画面全体でメッセージのやりとりが表示されていることであり、そのため一望して話の流れが分かる。一回に送るメッセージが短くても会話が続き、写真や文字つきのスタンプが画面の大半を占めている。携帯メールよりいっそうヴィジュアル性が増している。図９－４では、「名前２」が（冗談半分で）立て続けにメッセージを送っているが、繰り出される顔文字の一部にはemoji（棺桶や指さしのemoji）も挿入されており、より複雑な作りになっている。これはスマホになってからインターネット経由でいっそう複雑なヴィジュアル表現ができるようになったことによる。

図９－３　男性–男性　同大学で同授業を受けている21歳の男性の親しい友人同士．

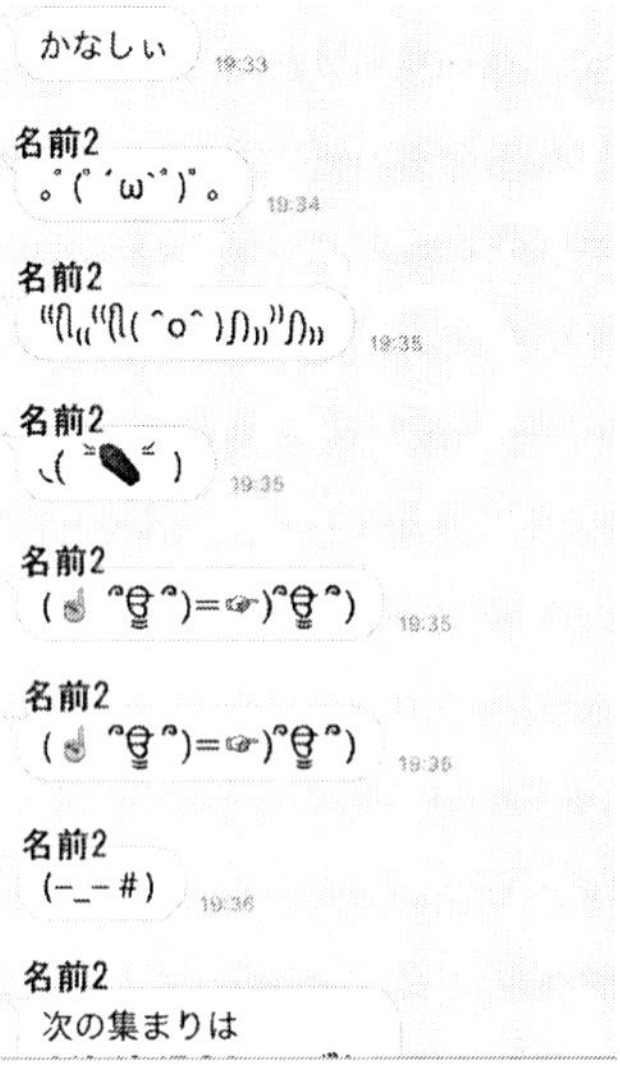

図９－４　女性７名グループのおしゃべり．例示画面では「名前2」しか現れていない．

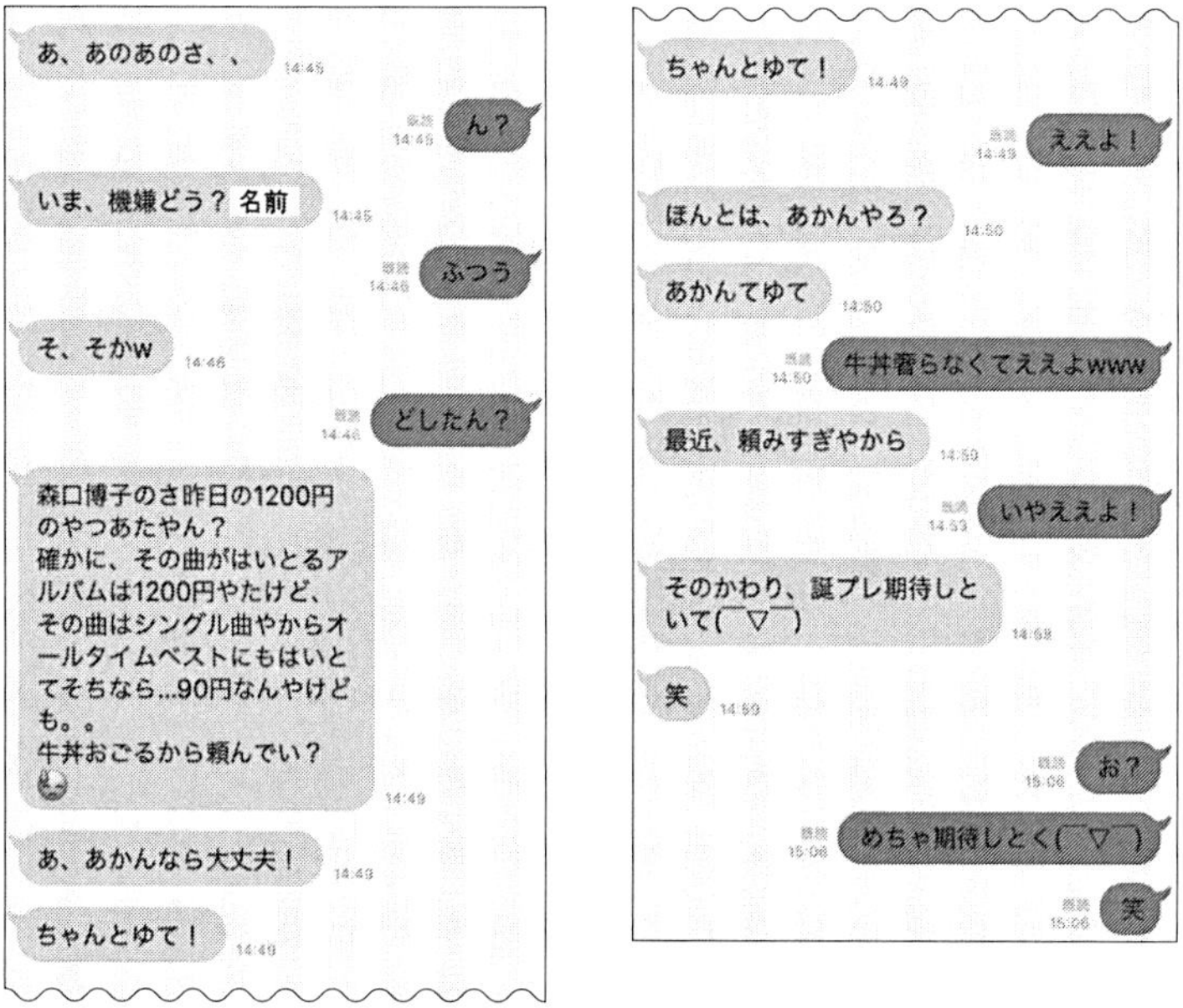

図9－5　女性（左）–男性（右）共通語話者の恋人同士

ネット・スラング＋エセ方言例：

そか＝そうか	はいとる＝はいっとる
どしたん＝どうしたの	1200円やたけど＝1200円やったけど
あたやん＝あったやん	ちゃんとゆて＝ちゃんとゆうて

図9－5は女性（左）が恋人に、自分の代わりに曲を買うように依頼している会話である。ほぼ全部のフキダシに関西風エセ方言と促音、長音などを省略したネット・スラングが見られる。依頼の内容を詳しく書いたフキダシ以外は、短いメッセージの応酬で、文というより句や節レベルの長さで会話が進んでいる。「ん？」「お？」「笑」のように感嘆詞や文末モダリティのみで成り立っているフキダシもある。

収集したLINEデータ全体をまとめると、以下のような特徴が見られる。

①言語形式に関わるもの
・単語や句の繰り返し
・語呂合わせ
・エセ方言
・ネット・スラング
・若者ことば、若者敬語

②視覚的な資源を用いたもの
・絵文字・顔文字・記号などの放逸な

使い方
・画像や動画の挿入
・多彩なスタンプの多用（文字つきのものを含む）

これらの特徴は、ＬＩＮＥで相手のアイコンを選ぶと以前からのやりとりがスマホ画面いっぱいに表示されるため、やりとりが継続的に進められるというＬＩＮＥのメディア特性に大きく依存している。話題の継続性が担保されると、感動詞のみ、あるいは単語や句レベルの短さで、あるいはスタンプのみで返してもコミュニケーションが断絶することもなく、それが実際に会話をしているような雰囲気を醸し出すことになる。

八．まとめ

本章は、ネット集団語を「インターネット使用を牽引する若者を中心とした集団によく使われていることば」と緩やかに捉え、その文字・表記の特徴について、時代背景とメディアの違いによる現れ方の異なりに注意しながら見てきた。

ネット集団語は必然的に表記を問題にすることから、言語形式以外に、絵文字・顔文字・記号、スタンプ類などの視覚に訴える表現も考察の対象とすべきことを主張した。２ちゃんねる、ポケベル、携帯メール、ＬＩＮＥを対象に見ていくと、ネット集団語はその時代に現れたメディアの性格に大きく影響を受けていることが分かる。また文字・表記は、それ以外の、例えばＬＩＮＥのフキダシや画像などの要素とも相補的に組み合わさって「語彙」を形成しており、「ヴィジュアル重視」と「規範からの逸脱志向性」という特徴が見られた。

本章で見たネット集団語は、柴田（一九五六）が提案した時代に想定されていたような対面での集団の仲間内でのことばというより、顔を合わせないネット空間で共有されつつ、個々人が所属している複数の集団に適した個別的な使用によって緩やかにネットワークを形成していることば群となっている。インターネットを介した「書きことば」のコミュニケーションは今後、利用できるメディアを増やしながらますます常態化していくだろう。ネット空間では「集団語」を作り出す一定の集団を捉えにくい側面がある。ネットで増えていく新しい表現群をどのように捉え、整理していくかが今後の課題となろう。

注

（1）スマートフォンとは、iPhoneやアンドロイド系の高性能のモバイル・メディアを指す。「スマホ」と略称で呼ばれることが多い。

（2）総務省情報通信政策研究所（二〇一八）によると二〇一七年現在、インターネット利用時間のPCとモバイル・メディアの比較では、全年代でモバイル・メディアからの利用時間がPCからのそれを上回っており、特に休日は八八・六分と、PCの二六・二分の三倍強になっている。

（3）2ちゃんねるは一九九九年の創設以来、二〇〇〇年の西鉄バスジャック事件、二〇〇四年から二〇〇五年にかけての『電車男』ブーム（TVドラマ化、映画化、書籍化）など、数々の話題をさらったが、二〇〇六年にTwitterが登場したころから人気に陰りが見えたといわれる。二〇一四年に創設以来の管理人・西村博之が運営を離れ、新しく「2ちゃんねる（2ch.sc）」を開設した。旧2ちゃんねるは二〇一七年に「5ちゃんねる」と改名し差別化を図っている。

（4）日本の携帯電話でのみ利用が可能だった絵文字と、Unicodeによるemojiは性格が異なると考えているため、ローマ字で表記している。

（5）非言語とは、コミュニケーションにおけることば以外の要素。具体的には、表情、目線、しぐさ、姿勢、声の高低、声の大きさ、話すスピードや滑らかさなどのほか、匂いや色彩などを含む五感に訴える要素である。

（6）パラ言語とは、話し手が与える言語情報のうち、ことばそのものの意味以外のイントネーション、リズム、ポーズ、声質といった言語の周辺的側面をいう。

（7）LINEは二〇一一年にサービスを開始したSNSで、総務省情報通信政策研究所（二〇一八）によると二〇一七年現在、二〇代で九五・八%、三〇代で九二・四%、全年代でも七五・八%が利用している。

文献

BBC newsbeat（2015）Oxford Dictionaries Word of the Year is the tears of joy emoji. http://www.bbc.co.uk/newsbeat/article/34840926/oxford-dictionaries-word-of-the-year-is-the-tears-of-joy-emoji（二〇一八年一月一七日参照）
佐竹秀雄（一九八〇）「若者雑誌のことば―新言文一致体」『言語生活』三四三
柴田武（一九五六）「集団生活が生むことば」石黒修他編『ことばの講座 五』東京創元社
柴田武（一九五八）「集団語とは」『NHK国語講座第一〇巻 日本語の常識』宝文館
鈴木淳史（二〇〇五）『「電車男」は誰なのか―〝ネタ化〟するコミュニケーション』中央公論新社
総務省情報通信政策研究所（二〇一八）「平成二九年情報通信メディアの利用時間と情報行動に関する調査〈概要〉」http://www.soumu.go.jp/main_content/000564529.pdf（二〇一八年一〇月一日参照）
田中ゆかり（二〇一〇）『首都圏における言語動態の研究』笠間書院
松田謙次郎（二〇〇六）「ネット社会と集団語」『日本語学』二五-一〇
三宅和子（二〇〇一）「ポケベルからケータイ・メールへ―歴史的変遷とその必然性」『日本語学』二〇-一〇

三宅和子（二〇〇五）「携帯メールの話しことばと書きことば―電子メディア時代のヴィジュアル・コミュニケーション」三宅和子・岡本能里子・佐藤彰編『メディアとことば』二、ひつじ書房
三宅和子（二〇一四）「電子メディアの文字・表記―「超言文一致体」の現在と未来」高田智和・横山詔一編『日本語文字・表記の難しさとおもしろさ』彩流社
New York Times (2016) Look Who's Smiley Now: MoMA Acquires Original Emoji.
https://www.nytimes.com/2016/10/27/arts/design/look-whos-smiley-now-moma-acquires-original-emoji.html（二〇一八年一月一七日参照）
米川明彦編（二〇〇〇）『集団語辞典』東京堂出版
渡辺友左（一九八一）『隠語の世界―集団語へのいざない』南雲堂

参考ウェブサイト

5ちゃんねる
http://www.5ch.net/（二〇一八年四月一日参照）
2ちゃんねる
http://www.2ch.sc/（二〇一八年四月一日参照）
カオモジCHANNEL
http://kaomoji.uunyan.com/（二〇一八年四月一日参照）
LINE
https://line.me/ja/（二〇一八年三月三〇日参照）
ドコモ絵文字一覧
https://www.nttdocomo.co.jp/service/imode_mail/function/pictograph/（二〇一八年三月三〇日参照）

第3部

語彙の規範と改良

第一〇章　医学用語の特徴と医療の言葉

――漢字・日本語研究者および患者の視点から

笹原宏之

医学は、人間の生命に関与し、健康を保たせるために、古くから独自の発展を遂げてきた。学問としての医学は、細かく複雑な概念を構築するとともに、その一つ一つに専門的な用語を定着させてきた。日本では、時代ごとにその定義を更新し、学術用語としての位置を確立させている。

しかし、それらの術語は、医療行為を受ける一般の患者やその家族ら（市民）にとっては、理解に支障をきたすものとなるケースが少なくない。本章では、専門用語としての医学用語の実態について考察する。特に漢字を用いて構成、表記された医学用語に焦点を当て、臨床を含めた医療の場でのコミュニケーションを行う際のあり方についても検討する。

一．医学用語の難しさとその理由

人体には大小様々な器官が備わり、人々はそれらに命名を行ってきたが、日本の場合には和語だけでは到底間に合わない。そして、それらは何らかの機能と状態を有している。それらの一つ一つが関わり合って、種々の症状を生み出すことがある。また、外的な要因によって外傷を与えられることも起こる。こうした個々の事物に対して概念が生じ、用語が当てはめられてきた。そしてそれに対する対応や処置が、内科的、外科的に発展してきた。その際には様々な手当てが施され、薬剤や器具が導入され、それぞれが体系性を持つほどに専門化した。

日本は、古く中国で独自に発展した漢方医学から多大な影響を受け、漢方の用語を漢語として受け入れた。そこには医学専用の見慣れない漢字も多数含まれている。そこに日本の風土や知見に合わせた改良が加えられた。そして、蘭学によって西洋医学が導入されたことで、膨大な用語がそのままカタカナや音訳語として受容されたり、新たな漢語を作ることなどによって翻訳されたりしてきた。

幕末から明治初期において、いずれの学問領域においても、漢学の素養のある人たちが洋学を吸収する中で、漢語を用いた専門用語を訳出し、また選定、使用した。明治初期の医学用語集においてすでにそのようになっている。ドイツ語、英語も取り入れはじめた。例えば森鷗外が執筆した医学論文などを見ても、やはり一般には見られない難解な用語と用字が多用されている。

医学分野は、精緻な漢方や蘭学の伝統があったために、標準化がなされる過程で、一定の整理、平易化が行われもしたのであるが、一般の人々にとって難解な術語が今なお残っており、時には新作されている。

医療のために、隣接する種々の学問領域との連携も進められている。そうした現象が重なって、概念自体が詳細を極め、それに対応するための用語はおのずと複雑とならざるをえない。以下、歯学・薬学といった隣接分野も含め、患者としての経験も交えながら、考えるところを述べていく。

漢方の学問体系においては、人体の内臓は五臓六腑からなっている、と考えられていた。西洋から新しい医学が伝来し、その見直しが迫られ、西洋医学の概念が受容されたものの、一部にとどまった。例えば中国には、オランダ語のklier（キリール）に相当する概念が存在しなかった。『解体新書』のころから江戸時代の蘭学者たちは、漢字を選んで音訳したり、辞書からそれらしい字を見つけて翻訳に用いたりして対応したが、宇田川榛斎《うだがわしんさい》は、音訳を経て、「腺《セン》」という字を新たに作り出してみずから著作に使い始めた。キリールの集合体と見られた臓器には「膵《スイ》」という字も新作した。当時、海上随鷗《うながみずいおう》（稲村三伯）などは批判したが、かえって難解な造字を行ったために、「腺」「膵」が医家の間に広まることを抑えられなかった（笹原 二〇〇六・二〇〇七）。医学のために、二つの漢字が新作されたほか、「腱《ケン》」「膣《チツ》・腟《チツ》」のように既存の漢字を復活させたり、別の意味を持つ漢字を再生させたりした。それらを複合することで、新たな用語も生み出されていく。

腺は、西洋で古く二種類の語に分かれていたが、次第に一語に統合された。「扁桃腺」「リンパ腺」は、一般の日常生活でも普通に用いられ、医師にも使用する者があるが、実際には腺組織ではないことが判明し、「扁桃」「リンパ節」と言い換えられている。「腺」は、『学術用語集』医学編（二〇〇三）において、「常用漢字表」外字だったが、そのまま用いたものであった。ほかにも諸分野の用語集で使われていた。

他の分野と同様に、ある程度の平易化が進められた。例えば「腺」と同じころに蘭学者たちが用いて揺れのあった「膣」「膣」は、医学会では画数の少ない「膣」を標準とするようになった。しかし、多くの用語、用字は、古くからのものがそのままの形で今なお多数受け継がれている。

さらにローマ字による略語、外来語を用いた用語も常に新作され、学界のみならず臨床の場でも見聞きする状況を生んでいる。

文部科学省と各学会が編纂した『学術用語集』には、三二分野の用語が整理、収録されている。旧常用漢字一九四五字、それに先立つ当用漢字一八五〇字の表外字は、二九分野で、合計延べ一六四四字にのぼった。当初は、すべて当用漢字で書き表す努力が見られ、「冶金学」は「ヤ金学」と分野名さえもカタカナによる交ぜ書きに変えていた（現在では「金属工学」など）。このうち、三九一字は平成二二年（二〇一〇）に「常用漢字表」の改定による追加でカバーされた。

その中で、医学分野は、一般の漢字使用の目安を示す内閣告示「常用漢字表」にない字の使用が最も多い。表外字の種類の多い分野は、①医学、②薬学、③歯学が群を抜き、④動物学、⑤建築学、⑥遺伝学と続く。医学編では、表外字は三〇一字にのぼっていた。

この「常用漢字表」の改定により、医学編に限ると、「腺」「腫」「瘍」「潰」「顎」「腎」「脊」「椎」「咽」「喉」など、そのうちの六四字が採用されたが、なおも二三七字が表外字である。「瞳」は「ひとみ」のほか「瞳孔」の「ドウ」は採られたが（医学用語では「縮瞳」なども）、「虹」は「にじ」のみで、「虹彩」などの「コウ」は採られなかった。

『学術用語集』は、一般、法令、新聞を意識して編纂されていたのであるが、それでも、歯学編（一九九二年増訂）に二二三字、薬学編（二〇〇〇）に二七一字（漢方薬用の字が多い）の表外字を抱えていた。『日本医学会医学用語辞典』はさらに専門家向けという面を持つ。

医学用語は、医学の各専門領域、そして歯学、薬学という隣接分野の間で、さらに集団や個人によって、各レベルで種々の変異や揺れが生じている。以下に例を示す。

（1）用語

まず用語そのものが難解なケースがあり、国立国語研究所「病院の言葉」委員会（二〇〇九）では、精細な検討を経て言い換えの提案がなされ実際に影響を与えた。本章では、そこに扱われなかった語を中心に検討する。

漢字は簡単でも、それだけに語構成や語義を誤解する事故も発生する。「座薬」は、座って飲む薬だと、高齢の患者だけでなく東大生や中国人にも誤解する人がいた。媚薬のことと勘違いする学生もいた。漢字に依存しすぎた語で、凝縮力はあるが語構成が俗解されやすいため、焦点を変えて分かりやすく言い換える必要がある。「坐薬」と表記された時代には起こらなかったというが、それは「坐」が座薬を挿した姿の象形だからと錯覚している医師や学生がいた。一般の社会人も理解していない用語としては、「食間」もある。「空腹時」を付け加えても、まだ誤解して食事中に服用されることがある。

人間ドックの検査結果に、「胆嚢ポリープ」と書かれていたのを見て、寿命が縮まるほどショックを覚え、世界の終わりと感じた、という女性がいた。実際の症状よりも、文字感や語感が強烈に伝わってしまう例であろう。

医学では、「姑息的」という語が使われている。この意味は、間に合わせ、その場しのぎといったものだが、「姑息」という語自体、一般に誤解に基づき、卑怯のような意味へと変化が起きており、正確な理解につながるものか、注意が必要である。「嗚咽《おえつ》」も、嘔吐の意に解されるようになってきており、誤用が広まりつつある（新野 二〇一六）。

今でも『学術用語集』には、漢語の「癰《ヨウ》」という語が使われており、「よう」と仮名書きされることが多いが、なおさら伝わりにくい。この字を見て、形から「災い」を見いだした学生は、たまたま負のイメージだけはつかめていた。

「譫妄《センモウ》」（うわごとの意　話す言葉やふるまいに一時的に混乱が見られる状態（国立国語研究所「病院の言葉」委員会 二〇〇九））の「譫」は、字を見れば言語に関わることと直観できそうである。しかし、「羸」となると、読みも意味も推測し難い。「羸痩《ルイソウ》（痩）」という熟語では、「るいそう」とは読めずとも初見でなんとなく、ガリガリという意味を読み取れる人はいる。「るいそう」は、教科書に載っており、保健体育などで学習した人もいるのであろう。「にきび」のことを「尋常性痤瘡《ジンジョウセイザソウ》」と称す用語も、日常語との乖離が際立っている。

そもそも医学の知識が一般には乏しいこともあって、「貧血」（国立国語研究所「病院の言葉」委員会 二〇〇九）や「盲腸」がどういうものかさえもはっきりとは分からず（前者は脳貧血と区別され、後者は炎症を起こすのは虫垂）、誤解されていることがある。「優性」「劣性」も同様であった。「ドレーン」「ファティーグ」「ヘルペス」（帯状疱疹）のような外来語でなくとも、「経過観察」「炎症」「胃炎」なども、正確な意味が分かりにくい。「予後」は、そのためもあって意味用法が拡大してきた（国立国語研究所「病院の言葉」委員会 二〇〇九）。

「緑内障」のようになぜその色を選んだのか判然としないままに定着している訳語や、「帝王切開」のように、そもそも誤解や誤訳に基づくといわれる訳語もあった。日本でも、古くから人体に関する語彙は緻密とまでは言えないものの準備されたが、由来が不明確な難字、難語も「蟀谷《こめかみ》」（平安時代から）のようにあった。

「骨が溶けている」と歯科医からしばしば聞くが、一般には相当のショックを受ける。理解度は高くても、語感がよくない語もある。「投薬」の「投」には与える、贈るといった意があるのだが、訓読みからの誤解により上から投げて寄こすイメージがあり、古くからの「与薬」を復活させることもあるが、印象がよけい悪化しうる。介護の用語に「便汚染《ベンオセン》」の類があり、失礼だ、語感が悪いと言われるが、実際に、細菌感染などを引き起こすものであり、それをきちんと伝える語とする見方もある。

（2）発音

「骨粗鬆症」の「コツソショウショウ」は、特に「ソショウ」という部分が一般に漢字や仮名を見て意味や読みが想起しにくいだけでなく、読めたとしても発音がしにくい。「手術」も「シュジュツ」が発音しづらいこともあって「オペ」が定着したのではなかろうか。

「発熱」を看護師が「熱発《ネッパツ》」と言うのは、語構成を直感に合うように変えることのほか、切迫感のある変化を表現しようとして特殊拍を含む発音に変えるべく転倒させた結果であろう。医師が、「ガーゼ」を平板型のいわゆる専門家アクセントを使って説明をするのを聞き、安心感や信頼感を得た経験が筆者にはある。

（3）字種

字種とは、字の種類、個々の字のことである。医学用語を構成し、表記する漢字の中には、字としてなじみの薄いものが多数含まれている。医師や看護師など医療従事者の養成課程や国家試験でも、その習得に関して問題意識が呈されることがある。

そこには、先述した「嚢（囊）」「癰」「羸」や産褥《サンジョク》の「褥」など、書き方、読み方、意味が分かりにくいものがある。それらは、JIS漢字には入っている。

JIS漢字の第三、第四水準には、漢方薬、東洋医学や歯学の当事者や関係者から、その使用漢字の採用を要望する意見が寄せられ、検討の結果、かなりの字種が採用された。しかし、それでも採用に至らなかった字が数多くある。ユニコードにあっても、コンピューターや電子カルテに容易には入力・プリントアウトできないであろう字も含まれている。「癤《セツ》」「瘭《ヒョウ》」「皶《サ》」のほか、先に触れた「尋常性痤瘡」の「痤《ザ》」もその一つである。「樽」「瞭」は、制定用語ではないが、用語を仮名書きにすると分かりにくいものとして、『学術用語集』医学編で（前者は歯学編でも、後者は言語学編でも）括弧内に入れて示された。しかし、「樽生」「明瞭」など、日常生活でも使用・接触頻度が高い。「瞭」は「常用漢字表」にも採用された。

なお、日本、中国、韓国の医学用語に漢語が多いことは事実だが、文字種の差、字体の差を捨象、統合して字種レベルに揃えて比較しても、日韓で四八・三一％、日中で二六・一五％、中韓で二六・六六％と、相互の一致度は決して高くない（成 二〇一五）。

（4）字体

手書きの場面で多用する字は、筆記経済の原則に従って既存の略字が選び出されたり、新たに作られたりする傾向が見られる。特定の分野で多用される字種では、それが位相文字、位相字体となる。日本語を素早く手書きで書き込むカルテにも、それらの使用は必然であった。

「嘔」は「區」が「区」となる例になぞらえて「口へんに区」と書かれ、「頸椎」などの「頸」は、「徑」が「径」となる類に準じて「頚」と書かれる。それが習慣化し、活字でも準備された。「彎」は国語政策では「湾」に書き換えられたが、医学界では「弯」となった。「濾《ロ》」は「沪」という理系の各分野で広く使われてきた略字体が採られた。「頬」は、医学、歯学、動物学編に採用されているが、「狹」が「狭」となった類に従えば「頬」となる。「頰」が常用漢字となったが、「頬」も手書きや電子機器の制約がある場面では認められている。

「齲」は拡張新字体が医学編に採用されたが、歯学編では旧字体（いわゆる康熙字典体）となっている。「羸瘦」は常用漢字に「瘦」が採用される前から本文でもこの字体で登録されていたが、凡例では「日」の部分が「臼」になっている旧字体のままである。このような不統一は、「淫」「葛」「隙」「塡」「剝」「蔽」「餅」「采」（采は誤植）などにも見つかる。さらに「遡」が本文に使われているなど、凡例には漏れもある。

「ウツ」は医学用語（国立国語研究所「病院の言葉」委員会 二〇〇九）としてはひらがな表記となっている。「鬱」は、薬学編にのみ、生薬関係用語として「鬱金《ウコン》」で用いられている。「常用漢字表」には、入力できれば構わないという方針もあって、この字が二〇一〇年にこの字体のまま追加された。一般に、漢字「鬱」には見ているとよけい辛くなる、はっきり病気と周囲に知らせたい、という両方の意見があり、そういう文字感に関わる点からも、どちらが適しているのかという統一的な判断は難しい。

「箋」は、特に薬局で多用されているが（看板では今も「せん」が多い）、「箋」という戦前から漢字政策案に採られていた字体で医学編に採用された。二〇一〇年に「常用漢字表」に採用され、この略字は手書きの例として載せられた。「処方箋」のほか「便箋」などとよく書く人たちの間の位相字体といえ、ＪＩＳ第四水準にも入っている。「臍」の「脐」は、朝日新聞などにも見られた。「顎」は医学編でもこの字体だが、医学書には「顎」に作る活字も見られる。

（5）読み方

「腔」は、辞書では「コウ」という字音しか持たないものであったが、戦前から医学会では、字義に紛らわしさのある同音の「孔」や「口」と区別するために、あえて旁から類推したいわゆる百姓読みで「クウ」と読み慣わしてきた。「鼻茸」は「ビジョウ」「はなたけ」が辞書に従った読みであるが、これも百姓読みによる「ビジ」も見られ、語形に揺れを呈している。「茸状」には「きのこジョウ」も見られ、「楔」は歴史的により多くの揺れを呈してきた（西嶋 二〇一四）。「匙」の音読みは「シ」だが、「比」や「ヒ」からの類推により「ヒ」（ピ）も広まった。

『学術用語集』医学編では、「発疹」は「ハッシン」とされているが、なぜか「発疹チフス」だけは「ホッシン」とされている。ＮＨＫでは、「ホッシン」を許容としている。なお、歯学編では逆に「ホッシン」に統一されており、まちまちである。医学と歯学とが連携する場面はもちろんあるわけだが、このような齟齬が生じている。

「麻疹」は、「ましん」（蕁麻疹のマシンにあたる）のほか、一般に熟字訓で「はしか」と読むこともある。

「頭蓋骨」は、二字目も常用漢字に採用された。「ズガイコツ」が一般的であるが、医学界では「トウガイコツ」と読む。このように漢字の読み方にもずれが見られる。専門用語の場合には、例えば法律用語でも、「遺言」を「イゴン」と読むと、定義付けされた法律用語としての使用が区別できるという考え方がある。一般語と意味が違うのならば、意義がある程度認められるが、この場合はいかがであろうか。「肘」は表内訓となった「ひじ」のほか「肘関節《チュウカンセツ》」として使われる（医学編）。現在、「掣肘」は日常語とはいえない。

（6）表記法

同音語が多い日本語では、特に漢語は耳で聞くだけでは意味を解しにくい傾向がある。

「蛋白」は、卵の白身という造語の意図がほとんどの日本人にすでに伝わっていない。「卵白質」は定着せず、「プロテイン」はサプリメントとして使い分けが生じた。「蛋」は表外字となっており、その字義もすでにほぼ意識されておらず、「蛋白・たん白・たんぱく・タンパク」と表記が揺れており、省庁や新聞、雑誌、教科書などの仮名表記の影響が一般にも及んでいるようである。

「澱粉（でん粉）」の「デン」も東大生であってもほとんどが漢字やその意味を理解していなかった。一方で、「沈澱」が「沈殿」と書き換えられると、これでは「殿《との》」が沈んでいるようだと違和感を訴える人が多い。「沈渣《チンサ》」「食渣」などの二字目も「査」への書き換えが一部で行われた。

「膨張」は、戦後、物理学会から「膨脹」と書きたいとの要望があり、当用漢字表に「脹」が採用された。しかし、物理学会では「膨張」に改めた。「腫」が「常用漢字表」に追加されたが、「脹」は使用頻度の低下を理由に削除された。ただし、「膨脹剤」は「膨張剤」とともに食品の添加物表示などに根強く見られ、また「腫《シュ》脹《チョウ》」は例えば早大の治癒証明書の書式にルビを伴わずに印刷されており、診断書などでも見受けられる。「繊維」は戦前に「線維」と書き換えられ、それが習慣化した。結果的に異なる対象を指すことが多くなっている。

「癌」は、表外字だが、一般に理解字となっている。しかし、手書きしようとすると細部までは再現できない人が少なからずおり、「痒」と書く学生もいた。これは、誤解を生む危険性をはらんでいる。国立がんセンター（現国立がん研究センター）は「癌」という字が恐怖心を与えるためにひらがな表記が選ばれたと言われる。「癌」は漢字と仮名とで書き分けもあると、インターネット上で医療関係者らが述べている。「皮膚」を「皮フ」「皮ふ」と略記することとは違って、仮名表記の「がん」「ガン」は悪性腫瘍全体、漢字表記のものは上皮性の悪性腫瘍を指す、といった意見も見受けられる。ただ、仮名の「がん」「ガン」では他の同音語との誤解も生じる。宋代には、比較的良性の腫瘍を指したことが知られている。「進行性のがん」は、一般の語感・表記感以上に深刻な病状なのであろう。

日本手話学会の二〇一七年度第一回手話学セミナーにおいて講演した際に、聾者の二〇名近くの方々にうかがったところ、「聾《ロウ》」という名称や字がよいという意見で一致した。書くときには、「ろう」とするが、タツノオトシゴが耳をもたないために象徴となっており、「龍」を含む「聾」がよいといった意見が出た。「聋」という略字を提示すると、それは全くの不評であった。障害の「害」については、「がい」「碍」がよいとする人はわずかで、「害」と書くのがよいとする意見がほとんどだった。障害には様々な種類があり、程度も多様であるが、この会では、当事者ではない者が種々に配慮を加えようとすることに対する違和感が唱えられていた。

二．患者としての体験と実感

筆者は、このような医学分野の用語や漢字の歴史と現状についても対象に据え、漢字と日本語を専門とする研究者として、『学術用語集』全三二分野や『医学用語辞典』などの漢字・用語や、医学用語の字誌や語誌なども調査してきた。これまでに「扁桃」、「腺」（「核」などの訳語も）、「膵」（「甜肉（経）」）、「胰」（西洋人にしかない臓器として、「夷」を選んだという俗説もある）、「鼻茸」、「罹患」、「鼠蹊（鼡径）部」などについて、笹原（二〇〇七）や『日本医事新報』などに成果を公表している。

しかし、日本語学・漢字学を専門とする筆者自身が、様々な怪我や疾患、その疑いにより、診察や検査などを受ける際、実際に医師ら医療者から耳にしたり目にしたりした医学・歯学用語に対して理解するのに種々の困難が生じた。明治期の羅列的な漢語や中国語に触れる機会も多いのだが、特に耳で聞いて分からない用語に次々と直面した。まして一般の方々には伝わっていないのではと懸念される。医療者にとっては便利な使用語・使用字でも、患者にとっては理解語・理解字でなく、瞬時の分析も難しい。

　書き取りや聴き取りがしっかりとできなかった場合、意味を正確に理解することも困難である。内科で「表《ヒョウ》在《ザイ》」という語を聞いた。「表在」は文字通りの意味だろうと推測したが、何かは確定できなかった。その後、皮膚科でそれが「ふんりゅう」というものであると診断され、「粉瘤」が浮かんだが確信を持てず、漢字を聞いたらやはり「粉瘤」であると教えてもらった。ただし意味は、粉とはイメージを異にするものだった。

　自動車のタイヤに足を踏まれて腫れ上がったときに、外科で「打撲」との診断を受けた。打撲は日常語としては打つ現象が必須であり、習慣に基づく実感とのずれに違和感が残った。これは、他の医師もふさわしくないと述べた。日常語と同じ語形を用いる場合には、専門用語としてであれば、その差異を説明するとよい。日常語の意味が即座に分かるために便利であるが、正確な理解への障壁も同時に生じかねない。眼科でよく出てくる「眼圧」は、血圧のようなものかと類推してしまい、眼球の中の圧が高まるイメージを、ＷＥＢで調べてみるまで長く抱いてしまっていた。

　歯科で、「きょうそく」という語を聞いた。これは「ほほのがわ」とすぐに言い直してくれたが、口内の説明だったこともあって、その前に「頬（頰）側」という字が想起できた。「ぜっそく」すなわち「舌側」という対義語も聞かれ、その理解を支持してくれた。「豊頬」のような文語に現れる語もあったためである。これには字体も問題となる。現代の医学界では「頬」で「キョウ」、文学界では作品では慣習上「頰」の字体で印刷されて「ほお・ほほ」と訓読みで読ませるケースが多いのではなかろうか。キョウソクという発音だけからは、古文の知識から「脇息」を連想する人もいる。

　医師は、「肉芽」を「ニクガ」でなく「ニクゲ」と発音する。医学編では両方の読みを認めている。『日本医事新報』で、「肉芽」を「ニクゲ」と読む位相字音について、その理由を尋ねる医師からの質問に答えたことがあった。用語や漢字に関する質問をいただくたびに、一部の医療関係者の方々の意識の高さと難解な語への困惑があることを思い知らされた。研究者として医師に回答していたが、肉芽がどういうものなのかまでは正確には認識できておらず、また担当の若い医師もうまく説明できなかった。

口腔外科で聞いた「汁《しる》」は、膿でないと知って安心したことがある。その出口が「開放創」というものであることは、自身で不安を感じてインターネットで調べる中で判明したことであった。これは体液のことだそうだが、『学術用語集』医学編、歯学編ともに載せていない。

口腔外科医の発した「嚢胞腔」の「ノウホウクウ」という発音は、しっかりとは聴き取れず、意味も思い浮かべられなかった。ノウとは、「膿」だろうか。ホウは「胞」だろうか。クウは初めクと聞こえ、「区」か何かか、と納得しようとした。日本語、特に音読みする漢語には同音語、漢字には同音字が多く、意味を分析、理解しにくい。そもそも、筆者を含めた患者は、その知識も概念もしっかりと持つことなく、症状と不安とを抱えて来院する。処置（手術）の説明同意書や紹介状などに記された「エナメル上皮腫」「含歯性嚢胞」「鼻口蓋管嚢胞」の疑い、という文字列を見て、漢字と語義を理解していった。こうしたものは、一般人はもちろん、専門を異にする内科の医師にとっても耳で聞くだけでは理解が難しそうだった。せっかく重要な情報を提供してくれているのに、コミュニケーションや相互の理解の妨げとなってしまうのである。

「侵襲」という字を示されずに、医師から「シンシュウが小さかった」という話を聞かされたとき、以前、研究に際して見ていたために漢字は浮かんだが、患者としては、病変の侵していた痕なのか、手術の影響のことなのか、と意味が漠然としか掴めなかった。歯科医師が用いた「揺動」を専門用語と理解して、別の口腔外科で使ってみたところ通じず、「動揺」と言い換えたこともあった。ほかにも患者の視点からは、類推の効かない外来語や略語が分かりにくく感じられることもあり、誤解や無用の不安につながることがあった。

正確な理解が追いつかないために、「可能性」としてであっても、言われて不安に駆られた用語としては、「腫瘍」（国立国語研究所「病院の言葉」委員会 二〇〇九）があった。「病変」、「仮死」も、実際よりも強く響く語であった。逆に、WEBで用語や意味を調べて知ることで、自身の症状の位置を知って、安心することができ、勇気づけられた用語もあった。「開窓療法」、「CR」がその例であり、医師から直接伝えられたらよいものだった。

三．まとめ

これまで医学用語と用字の変遷と現状に、診察室内外での実体験を加えて考えてきた。

医学部や現場で習得した正確な用語は、たとえ難解なものであっても、患者にも通じると思い込んでいる医師が多い。医療者は、症状や治療法などの説明を行うときに、医学用語をそのまま使うことで、患者にきちんと理解してもらえるかどうか、患者ごとに配慮し、臨機応変に言い換えたり説明を加えたりして正確に理解させようと努めることが重要である。

難解な、あるいは適切さを欠く用語や用字については、医療者の間での利便性を時代に即して一層追求していく必要がある。医療者は、医学用語を改訂する必要を感じとれたならば、それを学界で共有されるように努めていく行動が、問題の改善につながる。

そして、専門的な知識を持たない一般の人たちから見た難解さについても、医療者は理解を深める必要があり、用語の平易化と同時に、その普及活動を推進すべきであろう。

一方、患者やその家族などの側も、まず医療者に症状や状況を的確に伝えようと努力することが求められる。むろん医療者は、それを親身になって理解しようと努め、表情を含めて患者らの理解の状態を確かめて説明しなくてはならない。患者は、医療者の説明を理解しようと努めるとともに、目で見ても字を見ても分からない、理解できたか疑わしいときには迷わずに質問するのがよい。互いに寛容の気持ちをもち、相互のコミュニケーションを円滑にしていくべきだが、実際には、知りたいことを尋ねにくい雰囲気が医療現場にはまだある。医療者や行政は、時間的、心理的に余裕を持ちにくい状況にあっても、そうした質問を積極的に受け入れるような環境と雰囲気を作ることに努めることが肝要である。

国際化が進む中で、日本で診察を受ける外国人に対しては、なおさら配慮が必要となる。漢字圏であっても筆談は誤解を誘発しかねない。高齢化が進む国内においても、各地域社会での診療には、方言が意思疎通を阻み、誤解を生み出すという危険性がある。例えば、高知大学医学部「医療関係者のための高知の方言」Ver.2.0（家庭医療学講座　http://www.kochi-ms.ac.jp/~ff_famed/

pdf/tosaben.pdf）には、「おびちょー→帯状疱疹」「ノーが悪い→具合が悪い」といった知らなければ理解に結びつかない語句が掲載されている。

医療者も患者も、そうした経験を蓄積していくことで、コミュニケーションを図るように努める必要がある。医師同士しか通じない用語は、学術用語、専門用語としては端的で便利なツールに違いない。しかしそうした位相語だけでは、これからさらに広まっていくインフォームドコンセント、セカンドオピニオンを求める患者たちに対応しきれない。難解で古風であった法律用語も、口語化され、平易化の努力が行われている。医学界の今後のさらなる努力が期待される。

医師、看護師など医療者は、正確な専門用語は、万人に当然伝わると思っているケースが多い。言語は使用を通じて自然なものと意識されやすいためである。しかし、長年の学習によって、また現場での使用経験によって身に付けたものであることを銘記する必要がある。患者の側も、理解語や理解字になさそうな語や字が出てきた場合には、納得が得られるまでその場で確かめる意志と習慣を持ち、その内容を学んでいく姿勢が大切である。

文献

開原成允（二〇一〇）「医学用語の現状と課題」『日本語学』二九－一五
国立国語研究所「病院の言葉」委員会編（二〇〇九）『「病院の言葉」を分かりやすくする提案』
笹原宏之（二〇〇六）『日本の漢字』岩波新書
笹原宏之（二〇〇七）『国字の位相と展開』三省堂
笹原宏之（二〇一〇）「学術用語と漢字」『ＪＳＬ漢字学習研究会誌』二
成明珍（二〇一五）「日中韓三国の専門用語における語彙・文字に関する研究」早稲田大学学位論文
新野直哉（二〇一六）「〝嗚咽〟の「気づかない意味変化」について―一般雑誌記事を契機とした言語変化研究の一例」『言語文化研究』一五
西嶋佑太郎（二〇一四）「日本語医学用語の読みの多様性と標準化―「楔」字を例に」『漢字文化研究―漢検漢字文化研究奨励賞受賞論文集』五

付記

本章は、第一四九回日本医学会シンポジウム「医学用語を考える―医療者・市民双方の視点から―」において発表した「医学用語の難しさ―漢字・日本語研究者及び患者の視点から―」の内容に基づくものであり、また科学研究費補助金（基盤研究（Ｃ））「現代日本語における漢字の字体・字形の実態とその背景に関する調査研究」による部分がある。

第一二章　裁判員制度の導入と司法の言葉

大河原眞美

一．不可解な司法の言葉

法律用語は奇妙である。例えば、民法の法律用語を取り上げるなら、「代理占有」「占有代理人」「自己占有」は、「代理」「代理人」「占有」「自己」という日常でよく使われる用語のため、比較的なじみのある用語のように思える。このため、「代理占有」は代理の人が何かを占有すること、「占有代理人」はそのように占有している代理人、「自己占有」は自分で占有することで、これらの三つの用語は、自分か代理の人が占有することを言っているのだろうと考える。

法律用語の「代理占有」「占有代理人」「自己占有」は、実は、民法の重要な専門用語である。賃貸人が賃借人に土地を貸して、賃借人がその土地に建物を立てている事例で考えてみよう。賃借人は自分が建てた建物に住んでいるので、その建物を「自己占有」している。一方、賃貸人は賃借人を通じてその土地を占有していると解されるので、「代理」で「占有」しているので「代理占有」となる。ここまでは、比較的理解しやすい。しかし、この場面の賃借人を「占有代理人」と言う。賃貸人を指す「代理占有」という用語があるため、「占有代理人」を賃貸人ではなく実際に住んでいる賃借人を指すというのは、一般人には理解困難である。

民法は五つの区分から構成されている。第一編は総則、第二編は物権、第三編は債権、第四編は親族、第五編は相続である。「代理占有」「占有代理人」「自己占有」が関係する条文は第二編の物権にある。第二編物権の第二章占有権の第一節占有権の取得にある一八一条を見てみよう。

民法一八一条　占有権は、代理人によって取得することができる。

民法では、第一編の総則にも「代理」という言葉が出て来る。そもそも第一編の第五章の第三節は「代理」である。第三節の九九条を見てみる。

民法九九条①　代理人がその権限内において本人のためにすることを示してした意思表示は、本人に対して直接にその効力を生ずる。

民法九九条と民法一八一条に「代理」という言葉があるが、これらの「代理」は異なる。民法九九条の「代理」は、誰かの「代わり」にすることを指し日常語の「代理」であると言ってもよい。一方、民法一八一条の「代理」は、一口で言うならば「他人を介した所持」である。同じ法体系の民法の中で同一の言葉が別の意味で使われている。民法の法理論を理解しない者にとって、法律用語には言葉の障壁がある。

言うまでもなく法律は一般市民の生活を規制するものである。よって、法律は一般市民が読んで分からなければならない。これに対しては、市民が分からなくても、法律家、特に弁護士がその仲介の役を担うから問題がないという考え方もある。しかし、これは、宗教改革前のラテン語で書かれた聖書の是非のような議論である。ラテン語が読めない平信徒は、司祭を通してキリストの教えを理解することができるからよい。確かにそうではあるが、聖書を、自分が理解できる言葉で理解した方が魂が救われる信者も多いであろう。とは言っても、魂の救われ方には当人の主観的な要素が多いが、法律の理解は客観的であらねば公正さが保てない。また、聖書と異なって、法律は社会の要請に対応して変化を余儀なくされる。改正の必要がない聖書と改正が求められる法律は異なるのである。

民法については、平成二九年（二〇一七）五月二六日に民法の一部を改正する法律案が可決され成立した。国民に分かりやすい民法典にすることも改正目的の一つであり、実際に一年、二年、三年、五年、一〇年、二〇年とまちまちであった時効期間が五年と一〇年に統一され、分かりやすくなっている。また、時効の進行を振り出しに戻してリセットする意味の「中断」が「更新」、時効成立の間際にどうにもならない事情により一定期間時効の進行を止める意味の「停止」が「完成猶予」にともとの言葉の意味をそのままにして言葉の言い換えも見られる。しかし、「代理」の言葉の言い換えはなく、民法の九九条の「代理」の意味で一八一条の「代理」を解釈しようとすると行き詰まってしまう。法律用語は市民の司法へのアクセスを妨げている。

二．司法の言葉

司法の言葉が日常語と異なるという指摘は、これまでもなされてきた。法律用語ではないが、法律文章の長文化や主語と術語が離れすぎているなどの構文上の難解さについて非法律家が指摘したものに、言語学者（大久保　一九五九）の「法令用語を診断すれば―構文法から見た法律文章のわかりにくさの分析」がある。これに対し、法文を正確に分かりやすくするためにやむを得ないと法制局長官（林　一九五九）が反論している。また、評論家（鎮目　一九八六）が法律用語の特殊性（例、「各自」＝「連帯して」の同義使用）を指摘したコラムを出せば、裁判官（倉田　一九九〇）が反論するなどの例もあり、法曹と非法曹が協働して分かりやすさに向けて取り組むという時代ではなかった。

司法の言葉の特徴を論及するものとして、林・碧海の『法と日本語』や岩淵の『悪文』がある。法律用語そのものというより法律文章の特徴について、長文や語の繰り返しが多いなどの統語的構造について取り上げている。法律家の側から国語学・言語学関係者を対象に書いたものとして、『日本語学』に判決文の特集を組んで、古めかしい漢語の使用や日常語と同じ用語を異なった意味で使用する事例などについて解説した倉田（一九九四）がある。このように、裁判員制度導入前は、司法の言葉の特徴として構文上の特色が挙げられることが多かった。

三．裁判員制度の導入

平成二一年（二〇〇九）五月に裁判員制度が導入された。裁判員制度は、凶悪な刑事事件で被告人が有罪かどうか、有罪の場合はどのような刑にするかを裁判員（市民）と裁判官（法律家）が協働して決める制度である。裁判所は、裁判員が法律用語を理解できなければある程度決められた期間内に判決を出すことが出来ないと憂慮した。検察庁は、検察官の主張が理解されず、従来の相場から外れた無罪判決や軽い量刑判決が増えるのではないかと危惧した。弁護士会は、評議で裁判員が裁判官に誘導され、制度の趣旨である司法への市民参加が形骸化するのではないかと懸念した。

裁判員制度を導入するにあたり、法曹三者は、従来の書面朗読中心の審理、難解な刑事法律用語は裁判員裁判に支障をきたすと判断するようになった。同制度導入の五年前の平成一六年（二〇〇四）から、市民に分かりやすい審理を目指して、法曹三者合同模擬裁判を始め法律用語の言い換えなどの様々な取組みがなされるようになった。

裁判員裁判のための言い換え語の本として、検察関係者による『裁判員のためのよく分かる法律用語解説』（二〇〇六）が出版された。また、日本弁護士連合会では、日弁連裁判員制度実施本部に法廷用語日常語化プロジェクト（法廷用語の日常語化に関するプロジェクト）チームを立ち上げた。これまで、法曹界では法律用語の解説に非法律家の言語専門家が関与することはなかった。しかし、裁判員の理解のためには言語専門家の知見が必要という判断で、日弁連法廷用語日常語化プロジェクトには、弁護士や刑事法研究者以外に、言語学者や国語学者や心理学者やＮＨＫや民放の解説委員を外部学識委員として加え、筆者や本巻の編者の田中牧郎氏も入った。市民の理解しやすさという観点から画期的な取組みであった。法廷用語日常語化プロジェクトでは、『裁判員時代の法廷用語』（二〇〇八）と『やさしく読み解く裁判員のための法廷用語ハンドブック』（二〇〇八）を出版した。これ以降、市民が参加する裁判員裁判を意識した法律用語の解説本（『裁判員のための法律用語＆面白ゼミナール』（二〇〇九）、『裁判おもしろことば学』（二〇〇九）など）が多く出版されるようになった。

難解な刑事法律用語は、裁判制度導入前は法曹界に自戒を促すようなものであったが、制度開始後の時がたつにつれて、分かりやすい取組みは忘却の彼方に消え去った。裁判官は裁判員との評議の経験も積むようになったが、裁判員に選出される市民は未経験者のままである。このため、検察官も弁護人も裁判員に訴えなくても裁判官に理解してもらえれば従前通りの判決が期待できると考え、従前の書面朗読の多い審理に逆行しつつある。当然のことながら、刑事法律用語の市民に分かりやすい言い換えは頓挫し、書店にも「裁判員のための……本」などの新刊は見なくなった。

裁判員制度は、平成一一年（一九九九）七月に内閣に設置された司法制度改革審議会が平成一三年（二〇〇一）六月に取りまとめた司法制度改革審議会意見書の中の司法制度改革の三つの柱の一つの「国民的基盤の確立」が制度設立の根拠となっている。言い換えれば、裁判員制度はお上から下された制度である。一方、英米法諸国の陪審員制度は、国王の横暴や国王が派遣した総督や裁判官の横暴を阻止しようとしたのがその起源であり、ヨーロッパ大陸に多い参審制度も近代法が確立する前から存在した市民参加の制度がその原型である（大河原　二〇一五）。裁判員制度は市民が主体的に取り組んだ制度ではないため、市民の関心が低く、同制度が形骸化しつつあり刑事法律用語の難解さの取組みや研究も頓挫したかのようである。

四．民法の法律用語

日弁連の法廷用語日常語化プロジェクトでは、非法律家の言語専門家が法律用語の言い換えに関与するようになってきたが、裁判員裁判のためのプロジェクトであるため、刑事裁判の用語となっている。しかし、一般市民は、殺人や放火などの重大な刑事事件の被告人や裁判員になる確率は極めて低く、市民生活に関わりの強いのは、むしろ、民事事件である。よって、民事事件で使用される法律用語の分かりやすい言い換えの検討が求められ、筆者は、民法関連の法律用語の分かりやすさの研究を進めてきた。

筆者がこれまで行ってきた、そして現在行っている民法の法律用語の言い換えに関する研究は、法理論を意識せずに言葉の出現に焦点をあてた言語学的アプローチと法理論をベースにする法学的アプローチである。言語学的アプローチ[1]は、アンケート調査、コーパス分析、語源で、分かりにくいとして出てくる法律用語に焦点をあてている。一方、法学的アプローチ[2]は、民法の基本概念に重要な法律用語を取りあげて論じるアプローチである。

（1）言語学的アプローチ

①アンケート調査

アンケート調査では、実務家に依頼人や当事者とのコミュニケーションで困難が生じた法律用語を三語程度挙げてもらい、その用語についての対応を尋ねた（実施日：平成二四年（二〇一二）九月から一一月）。四八名（司

表11－1　実務家アンケート調査

困難が生じる法律用語	回答者数
瑕疵	8名（弁護士6名，司法書士2名）
債務名義	4名（弁護士1名，司法書士3名）
善意・悪意	3名（弁護士1名，司法書士2名）
遺産分割	3名（司法書士2名）
同時廃止	3名（弁護士1名，司法書士2名）

法書士三一名、弁護士一六名、裁判官一名）から回答が得られ、理解困難とされた語は五一語で、回答数の多い順で「瑕疵」「債務名義」「善意・悪意」「遺産分割」「同時廃止」がある（表11－1）。「瑕疵」は漢字が難しいが、「欠陥」という意味であると言えば理解してもらえる。「善意・悪意」も、日常語と異なるため市民は違和感を持つが、理解は困難ではない。「債務名義」「遺産分割」「同時廃止」は、制度のしくみからの解説が求められる。時間をかければ市民に理解できる。

上記以外の回答例に、「申立人」「相手方」「非相続人」などの実務の現場における役割を示す語がある。また、日常語と同じ用語を使用しているが、法律用語の「社員」は出資者を指すために、市民は違和感を持つであろうが、理解はそれほど困難ではない。

実務家のアンケート調査は、現場での難解な法律用語の抽出ができる。しかし、民法という大きな枠から見ると、民法の本質的な用語の抽出としては効果的ではない。

②コーパス調査[3]

コーパス調査とは、実際に使われた文章や談話を大量に集めたデータベースである「コーパス」を用いる調査方法である。ある言語のあるがままの使用の実態を明らかにすることができる最適な調査方法として、世界の諸言語で整備が進められている。日本語については、現在、国立国語研究所が様々なコーパスを構築して一般に公開する事業を進めている。

外国人向けに書かれた法律の入門書である『日本法への招待　第二版』（松本ほか 二〇〇六）に掲出されている民法の全用語二三四語をリスト化した。二三四語の民法法律用語のコーパス調査には、現代の書き言葉を代表できるように設計された、約一億語からなる国立国語研究所の『現代日本語書き言葉均衡コーパス』（http://www.ninjal.ac.jp/corpus_center/bccwj/）を利用した。

まず、この二三四語それぞれについて、『現代日本語書き言葉均衡コーパス』を使って、専用のWEB検索ツール『中納言』で検索した。その使用例は、全件をダウンロードした。

○法律分野と非法律分野

ダウンロードした用例が、法律分野の文章に使われたものか、一般的な分野すなわち非法律分野の文章に使われたものかについて、非法律分野の比率が五〇％未満のものを「法律分野」、五〇％以上のものを「非法律分野」に分類した。表11－2は、法律分野と非法律分野に該当する語彙の中から、出現数の多い順に上位五語を記したものである。

表11－2　法律分野での出例率（括弧内は全体の出現数を母数とした法律分野の割合）

順位	法律分野	非法律分野
1	先取特権（97%）	認知（2.8%）
2	地役権（92.6%）	申込み（3.8%）
3	留置権（95.8%）	共有（5.5%）
4	物権（93.2%）	着手（6.2%）
5	債務名義（90.1%）	雇用（7.2%）

○難解語義と誤解語義

ダウンロードした二三四語を、統計学的に比較に耐えうる用例数であることを考慮して九八語に絞り、難解語義、誤解語義の用例に分けた。「難解語義」は、用語自体になじみがないため市民にとって難解な語で、例えば、「法律行為」がある。「誤解語義」は、用語が日常語と同じため語義が異なることに気づかず市民の誤解を招く語で、「無効」「悪意」などがある。

③ 語源[4]

九八語の民事関連法律用語について、法律用語辞典と国語辞典のそれぞれの解説と語源を整理した。法律用語辞典は、『有斐閣法律用語辞典　第四版』（有斐閣、二〇一二）、国語辞典は『明鏡国語辞典　第二版』（大修館書店、二〇一〇）の解説を記載した。語源については、各語の出典を記載した。法律用語は、ドイツ語などの外国語の直訳も多いため語源も記載した。表11－3は、九八語のうち、法律分野の語彙と非法律分野の語彙について、それぞれ出現数の多い順に上位五語の解説を紹介したものである。

『明鏡国語辞典』には、「先取特権」「地役権」「留置権」「債務名義」の説明は記載されていない。「物権」の説明はあるが、「特定の物を直接に支配できる」という解説は、民法を勉強しないと分からない概念である。語源を見ると、九八語全体では、ラテン語が圧倒的に多く、ドイツ語も多い。明治期に、日本になかった西欧の法律専門語を導入するにあたり、直訳したことが窺える。この直訳が、市民にとっての難解さの原因であるようである。

九八位の「認知」は、法律分野での使用件数は六五件

表11－3　法律分野の語彙

		明鏡国語辞典	有斐閣法律用語辞典	語源
1	先取特権	なし	法律が定める特殊の債権を有する者が債務者の総財産あるいは特定の財産から一般債権者に優先して弁済を受けることができる法定の担保物権．その目的となる債務者の財産の種類によって，一般の先取特権と特別の先取特権（動産と不動産）とに分けられる．民法（二編八章）のほか，多くの特別法によって認められている（税徴一九·二〇，地税一四の一三等）．	フランス法を踏襲したものであり，ドイツ法には例外を除き存在しない．（柚木馨・高木多喜男著『担保物権法　第3版』41頁）
2	地役権	なし	他人の土地（承役地）を自分の土地（要役地）の便益に供する権利．契約によって設定される．他人の土地を通行する権利，他人の土地から引水する権利などがその例である．要役地の所有権に随伴して移転する（民二八〇～二九三）．	地役権は，ローマ法の益権（servitus）に由来する制度である．その中でも地役権は，ローマ法ではrealservitetentというラテン語に由来する．（ゲオルク・クリンゲンベルク著，瀧澤栄治訳『ローマ物権法講義』87頁）
3	留置権	なし	他人の物の占有者が，その物に関連して生じた債権の弁済を受けるまでその物を留置できる法定の担保物権．優先弁済の効力はなく，単に果実を収取して充当できるのみである(民二九五·二九七)．→担保物権	ローマ法のpigunus Gordianum（ゴルディアーヌスの質）の特殊事例として派生し，後にドイツ法のRetentionsrechtとなる．（ゲオルク·クリンゲンベルク著，瀧澤栄治訳『ローマ物権法講義』108頁）
4	物権	物権〔名〕財産権の一つ．特定の物を直接に支配できる権利．所有権・占有権·地上権·抵当権など．	特定の物を直接支配することができる権利．所有権がその典型．特定の者に特定の行為を請求できる権利である債権と対比される．物を直接支配する権利であるから，同一物に同一内容の物権が並立することはできず（物権の排他性），その客体は原則として特定した独立の物であるこ	ドイツ語のdingliches Rechtに由来．（古田裕清著『翻訳語としての日本の法律用語』183頁）

表 11－3　法律分野の語彙（つづき）

		明鏡国語辞典	有斐閣法律用語辞典	語源
4			とが必要である．その効力は，物権相互間では先に成立した物権が優先し，債権との間では物権が優先する（物権の優先的効力）．また，物権の実現が妨害される場合にはその妨害の排除を請求できる（物権的請求権）．物権は，法律で認められたもの以外は創設することができない（物権法定主義）．→債権	
5	債務名義	なし	強制執行によって実現される請求権の存在及び範囲を表示し，法律によって執行力が付与され，執行の基礎となる公の文書．執行名義ともいう．民事執行法は，債務名義として，確定判決，仮執行宣言付判決，抗告によらなければ不服申立てのできない裁判，仮執行宣言付支払督促，執行証書，確定判決と同一の効力を有するもの等を規定している（二二）．	schulden（負い目）と vollstreckungsurteil（執行判決）の複合的意味からなる．執行の基盤となる公の文書．（古田裕清著『翻訳語としての日本の法律用語』177，178 頁）

で非法律分野は二二五九件で、法律分野の比率は二・八％である。市民がよく使用する法律用語であり、『明鏡国語辞典』の解説と『有斐閣法律用語辞典』の解説の隔たりは比較的小さい。しかし、「申込み」は、法律概念の意思表示が『明鏡国語辞典』には解説されていない。市民が誤解する可能性の高い法律用語の一例である。

（2）法学的アプローチ

①民法の法理

言語学的アプローチの研究から、民法の法理を踏まえた法律用語の解説が重要であることが分かった。日常語が法律専門用語に使われると、市民は、読める、書けるため、意味もわかっていると誤解してしまう。Tiersma（1999）は、このような日常語が使用されている法律専門用語を「法律同意語」（legal homonym）と名付けている。例えば、英語の aggravation は、日常語では「立腹、悪化」であるが、法律用語としては「加重」となり法律上の範囲で法定刑を重くするという専門

表11－4　非法律分野の語彙

		明鏡国語辞典	有斐閣法律用語辞典	語源
94	雇用	雇用（雇傭）〔名・他サ変〕賃金を払って人をやとうこと．「一条件」「終身一」《表記》「雇」も「傭」もやとう意．全体の意をくんで，「雇用」を代用表記としたもの．	一般的には，一定の労務に従事させることを目的として有償で人を雇うこと．［1］当事者の一方が相手方に対して労務に服することを約し，相手方がこれに対して報酬を与えることを約する諾成・有償・双務契約（民六二三）．委任，請負と同じく労務を供給する契約の一種であるが，労務提供者に大幅な裁量権が与えられておらず，使用者の指揮に従う点で委任と異なり，仕事の完成が要素となっている請負とも区別される．現在では，雇用に関する規制の多くが労働法によってなされている結果，民法の適用下にあるのは，同居の親族だけを使用する事業と家事使用人だけである（労基一一六②）．［2］労働法上，雇用関係とは，民法の規定による雇用関係のみでなく，労働者が事業主の支配を受けて，その規律の下に労働を提供し，その提供した労働の対償として賃金，給料その他これらに準ずるものの支払を受けている関係をいう．労働者と事業主との間に事実上このような関係があれば足りる．	ローマの法生活において，雇傭は何ら重要ではなかった．大半は奴隷制の存在ゆえにこの制度の枠内で行われた．報酬支払い請求（actio locati），労務提供請求（actio conducti）等がある．（ゲオルク・クリンゲンベルク著，瀧澤栄治訳『ローマ債権法講義』250頁）
95	着手	着手〔名・自サ変〕ある仕事にとりかかること．「新事業に一する」	⇒実行の着手	不明
96	共有	共有〔名・他サ変〕一つの物を二人以上の人が共同で持つこと．「山林［秘密］を一する」「一地・一財産」⇔専有▽法律では，同一物の所有権が二人以上に属すことをいう．	広くは共同所有の意味でも用いられるが，普通はその一形態として民法に規定されている共有（二四九～二六二）を指し，一個の所有権を二人以上の者が量的に分有する形態．各共有者の有する権利を持分（権）というが，各共有者はこれを自由に処分す	ラテン語の communio proindiviso, condominium に由来する．（ゲオルク・クリンゲンベルク著，瀧澤栄治訳『ローマ物権法講義』44頁）

表 11－4　非法律分野の語彙（つづき）

		明鏡国語辞典	有斐閣法律用語辞典	語源
96			ることができる．民法はその他，共有物の使用，変更，管理，負担，分割請求等について規定している．なお，民法は組合財産，共同相続財産について共有としているが（六六八・八七八），学説は，組合財産はその本質は合有であるとするのが有力．→共同所有，総有，合有，準共有，共有物分割の訴え，株式の共有，船舶共有者	
97	申込み	申し込み〔名〕申し込むこと．「購読の―を済ませる」《表記》公用文では「申込み」．慣用の固定した「申込書・申込人」などは，送りがなを付けない．	特定の内容の契約を締結しようという一方的意思表示（民五二一～五二四）．相手方の承諾の意思表示と合致すれば直ちに契約が成立する点で，「申込みの誘引」と異なる．ある物の所有者がそれを売りたいという意思表示をし，ある人がそれを買いたいという意思表示をすれば売買契約が成立するが，この場合の売りたいという意思表示が申込みである．→申込みの誘引	契約を締結しようとする一方的意思表示．ドイツ語の willenserklarung に由来する．（古田裕清著『翻訳語としての日本の法律用語』 171 頁）
98	認知	認知〔名・他サ変〕①ある事柄をはっきりと認めること．「標識を―する」②法律上の婚姻関係にない男女の間に生まれた子を，その父または母が戸籍法の手続きによって自分の子と認め，法律上の親子関係を発生させること．	嫡出でない子について，その父又は母との間に，意思表示又は裁判により親子関係を発生させる制度(民七七九～七八九)．認知者が自ら意思表示を行う任意認知の方法と，子（又はその直系卑属，これらの法定代理人）の訴えに基づき裁判所が裁判によって認知を強制する強制認知の方法とがある．認知の結果，原則として子の出生時に遡及して認知者との間に親子関係が生ずる（七八四）．→胎児認知，強制認知	legitimatio（準正）に由来する．準正は婚姻外出生子をあたかも婚姻に因る出生子のように父の嫡出子としてその父権に服させる方法である．(船田享二著 『ローマ法第 4 巻』 173 頁)

的な意味がある。日本語の法律用語の「意思」「効果」も、民法の法理を表している重要な法律専門用語で、「瑕疵」や「欠缺」のように市民が辞書を見てすぐに意味が分かるような法律用語ではない。

そこで、法学的アプローチでは、「民法の全体像」を表す法律用語に加えて、私人間の規定で重要な法概念を表す専門用語である「権利主体」「権利客体」「行為」「効果」の関連語を一六語選出して、解説することにした。一六語は以下の法律用語である。

民法の全体像「法律事実」「法律要件」「法律効果」
権利主体「権利能力」「意思能力」「行為能力」
権利客体「不動産」「動産」「債権」
行為「意思表示」「法律行為」「不法行為」「債務不履行」
効果「無効」「取消し」「撤回」

②法律家の解説

法学的アプローチ研究の共同研究者の西口元氏に一六語の解説をしてもらった。西口氏は三〇年以上にわたって民事裁判官を務めた法律家である。

1　法律事実

法律要件を組成する素因をいう。例えば、売買契約を締結すると、売主は、代金債権を取得し、買主は、目的物の所有権を取得する。この場合、売買契約を法律要件というが、売買契約は、申込みと承諾という意思表示（素因）によって成立するから、このような素因を法律事実という。法律事実には、意思表示、不法行為、債務不履行等がある。

2　法律要件

権利の変動（権利の発生・変更・消滅）という法律効果が生ずる生活関係をいう。例えば、売買契約を締結すると、売主は、代金債権を取得し、買主は、目的物の所有権を取得する。この場合、売買契約を法律要件というのである。

3　法律効果

法律的な保障がある権利の変動（権利の発生・変更・消滅）という一定の効果をいう。例えば、売買契約を締結すると、売主は、代金債権を取得し、買主は、目的物の所有権を取得する。仮に、買主が代金を支払わない場合には、売主は、買主を被告として訴え、強制的に代金債権を回収することができる。

4　権利能力

権利の主体となることができる地位又は資格をいう。権利能力を有するのは、自然人と法人である。自然人の権利能力の始期は、出生であり、その終期は、死亡である。

5　意思能力

自分の行為の結果を判断することができる精神的能力（事理弁識能力）をいう。これは、正常な認識力と予期力を含む。

6　行為能力

法律行為を有効にすることができない者を行為無能力者という。意思能力がない者の行為を無効としても、これを主張する場合の立証は容易ではない。そこで、一定の画一的基準を設けて、これに満たない者がした行為は、実質的能力の存否を問題とせずに取り消すことができるものとして、能力がない者を保護している。未成年者等は、行為無能力者とされている。

7　不動産

土地及びその定着物を不動産という。定着物とは、継続的に土地に固着し、しかも固着して使用されることがその物の取引上の性質と認められるものをいう。定着物の代表的なものは、建物である。

8　動産

不動産以外の有体物をいう。

9　債権

ある特定人（債権者）が他の特定人（債務者）に対して一定の行為（給付）を請求することを内容とする権利である。支配権である物権とは異なり、債権は、債務者の行為を請求する請求権である。例えば、金銭の貸し主は、借り主に対し、貸金の返還（給付）を請求することができる債権を有しているのであって、貸金自体を支配することができるわけではない。

10　意思表示

一定の法律効果の発生を欲する意思を外部に表現する行為である。例えば、売買契約を締結する場合には、売主は、「売る」という意思を表示し、買主は、「買う」という意思を表示し、その意思が合致して「売買契約」という法律行為が成立するのである。

11　法律行為

意思表示を要素とする私法上の法律要件である。例えば、売買契約を締結する場合には、売主は、「売る」という意思を表示し、買主は、「買う」という意思を表示し、その意思が合致して「売買契約」という法律行為が成立するのである。

12　不法行為

違法に被害者の権利ないし利益を侵害する行為（法律事実）である。その結果、被害者は、損害賠償請求権を取得することとなる。違法行為である点で適法行為である意思表示とは異なる。

13　債務不履行

債務不履行は、不法行為と同様、違法行為という法律事実であるが、不法行為が加害行為以前には何らの法律上の関係が存在しなかった場合の問題であるのとは異なり、契約などの法律関係が存在している場合の問題である。

14　無効

法律行為について、法律効果を当初から全く生じないものとすること。

15　取消し

法律行為について、いったんは法律効果を発生させた後に、取消権者の主張をまってはじめて最初から効力を生じなかったものとすること。

16　撤回

前にされた行為の効力を将来に向かって消滅させること。

③解説集

海外では、司法言語の平易化を目的とする国際学会（Clarity）が法律文書と法律用語の平易化に向けて活動をしている。比較的最近では、アメリカの平易記載法（Plain Writing Act of 2010）の成立への寄与という事例がある。また、法律用語では、*Nolo's Plain-English Law Dictionary*（Nolo Editors 2009）がある。同書は、英語の法律用語四〇〇〇語の言い換えを分かりやすく的確な英語を使って記述している。掲載されている法律用語の数は三〇語と少ないが、重要法律用語を解説した *Law Words: 30 essays on legal words & phrases*（Centre for Plain Legal Language 1995）もある。法学的アプローチでは、日本においても、*Law Words: 30 essays on legal words & phrases* のような重要な民事関連法律用語の解説集を作成することを目的としている。

④面接調査

選出された一六用語について、市民を対象とした認知面接調査を行い、調査結果を計量データ分析して、法律

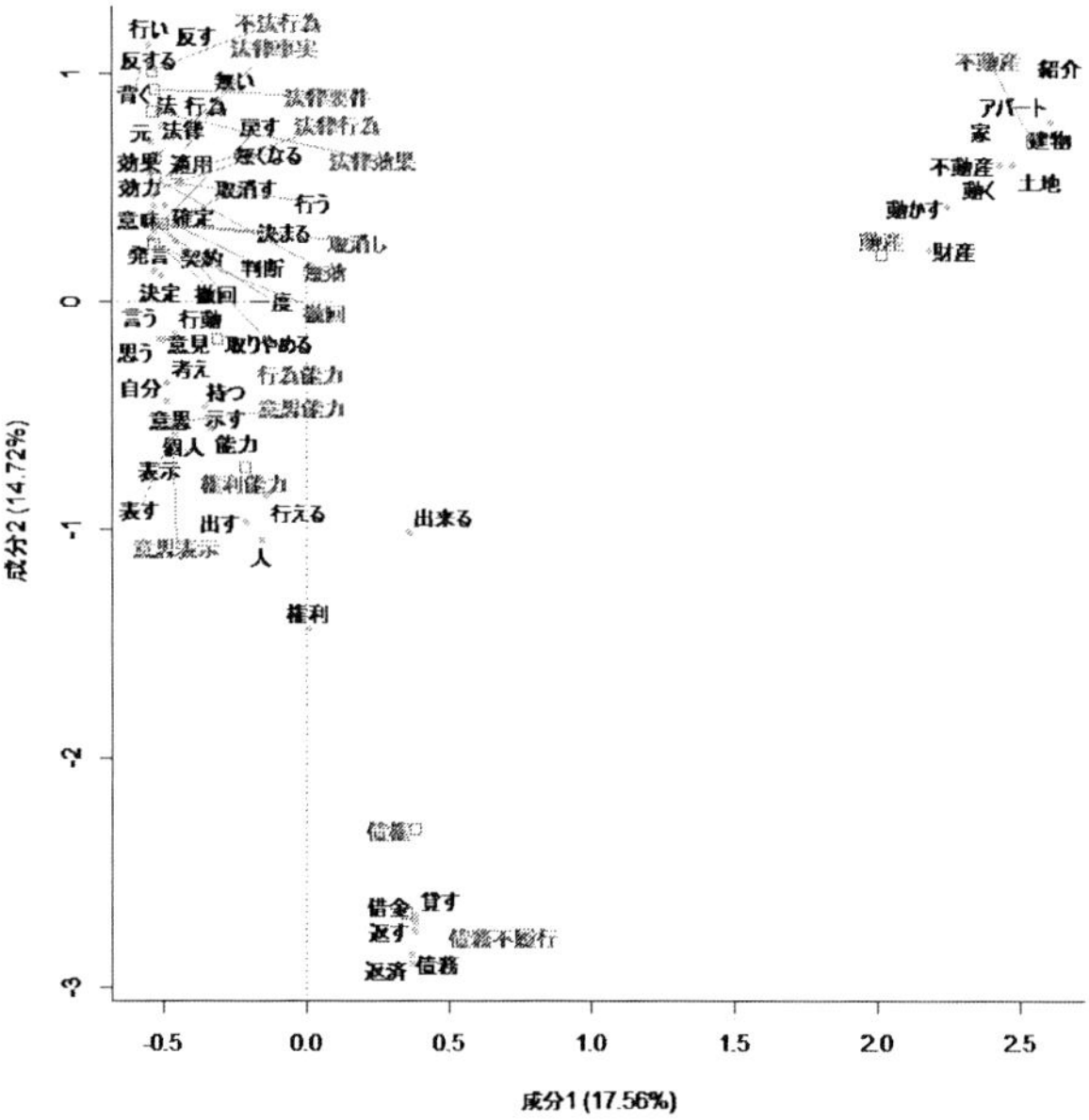

図11－1　市民の自由回答

用語の理解度を把握した。

市民の民事関連法律用語の既知感を調査するにあたって、日弁連の法廷用語日常語化プロジェクトで市民の法廷用語の既知感調査で用いた「認知面接方法」を利用した。この「認知面接方法」は、目撃者（面接対象者）から記憶に基づく自由想起を最大限に引き出すために効果的とされる面接方法で、Aldridge & Wood (1998) や仲真紀子（二〇〇一）などの手順をもとにしたものを使用する。既知感を質問し、既知感のある法律用語について自由に話してもらう手順である。

○既知感質問

一〇〇語の重要法律用語を「既知感質問紙」に列挙し、各用語を聞いたことがあるか否かを「はい」か「いいえ」かの二件法で回答を求めた。聞いたことがある用語について、各用語の意味についてどのくらい知っていると思うかについて「全く知らない」「あまりよく知らない」「どちらともいえない」「やや知っている」「よく知っている」の五件法での回答を求めた。

○自由回答

「聞いたことがある」という単語から一五～二〇語程度を選んで、どのような意味の用語だと思うか回答者に

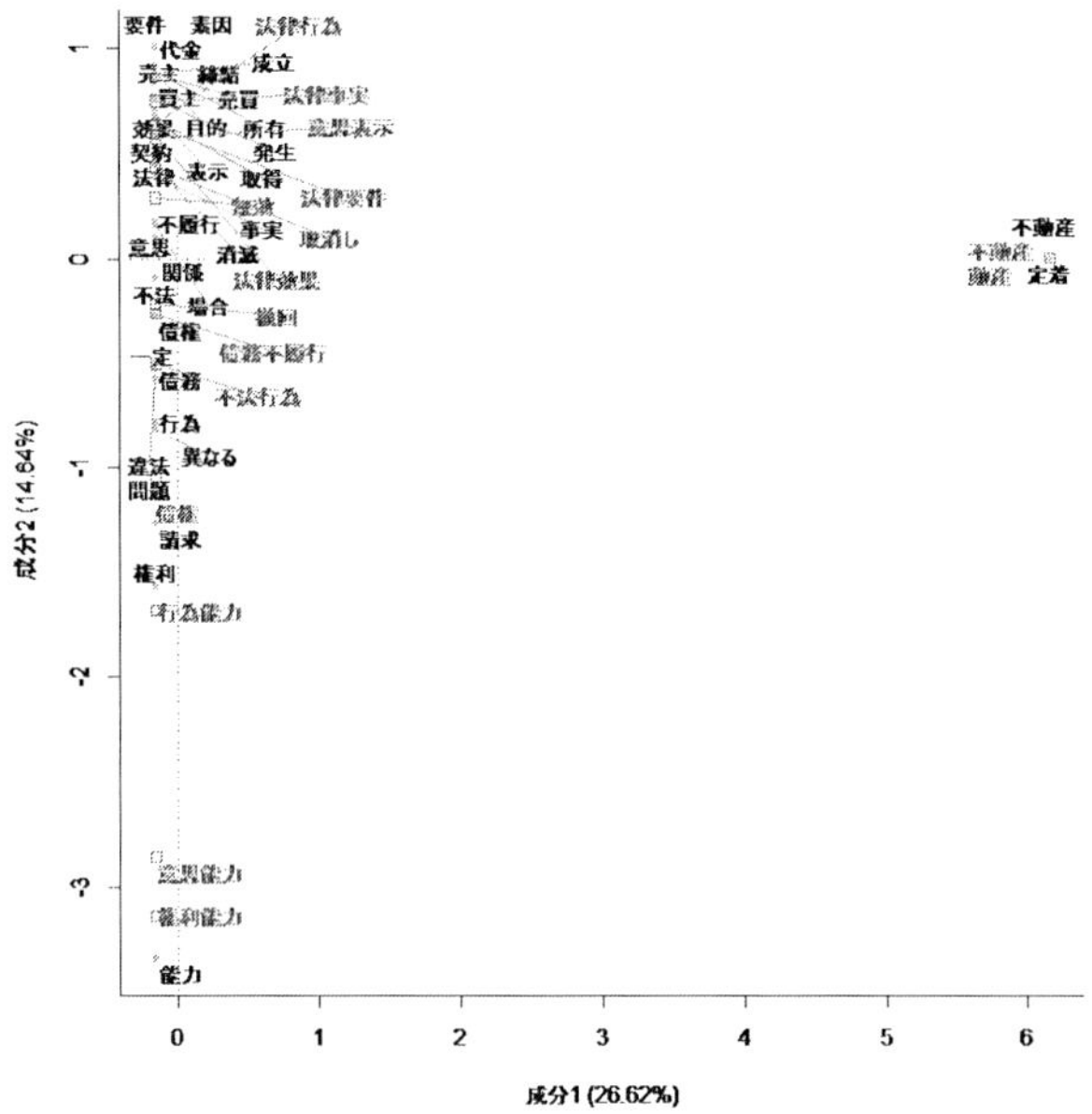

図11－2　法律家の解説

自由に発話してもらった。この発話を、同意を得た上で録音した。

⑤計量分析

市民の自由回答の発話と法律家の解説をKHコーダーを使って計量分析を行った。図11－1と図11－2はその対応分析である。権利客体の「不動産」と「動産」が他の法律用語と離れていることは、市民も法律家も同様である。市民の場合は、アパート、家といった具体的な言葉が使われているのに対し、法律家は定着という専門概念を使っている。市民の対応分析では、下方に「債権」「債務不履行」のグループがあるが、法律家は「行為能力」「意思能力」「権利能力」の権利客体に関する用語が別のグループを作っている。「権利能力」は生まれながらに備わっている能力で、「意思能力」は七～一〇歳前後の能力である。「行為能力」は未成年者、成年被後見人、被保佐人、被補助人については制限を受ける能力で、その判断は民法の重要概念であり、他の法律用語と関連性が強い。このため、法律家の場合は、「権利能力」「意思能力」と離れて「行為能力」は他の法律用語と同じグループを作っている。市民の場合はそのような区別はない。

法律用語を市民に分かりやすく解説するときは、権利主体の「権利能力」「意思能力」「行為能力」がなぜ重要な概念なのかを説明する必要があると思われる。

五．まとめ

法律用語は難しいことは言うまでもない。裁判員制度の準備期を除くと法曹界では市民に分かりやすく解説する取組みについて、決して積極的であったと言えない。また、市民も司法の世界で主体的に関わることに消極的であった。法律用語が分からなければ司法の理解には困難が伴うので、解説集など市民向けの分かりやすい取組みが求められている。

取組みの中で言語学的アプローチは、市民がどのような法律用語をどのように使っているかを明らかにすることができる。しかし、民法の法概念を図ることはできない。このため、重要な法律概念を反映した法学的アプローチを取り入れた融合的なアプローチが重要である。

注

(1)挑戦的萌芽研究　平成二四～二五年度「市民に分かりやすい民事関連法律用語の言換えに関する研究」研究代表者（大河原眞美）研究分担者（田中牧郎、リチャード・パウエル、金光寛之）研究経費二七〇〇千円

(2)平成二七～二九年度「市民を対象とした重要度の高い民事関連法律用語の解説についての研究」研究代表者（大河原眞美）研究分担者（西口元）研究経費三四〇〇千円

(3)詳細は、田中（二〇一三）、田中・宮嵜（二〇一三）を参照されたい。

(4)詳細は、大河原・金光（二〇一六a、二〇一六b）を参照されたい。

文献

岩淵悦太郎編著（一九七九）『悪文　第三版』日本評論社
大河原眞美（二〇〇九）『裁判おもしろことば学』大修館書店
大河原眞美（二〇一五）「ヨーロッパの参審制度、陪審制度についての一考察—裁判員制度を視座に」『地域政策研究』一七‐四
大河原眞美・金光寛之（二〇一六a）「市民の理解度を踏まえた法律用語の解説に関する研究—辞書記載比較（前編）」『地域政策研究』一八‐二・三合併号
大河原眞美・金光寛之（二〇一六b）「市民の理解度を踏まえた法律用語の解説に関する研究—辞書記載比較（後編）」『地域政策研究』一八‐四
大久保忠利（一九五九）「法令用語を診断すれば—構文法から見た法律文章のわかりにくさの分析」『法学セミナー』三五
倉田卓次（一九九〇）『続　裁判官の書斎』勁草書房
倉田卓次（一九九四）「特集　判決文　判決とはどういうものか—民事判決文の構造と機能と作成」『日本語学』一三‐一
ゲオルク・クリンゲンベルク著、瀧澤栄治訳（二〇〇七）『ローマ

物権法講義』大学教育出版
後藤昭監修・日本弁護士連合会裁判員制度実施本部法廷用語の日常語化に関するプロジェクトチーム編（二〇〇八）『裁判員時代の法廷用語—法廷用語の日常化に関するＰＴ最終報告書』三省堂
鎮目恭夫（一九八六）「裁判官の国語力は中学生並だな」『ジュリスト』八五三
田中牧郎（二〇一三）「民法用語の分かりにくさの類型と対応策」第七回司法アクセス学会学術大会報告原稿
田中牧郎・宮嵜由美（二〇一三）「法律用語と日常語の語義の違いと連続性」『社会言語科学会第三一回大会発表論文集』
仲真紀子（二〇〇一）「子どもの面接—法廷における「法律言葉」の分析」『法と心理』一-一
日本弁護士連合会裁判員制度実施本部法廷用語の日常語化に関するプロジェクトチーム編（二〇〇八）『やさしく読み解く裁判員のための法廷用語ハンドブック』三省堂
林大・碧海純一（一九八一）『法と日本語』有斐閣新書
林修三（一九五九）「法文作りの立場—大久保氏に答える」『法学セミナー』三六
船田亨二（一九九四）『ローマ法』一〜五　岩波書店
船山泰範・平野節子（二〇〇九）『裁判員のための法律用語&面白ゼミナール』法学書院
古田裕清（二〇〇四）『翻訳語としての日本の法律用語—原語の背景と欧州的人間観の探求』中央大学出版部
前田雅英監修、古江頼隆・佐々木正輝・佐藤光代・中川深雪著（二〇〇六）『裁判員のためのよく分かる法律用語解説』立花書房
松本恒雄・三枝令子・橋本正博・青木人志編（二〇〇六）『日本法への招待　第二版』有斐閣
宮嵜由美・田中牧郎（二〇一三）「法律用語「作為」を中心とした辞書記述の提案—法律語義と一般語義の類語関係をふまえて」『社会言語科学会第三二回大会発表論文集』
柚木馨・高木多喜男（一九八二）『担保物権法　第三版』有斐閣
Aldridge, M. & Wood, J.（1998）*Interviewing Children*, Wiley.
Centre for Plain Legal Language（1995）*Law Words: 30 essays on legal words & phrases.*
Nolo Editors, Hill, G. & Hill, K.（2009）*Nolo's Plain-English Law Dictionary*, Nolo.
Tiersma, P.（1999）*Legal Language*, Chicago University Press.

第一二章　外国人のための「やさしい日本語」における言葉の基準

森　篤嗣

本章では、外国人のための「やさしい日本語」における言葉の基準について考える。一．ではまず、「やさしい日本語」という考え方について概説する。二．では、「やさしい日本語」における言葉の基準と難易度の設定について、過去に発表された様々な語彙表に言及しながら、その意義と困難さについて述べる。三．では、「やさしい日本語」における言葉の基準として、現状でよく使われている「旧日本語能力試験語彙表」と、比較的に新しい「日本語教育語彙表」を比較する。

そして、四．ではこれまでの分析を踏まえ、「やさしい日本語」における言葉の基準として、本当に必要なことを考察し、今後の課題として提示する。最後に五．で本章のまとめをおこなう。

一．「やさしい日本語」とは

「やさしい日本語」という用語は、平成七年（一九九五）の阪神淡路大震災をきっかけに、弘前大学社会言語学研究室が提唱したものである。災害時に行政やマスコミから伝えられる情報が、日本語に不慣れな外国人に伝わりにくく、「情報の面でも被害を受けて二重に被災してしまった」という反省から生まれた。もちろん、日本語に不慣れな外国人への情報伝達を確実に行うためには、彼らの母語で使えることが最も有効であることは間違いない。しかし、日本に在住する外国人の国籍や母語は多様で、そのすべてに対応するのは時間的にもコスト的にも極めて厳しい。しかも、弘前大学社会言語学研究室の「やさしい日本語」が、メインのターゲットとする災害時への対応ではなおのことである。

このような背景のもとで、「災害発生時の情報伝達に使うことばを、外国人にも分かりやすく、また情報を提供する日本人にも使いやすいように、簡潔な日本語にしよう」という目的の下に生まれたのが「やさしい日本語」である。

また、庵（二〇一三）では、「やさしい日本語」へのもう一つのアプローチとして、災害時だけではなく平常時における日本語母語話者と非母語話者のコミュニケーションを対象としている。この研究グループでは、主たる対象として、公的文書（市役所など公的機関による配布物やホームページ）の書き換えと、生活者としての日本語ゼロビギナーに対する日本語ボランティア活動を支援する教材作成を行っている。

もう一つ、「やさしい日本語」を使ったサービスとしてよく知られているのが、ＮＨＫのNEWS WEB EASYである。平成二四年（二〇一二）四月から交換実験が開始され、平成二五年（二〇一三）四月から運用が開始された。平成二九年（二〇一七）八月現在には、毎日五本のニュースが「やさしい日本語」で公開されている。漢字にはすべてふりがながふられており、難しい言葉には三省堂の『例解小学国語辞典　第五版』に基づき、マウスカーソルを合わせるとポップアップで語釈が表示されるようになっている。

さらには、株式会社電通とヒューマンアカデミー株式会社が共同で平成二八年（二〇一六）八月に発足させた「やさしい日本語ツーリズム研究会」という産学連携の研究会もある。こちらは、観光分野におけるコミュニケーション、とりわけ訪日観光客対応に対する提言活動を行うことを目的としている。

このように「やさしい日本語」は、多数の研究グループや、企業などが関わり、それぞれの活動を通して、外国人と日本人をつなぐコミュニケーションのあり方について考えられている。それぞれ対象や目標は異なる面もあるが、いずれの「やさしい日本語」にも共通するのは、「外国人に対して分かりやすい日本語で伝えること」であることは間違いない。

しかし、このとき問題になるのが、「分かりやすいとはどういうことか」ということや、「どのような言葉の基準を設ければ分かりやすいと言えるのか」といったことである。そこで本章では、外国人のための「やさしい日本語」における言葉の基準について、これまでの「やさしい日本語」の研究で採用されてきた基準について解説し、新たな基準の可能性について模索する。

二．「やさしい日本語」における言葉の基準の現状

「やさしい日本語」における語彙の基準として、最もよく使われているのが、国際交流基金・日本国際教育支援協会（二〇〇二）の『日本語能力試験出題基準』の三・四級の語彙表である。本節では、旧日本語能力試験語彙表（以下、「旧ＪＬＰＴ語彙表」）の三・四級を基準にしている弘前大学社会言語学研究室と、ＮＨＫのNEWS WEB EASYを対象に、「やさしい日本語」における言葉の基準と難易度の設定について考察する。

ちなみに、現行の日本語能力試験ではなく、旧日本語能力試験の語彙表が「やさしい日本語」の基準として最もよく使われているのは、現行の日本語能力試験では語彙表を公開されていないため、使うことができないからである。

「旧ＪＬＰＴ語彙表」は、三級六八一語・四級七二八語の計一、四〇九語からなる。もちろん、「やさしい日本語」への書き換えのすべてを、「旧ＪＬＰＴ語彙表」三・四級の一、四〇九語だけで行うことは難しいことは明らかである。果たして、そこにどのような工夫があるのだろうか。

（1）弘前大学社会言語学研究室の語彙の基準

弘前大学社会言語学研究室では、「災害発生後七二時間以内に情報を伝えることを目的」とした「やさしい日本語」カテゴリーⅠと、「災害発生後七二時間以内に限らない生活情報を伝えることを目的」とした「やさしい日本語」カテゴリーⅡに分けている。いずれも、語彙については「難しいことばを避け、簡単な語彙を使ってください」という規則を掲げ、カテゴリーⅠは「旧ＪＬＰＴ語彙表」三・四級を基準に、カテゴリーⅡでは「旧ＪＬＰＴ語彙表」二級程度を基準にしている。

また、「重要なことばはそのまま使い、〈〉で言いかえてください」という規則も掲げており、「健康保険証〈病院で 使う カード〉」「給付金〈国や 地域から もらえる お金〉」「確定申告〈その年に 払う 税金を 決める 手続き〉」などの語を例に、「言いかえずに情報を補う」という方法を提案している。「健康（二級）＋保険（一級）＋証（一級）」、「給付（級外）＋金（二級）」、「確定（一級）＋申告（一級）」のように、いずれも三級までには

入っていない。とりわけ、「確定申告」については、「確定」と「申告」が別個に理解できても、「確定申告」の理解につながらない。

外国人のための「やさしい日本語」における言葉の基準を考えるにあたっては、こうした複合語の問題や、特定の概念を表す専門的な語彙の問題を避けて通ることはできない。なお、弘前大学社会言語学研究室では、平成二九年（二〇一七）三月にカテゴリーⅡ向けの『生活情報誌作成のための「やさしい日本語」用字用語辞典』の改訂版を提案しており、「難語言い替えリスト」において具体的な言い換え表現が示されている。

（2）ＮＨＫのNEWS WEB EASYの語彙の基準

ＮＨＫのNEWS WEB EASYについても、基本としては「旧ＪＬＰＴ語彙表」三・四級を基準とするとしながらも、「ただし、書き換えによって不正確になるような場合、例えば定義がはっきりしている語「拘留」などで、その定義の意味が大切な場合は書き換えない（田中ほか 二〇一二、三頁）」という方針があり、概念を表す難しい漢語が多く残る傾向がある。しかし、先にも述べたように、ＮＨＫのNEWS WEB EASYはＷＥＢ媒体である特性を活かして、辞書引きをポップアップにより自動表示する機能を備えている。ただし、語の意味の説明を三省堂『例解小学国語辞典　第五版』に依存しているため、「やさしい日本語」に適した言い換え表現になっているとは限らないという問題点は残る。また、ＮＨＫのNEWS WEB EASYでは、固有名詞は基本的に書き換えないという方針も採っている。

（3）文法の基準はどうなっているか

さて、ここまでは基本的に語彙の基準について述べてきたが、文法についても触れておきたい。弘前大学社会言語学研究室では、「やさしい日本語」にするための一二の規則の中では、「動詞を名詞化したものはわかりにくいので、できるだけ動詞文にしてください」、「二重否定の表現は避けてください」、「文末表現はなるべく統一するようにしてください」が主な提案であり、具体的に「旧ＪＬＰＴ語彙表」などに言及してはいない。一方で、ＮＨＫのNEWS WEB EASYは、「文法も日本語能力試験出題基準三、四級の範囲にできるだけ従うようにします。ただし、自然な日本語にしようとすると、語彙と同じようにこの範囲を超える場合があります」という方針を示している（田中ほか 二〇一二、三八頁）。

（4）「旧ＪＬＰＴ語彙表」三・四級というスタンダード

このように、現時点での外国人のための「やさしい日本語」の言葉の基準については、「旧ＪＬＰＴ語彙表」に沿うのが現実的である。

そして、美野・田中（二〇一二）によると、ＮＨＫでは独自のやさしい日本語ニュースへの書き換え支援ツールを導入しているとのことである。「やさしい日本語」に書き換えたり、書いてみたりするには、語彙チェックを行ってくれる支援ツールは大きな助けとなる。一般に広く使える旧日本語能力試験語彙レベル判定ツールとして、「リーディングチュウ太」があるので活用したい。

三．「旧ＪＬＰＴ語彙表」と「日本語教育語彙表」の比較

外国人のための「やさしい日本語」における言葉の基準として、「旧ＪＬＰＴ語彙表」三・四級を用いるほかに方法がないというのが現状である。ただし、これがベストだとも言えないことも広く知られている。例えば、「旧ＪＬＰＴ語彙表」の三・四級は、一九八〇年代によく使用されていた一一種の日本語教科書の調査に基づいて作成されている。このように、作成されてから三〇年以上経過しているため、近年の語彙の変化に対応できているとは言い難い。とりわけカタカナ語や擬音語・擬態語などの語彙が少ないという問題点がよく指摘されるところである。

それでは、新しく作られた語彙表をもって、外国人のための「やさしい日本語」における言葉の基準とできないだろうか。現状で日本語教育語彙表として知られているものとしては、「旧ＪＬＰＴ語彙表」のほかには、「J.BRIDGE語彙リスト」、「日本語教育スタンダード試案」、「*A Frequency Dictionary of Japanese*」、「日本語教育語彙表」などがある。

この中で、最も新しいのが「日本語教育語彙表」である。「日本語教育語彙表」は、学習者向け辞書開発の基礎資料として開発されたもので、総語数は約一万八〇〇〇語である。「現代日本語書き言葉均衡コーパス（BCCWJ：Balanced Corpus of Contemporary Written Japanese)」と、日本語教科書一〇〇冊の「日本語教科書コーパス（初級から上級まで市販されている教科書一〇〇冊の電子データ版、非公開資料）」に基づき作成されている。また語彙の難易度判定のため、日本語教育歴一〇

年以上の教師五名が、各語の難易度を初級前半、初級後半、中級前半、中級後半、上級前半、上級後半の六段階で判定したレベルが付与されている(スルダノヴィッチ・李 二〇一三)。

このように、「日本語教育語彙表」はBCCWJという大規模均衡コーパスと、日本語教科書という教育に適した言語資料からコーパスに基づいた語彙抽出を行い、そこに専門家（日本語教師）の主観判定を加えた語彙表である。日本語教科書の調査に基づく語彙表という点では、「旧JLPT語彙表」と重なる部分があるが、調査対象となった日本語教科書の発行年代には三〇年もの隔たりがあると予想される。また、BCCWJも基本的には二〇〇〇年代の資料が多い。

現状では、「旧JLPT語彙表」に代えて、外国人のための「やさしい日本語」の言葉の基準として適用可能性がある最有力と言えよう。そこで、完全一語数と外来語という限られた観点ではあるが、この両者の比較を行ってみることとする。

(1) 基本データの比較

「旧JLPT語彙表」については、まず国際交流基金・日本国際教育支援協会（二〇〇二）の「4級語彙表」「3級語彙表」を「見出し語」と「漢字」の二列で入力した（例：見出し語「あおい」、漢字「青」）。その後、見出し語と漢字を統合し、抽出語列を作成した。このとき、あとで比較する「日本語教育語彙表」との公平性を期すため、「安心（する）」といった漢語サ変動詞について「する」を削除し、「安心」という名詞として採用することとした。また、国際交流基金・日本国際教育支援協会（二〇〇二、二〇頁）の基準に従い、「いもうと（妹）・さん」の場合は「いもうと」「いもうとさん」、「いい／よい」の場合は「いい」「よい」のように両方の語を採用した。この結果、一、四四四語が抽出された。

「日本語教育語彙表」については、語彙の難易度「1.初級前半」と「2.初級後半」の「標準的な表記」列を採用した。この結果、一、二一六語が抽出された。「3.中級前半」を加えると、三、五一六語になるため、多すぎることとなる。したがって、両者の語数には二二八語の差があるが、これで比較を進めていくこととする。

両者を完全一致で比較した場合、「旧JLPT語彙表」から見て「日本語教育語彙表」と七七七語が一致した(五三・八%)。逆に「日本語教育語彙表」から見て「旧JLPT語彙表」とは八一〇語が一致した（六六・六%）。ただし、あくまで完全一致での比較なので、表記揺れ（例：いくつ／幾つ）などは一致としていない。したがって、実際の一致率はもう少し高いと思われる。

さらに言えば、あくまでこの数値は、「旧ＪＬＰＴ語彙表」の三・四級と、「日本語教育語彙表」の語彙の難易度「1．初級前半」と「2．初級後半」だけを比較した数値である。「旧ＪＬＰＴ語彙表」の一・二級や、「日本語教育語彙表」の「3．中級前半」以降の語を比較すると、また一致率は大きく異なる可能性もあり、あくまで外国人のための「やさしい日本語」における言葉の基準を考えるための限られた比較であることを断っておきたい。

（2）外来語の比較

「旧ＪＬＰＴ語彙表」の弱点として、最もよく指摘されるのが外来語の少なさである。例えば、「旧ＪＬＰＴ語彙表」には「クーラー（二級）」はあるが「エアコン」はない。これは一九八〇年代の日本語教科書調査に基づくという、時代の問題も大きい。一方、新しく作られた「日本語教育語彙表」には、「エアコン（2．初級後半）」が含まれている。こうした差は、外国人のための「やさしい日本語」における言葉の基準を考えるにおいては、重要な点であると言えよう。

「旧ＪＬＰＴ語彙表」三・四級の外来語は一、四四四語中一一三語（七・八％）、「日本語教育語彙表」の「1．初級前半」「2．初級後半」の外来語は一、二一六語中一九八語（一六・三％）である。語数としても、割合としても大きな増加が見てとれる。それでは、その内実はどうであろうか。

（3）「旧ＪＬＰＴ語彙表」→「日本語教育語彙表」で削除された外来語

表12－1は、「旧ＪＬＰＴ語彙表」にあったが、「日本語教育語彙表」になって「1．初級前半」と「2．初級後半」から削除された外来語である。さらに、＊は「日本語教育語彙表」の「3．中級前半」以降にも出てこない外来語である。

「3．中級前半」以降に出てくるとはいえ、「フィルム」、

表12－1　「日本語教育語彙表」で削除された外来語

アクセサリー，アルコール，アナウンサー，ベル，*ビル，*バス，チェック，コンピュータ，カーテン，フィルム，ガス，ガソリン，*マッチ，オーバー，パート，*パートタイム，ラジカセ，レコード，レジ，レポート，*リポート，サンダル，スクリーン，ワイシャツ，ソフト，ステレオ，スーパー，*タイプ，ワープロ

「ラジカセ」、「レコード」、「ステレオ」、「ワープロ」などは、時代の変化から考えると外国人のための「やさしい日本語」における言葉の基準からは外れても妥当であろう。しかし、「ビル」、「バス」、「マッチ」は「3．中級前半」以降にも出てこない。少なくともこの三語は、未だにごく基本的な外来語として使われていると考えられるため、外国人のための「やさしい日本語」における言葉として必要と考えられる。

ただし、この点だけをとって、「日本語教育語彙表」が不完全だというわけではない。どんなに統計情報に基づいていても、人手のチェックを重ねても、万人が納得できるような完全な語彙表にはなり得ない。どのような語彙表を基本にするとしても、それぞれの目的に応じて検証を重ね、独自に語の加除をしていく必要があるのである。

もう一つ興味深いのが、「コンピューター」の表記揺れである。「旧JLPT語彙表」では、「コンピュータ」と「コンピューター」の両方を採用しているが、「日本語教育語彙表」では、「2．初級後半」に「コンピューター」、「3．中級後半」に「コンピュータ」を採用している。つまり、「日本語教育語彙表」では表記揺れに難易度の差を認めているのである。こうした表記揺れは、時代背景を反映する場合があり、言葉の基準を考えるに当たって検討が必要な項目であると言えよう。

(4)「旧JLPT語彙表」→「日本語教育語彙表」で追加された外来語

表12－2は「旧JLPT語彙表」になかったが、「日本語教育語彙表」で追加された外来語である。さらに、＊は「旧JLPT語彙表」の一・二級にも出てこない外来語である。「IT」、「インターネット」、「エアコン」、「カフェ」、「コンビニ」、「JR」など時代の変化を感じさせる外来語もあるが、全体としては時代の変化というよりも、基本的な外来語という印象の語の方が多いのではないだろうか。

現状では、外国人のための「やさしい日本語」における言葉の基準として、「旧JLPT語彙表」三・四級を用いるほかに方法がないと述べたが、こうして「日本語教育語彙表」の「1．初級前半」「2．初級後半」で追加された外来語の一覧を見てみると、外国人のための「やさしい日本語」における言葉の基準として、改めて検討が必要であることが分かる。

四　「やさしい日本語」における言葉の基準に必要なこと

そもそも「やさしい日本語」における言葉の基準は何のために考える必要があるのかというと、「外国人に対して分かりやすい日本語で伝えること」のためである。

表12－2　「日本語教育語彙表」で追加された外来語

*アイス，アイスクリーム，*アイスコーヒー，*アイススケート，*IT，アイロン，*アニメ，*アニメーション，*イギリス，*イタリア，*イヤリング，*インターネット，*インド，*インドネシア，ウイスキー，*エアコン，*AM，*エジプト，*Sサイズ，*オーストラリア，オレンジ，カード，*カナダ，*カフェ，ガム，カメラマン，*カレーライス，*キス，*キムチ，*キャッシュカード，*キャベツ，*クッキー，*クラスメート，クラブ，クリスマス，*クリスマスイブ，*クリスマスカード，*クリスマスケーキ，*クリスマスプレゼント，グループ，*グレープフルーツ，*ゲーム，*ケチャップ，*コーラ，*ココア，*ゴルフ，コンタクトレンズ，*コンビニ，*サッカー，*サングラス，*CD，ジーンズ，*JR，*シャーペン，ジャズ，*シャンプー，ジュース，*ショッピング，スープ，スキー，スケート，*スパゲッティ，*セブン，*セロテープ，センチ，センチ，センチメートル，ソファー，*タバコ，ダンス，チーズ，*チケット，*チョコ，*チョコレート，*Tシャツ，ティッシュ，ティッシュペーパー，*トイレットペーパー，*トースト，*ドーナツ，*トマト，*ドル，*バイク，*バイト，*パイナップル，*ハイヒール，*バスケットボール，パスポート，バッグ，*バナナ，*バレーボール，*パンダ，パンツ，*ハンバーガー，ビール，*ビザ，*ピザ，ビデオ，ピンク，ベルト，*ポテト，マイク，ママ，ミルク，ヨーロッパ，*ラーメン，*ライオン，*レモン，ワイン，ワンピース

しかし、このとき問題になるのが、「分かりやすいとはどういうことか」ということや、「どのような言葉の基準を設ければ分かりやすいと言えるのか」といったことである。

野田（二〇一四、一六頁）では、「文法や語彙など、言語的な面だけを考える傾向が強い「やさしい日本語」を意識するだけでは十分ではない。図表やイラストの使用、伝える情報の取捨選択など、情報伝達の面も考える「ユニバーサルな日本語コミュニケーション」を意識しなければならない」と述べている。個々の語句の難しさだけが、「分かりやすさ」に関わるわけではないという主張である。もちろん、「やさしい日本語」における言葉の基準は、あくまでも「外国人に対して分かりやすい日本語で伝えること」のためであり、もし、個々の語句の難しさ以上に情報伝達面が高い効果を持つのであれば、語彙表の是非を細かく検討するよりも、そちらを優先すべきである。

一方で、外国人や子どもに対する「やさしい日本語」の基本的な効果は、田中ほか（二〇一一）のように、評価実験においても実証されている。しかし、こうした評価実験についても、本当に語彙や文長、文法などの要素が正解率に影響を及ぼしたのかは改めて検討する余地がある。つまり、「やさしい日本語」の効果を論じるにあたって、「何がどのように評価に影響をしたのか」という点は、明らかになっていない点も多いのである。したがって、外国人のための「やさしい日本語」における言葉の基準も、どの程度、外国人の理解に影響があるのかを実証していく必要があるだろう。

五．まとめ

二．で述べたとおり、現時点での外国人のための「やさしい日本語」の言葉の基準については、「旧ＪＬＰＴ語彙表」に沿うのが現実的な対応であると言える。

しかし、一九八〇年代に使用されていた一一種の日本語教科書調査をもとに作成された「旧ＪＬＰＴ語彙表」三・四級を、外国人のための「やさしい日本語」における言葉の基準として、十分なものと考えるのは危険である。四．で検討したように、新しく作られた「日本語教育語彙表」では、「旧ＪＬＰＴ語彙表」と比べて外来語の数も割合も大幅に増えている。この点からも、新しい語彙表を検討し、外国人のための「やさしい日本語」における言葉の基準を再検討することも必要である。

ただ、語彙表の検討、すなわち個々の語句の難しさを子細に検討することが、本当に外国人のための「やさしい日本語」における言葉の基準として必要なことかについても、改めて実証していく必要があるだろう。

文献

庵功雄（二〇一三）「「やさしい日本語」とは何か」庵功雄・イ・ヨンスク・森篤嗣編『「やさしい日本語」は何を目指すか―多文化共生社会を実現するために』ココ出版

国際交流基金・日本国際教育支援協会編著（二〇〇二）『日本語能力試験出題基準〔改訂版〕』凡人社

スルダノヴィッチ・イレーナ・李在鎬（二〇一三）「日本語教育用の形容詞の語彙リストと難易度レベル」『第3回コーパス日本語学ワークショップ予稿集』国立国語研究所言語資源研究系・コーパス開発センター

田中英輝・美野秀弥・越智慎司・柴田元也（二〇一二）「やさしい日本語ニュースの公開実験サイト「NEWS WEB EASY」の評価実験」『研究報告自然言語処理（ＮＬ）』2012-NL-209（9）

田中英輝・美野秀弥・越智慎司・柴田元也（二〇一三）「やさしい日本語による情報提供―ＮＨＫのNEWS WEB EASYの場合」庵功雄・イ・ヨンスク・森篤嗣編『「やさしい日本語」は何を目指すか―多文化共生社会を実現するために』ココ出版

野田尚史（二〇一四）「「やさしい日本語」から「ユニバーサルな日本語コミュニケーション」へ―母語話者が日本語を使うと

きの問題として」『日本語教育』一五八
弘前大学人文学部社会言語学研究室（二〇一七）『生活情報誌作成のための「やさしい日本語」用字用語辞典　改訂版』（http://human.cc.hirosaki-u.ac.jp/kokugo/CATtwo.html、二〇一七年八月二八日閲覧）
美野秀弥・田中英輝（二〇一二）「ニュース原稿のやさしい日本語ニュースへの書き換え支援ツール―日本在住外国人のために（第一八部門［テーマ講演］人にやさしい情報メディア技術）」『映像情報メディア学会年次大会講演予稿集』一八－六
山内博之編著、金庭久美子・田尻由美子・橋本直幸著（二〇〇八）『日本語教育スタンダード試案　語彙』ひつじ書房
Tono, Y., Maekawa, K. and Yamazaki, M. (eds.)（2013）*A Frequency Dictionary of Japanese*. Routedge.

参考ウェブサイト

小山悟「J.BRIDGE語彙リスト」凡人社
http://www.bonjinsha.com/wp/j_bridgegoi
日本語学習辞書支援グループ「日本語教育語彙表 Ver 1.0」
http://jisho.jpn.org/
弘前大学人文学部社会言語学研究室「減災のための「やさしい日本語」」
http://human.cc.hirosaki-u.ac.jp/kokugo/EJ1a.htm
川村よし子・北村達也「リーディングチュウ太」
http://language.tiu.ac.jp/

第一三章　語彙はなぜ国語政策に取り上げられないのか

関根健一

一．漢字表の背後に隠れた語彙

国語政策の歴史を振り返ってみるとき、それはおおむね漢字と仮名（仮名遣い、送り仮名、外来語）の表記施策の積み重ねで形作られているという印象を誰しも持つはずだ[1]。

野村（二〇〇六）は、戦後の国語審議会と文化審議会国語分科会が取り組んだ諸課題を、統括整理、表記、言葉遣い、国際化・情報化への対応、国語教育の五つに分け、年表（二〇〇一年まで）にしているが、挙げられた五六の答申・建議、主要な報告類のうち、三八が「表記」に分類されている。

その後、発表された「改定常用漢字表」（答申）（平成二二年（二〇一〇））、「「異字同訓」の漢字の使い分け例」（報告）（平成二六年（二〇一四））、「常用漢字表の字体・字形に関する指針」（報告）（平成二八年（二〇一六））も「表記」の範疇に入るだろう。

では、「語彙」について目が向けられることはなかったのだろうか。そもそも「当用漢字表」（答申）（昭和二一年（一九四六））は、部首別画数順に字種を並べてあるのみで、具体的な語は例示されていない。「当用漢字改定音訓表」（答申）（昭和四七年（一九七二））からは「例欄」が設けられるが、それは「音訓使用の目安」であり「当該音訓における使用例の一部」（常用漢字表「表の見方及び使い方」）に過ぎない。

しかし、字種を定める際、語彙が意識されなかったわけではない。当用漢字は「犬があって、猫がなく……」と揶揄されたことがあるが[2]、これは、「犬」が「犬歯」「野犬」「番犬」「警察犬」といった熟語を作るのに対し、「猫」

はそうした造語成分として用いられないため採用されなかったという事情が背景にある。また、度量衡や貨幣に関する漢字、助数詞に関する漢字といった語彙ごとの検討も行われた。

常用漢字表の字種選定の際には、国立国語研究所により熟語調査が（二〇一〇年常用漢字改定時には文化庁においても文字列調査が）実施されている。

当用漢字表、常用漢字表には、憲法に使用されている語が網羅されている。一般には使われる機会が少ない「虞」「朕」「璽」や、公用文でも仮名書きを原則としている「又」「且」などが入っているのはそのためだ。いわば「憲法語彙」が想定されているといえる。

二〇一〇年改定時に追加候補になった「憚」「諜」「聘」が最終的に採用されなかったことには、その字が作る「忌憚」「諜報」「招聘」といった難解な語彙の使用を推奨しない意図が窺われる。

このように当用漢字表、常用漢字表の字種採用について、語彙の意識が働いていることは間違いない。だが、発表された漢字表からは、それは明確には伝わってこない。語彙の姿は漢字表の背後に隠れてよく見えないのである。

二．漢字表を補完した新聞語彙

戦後、日本語の語彙は大きく変わった。当用漢字表がその起爆剤となったことは疑いはないが、前述したように字種の表には語例は掲げられず、字種を決めた後は、どんな読みで用いるか（「当用漢字音訓表」（答申）昭和二二年（一九四七））、どういう形で書くか（「当用漢字字体表」（答申）昭和二三年（一九四八））を示したのみだった。語彙の変化をもたらすうえで、大きな役割を果たしたのは新聞である。

漢字制限については、新聞はもともと積極的だった[3]。読者に平明な言葉で情報を伝えるという観点に加え、漢字が多いとそれだけ活字を用意しなければならず、コストがかかるという経営的な理由もあった。

大正一〇年（一九二一）には、新聞一五社共同で、「漢字制限は新聞紙が率先して決行すべき義務である」と訴える社告を出している[4]。この社告がひとつのきっかけとなって、臨時国語調査会が設置され、国語施策としての初めての漢字表である常用漢字表が作成されることになる。調査会には新聞社の代表も参加し、大正一二年（一九二三）に発表された際は、新聞二〇社が漢字表を全面的に支持する旨の社告を出した[5]。

国語施策と新聞は、協力し合い、互いに影響を及ぼしながら、漢字制限を進めていった。しかし、太平洋戦争中は、国粋的発想から、漢字制限は日本の伝統を損なうという考え方が支配的になり、漢字表に対する批判が高まる。新聞紙面は国威発揚をうたう荘重で難解な漢語で埋められていく。

当用漢字表は、「明治維新以降の国語国字政策の悲願達成の第一歩を踏み出した意味をもっていた」（甲斐 二〇一一）のであり、一方、軍国主義に押し流されて漢字だらけの黒っぽい紙面を作ってきた新聞からすれば、漢字制限の仕切り直しをする好機にほかならなかった。

新聞が当用漢字表を全面的に受け入れたのは当然の流れだったのだが、実施にあたっては大きな困難が伴った。当用漢字表は、使用する漢字の範囲を示したのみで、表外漢字を用いた熟語をどう処理するかについてなどの具体的な方法、書き換え例は提示しなかったからだ[6]。

朝日新聞社新聞用語改善委員会幹事や用語課長を務めた宇野隆保氏は、国語審議会は当用漢字という「卵」を産んだだけで、孵化させ、ひなを育てたのは新聞社だった、と当時を述懐している。それは「当用漢字表を、それも真剣に厳重に実施しようとするものが、好むと好まないとに関係なく切り開いていかねばならぬ、いばらの道だった」（宇野 一九六六）という[7]。

昭和二八年（一九五三）一月、日本新聞協会に新聞用語懇談会が設けられ、各社の代表が集まって、表外字を含む語を片端から検討していくことになった。その結果は、一九五五年四月、「新聞用語言いかえ集」としてまとめられる。約一八〇〇語の「難語言いかえ」に、「当用漢字音訓表」「現代かなづかい」が付された冊子だ。国語施策で取り上げなかった語彙に関する部分を、新聞社が補ったという見方もできる。「難語言いかえ」の審議には、文部省国語課の広田栄太郎事務官がオブザーバーとして東京での小委員会に参加、国語審議会の原富男第一部会長も最終会議に出席したと記録されている。

一般に新聞の用字用語では、表外字を含む語を同じ（または類似の）意味を持つ別の語に置き換えることを「言い換え」といい、同じ音の漢字で代用する「書き換え」とは区別している。この「新聞用語言いかえ集」では、「まえがき」で「「難語の言いかえ、書きかえ」を集録したもの」と述べ、「書き換え」も多く収載されている。加えて、表外字のみを仮名書きにする方法（交ぜ書き）と、全体を仮名書きにする方法も採られている。表題の「新聞用語言いかえ集」の「言いかえ」はこの四通りを総称したものだ。[8]

「言い換え」の例には、「剴切→適切」「藉口→口実」「逐鹿戦→選挙戦」「肇国→建国」などがある。戦前の新聞では実際にこうした難語が用いられていたのだ。これらの言い換え語は現代語彙として定着した。

また、「萎靡→沈滞、衰微、不振」「逆睹→予測、予想」「均霑→平均、均分」など、二種類以上の言い換えが提示されているもの、「斡旋→世話《せわ》、周旋、あっせん」「闇夜→暗夜、やみ夜」など、書き換え、交ぜ書き、仮名書きを併記したものもある。

国語施策としても、「言い換え」や「書き換え」の具体例を示さなかったわけではない。昭和二六年（一九五一）一〇月三〇日に建議された「公用文改善の趣旨徹底について」では、「日常一般に使われているやさしいことばを用いる」として、表外字を含む「稟請→申請」の言い換えや、「音が同じで、意味の似た漢字で書きかえる」例に、「車輛→車両」「煽動→扇動」などが挙げられているが、あくまで例示であり、表外漢字を含む漢語の言い換え、書き換えは三〇語程度しかない。

また、一九五三年一一月には、文部省で公文書を作成するうえでの参考として、言い換え、書き換えの基準を示した「用字用語例」が出ている。ただし、表外字を含む和語を仮名書きにする例が多くを占めている。

昭和三一年（一九五六）七月五日、国語審議会は「同音の漢字による書きかえ」を報告する。これは同音同義語や異表記を整理しただけでなく、それまで同音異義語として書き分けていたものを一方に統一した例もあり、[9]語彙への問題意識が感じられる「書きかえ」である。同報告には、三三一の「書きかえ語」が載っているが、そのうち「安佚→安逸」「意嚮→意向」「廻転→回転」など、二一四語が「新聞用語言いかえ集」に記載がある。「恰好→格好」「廃墟→廃虚」「扮飾→粉飾」「繁昌→繁盛」などは「同音の漢字による書きかえ」にはなく「新聞用語言いかえ集」で示されたものだ。[10][11]

当用漢字補正案（昭和二九年（一九五四））への対応を巡り、新聞で使用する漢字と常用漢字表とは完全には一致しなくなったが、大きく乖離してはいない。表内字の範囲でいかに書き表すかを模索した新聞の努力は、語彙の面から国語政策を補完してきたといえるだろう。

三．常用漢字表の例欄は語彙表として使えるか

現行の常用漢字表の「例」「備考」欄に掲げられている語彙を見てみよう。漢字表は「効率的で共通性の高い漢字を収め、分かりやすく通じやすい文章を書き表すための漢字使用の目安」（答申前文）とされる。「例」「備考」欄の語は、「分かりやすく通じやすい文章を書き表すための」語彙使用の目安になっているだろうか。

「詠草」（詠）、「矯め直す」（矯）、「遺外」（遺）、「懸想」（懸）、「公租公課」（租）といった語が例示されているが（括弧内は「漢字欄」に載っている字種）、現代ではあまり見聞きしなくなっている言葉だ。これらの語彙は「分かりやすく通じやすい」とはいえない。

「老婆」（婆）、「文盲」（盲）は、現在は一般に使用されていない。府県名に使用されている字をすべて取り入れた二〇一〇年の改定では「愛媛」の「媛」が追加されたが、「例」には「才媛」も載っている。「才媛」は、高い教養・才能のある女性の意だが、実際の使用例を見ると、容姿やファッションの美しさも含めて言うことが多く（佐々木 二〇〇〇）、固定化した女性のイメージに沿った言葉といえ、「媛」は新聞では県名としてのみ使用することにしている。

家制度を前提とした「家柄」（家・柄）、「嫡嗣」（嗣）や、両性の対等な結び付きとしての現在の結婚にはなじまない「再嫁」（嫁）、「後添い」（後）といった語彙も散見される。

念のために言っておくが、こうした語彙が例に挙げられているからといって、常用漢字表が現代にふさわしくない、もしくは、差別的であるという非難はあたらない。これらは「音訓使用の目安として、その字の当該音訓における使用例の一部を示した」ものにすぎない。過去の文化や歴史を知り、現代の視点から批評する際には、こうした語彙を読み書きできる必要がある。歓迎すべきでない意味・内容であるからといって抹殺するのでは、「殺」「死」「病」などで構成される語も表に入れるべきでないということになってしまう(12)。

常用漢字表の字種・音訓を用いて作られる語は、社会の一員として知っておくべき語彙をおおよそカバーしているとはいえるだろう。しかし、それが具体的にどういった語彙であるかは常用漢字表には記されていない。「効率的で共通性の高い漢字を収め、分かりやすく通じやす

い文章を書き表すための」というのは字種のレベルで言っていることで、その字種を含む語彙をどう扱うかに関しては、それぞれの分野に任されているのである。「新聞用語集」はその実践例のひとつだ[13]。

語彙は、ある領域で用いられる単語の総体である。仮に、国語施策として常用漢字の字種・音訓をもとに語彙表を作成するとしたら、それがどういう領域の単語で、どういう基準で切り取ったものであるかが問われることになる。そこから、社会の実態やあるべき理念を感じ取る人もいるだろう。語彙を取り扱うことの困難さのひとつがそこにある。

四．標準漢字表の挫折

昭和一七年（一九四二）六月一七日に国語審議会が答申した標準漢字表は、ある領域の単語（語彙）を念頭に置いて作成された漢字表だった。

この漢字表は、常用漢字、準常用漢字、特別漢字の三種類に分けて提示された。常用漢字（国民の日常生活に関係が深く一般の使用度が高い一一三四字）と、準常用漢字（常用漢字に比べ、日常生活に関係が薄く一般の使用度も低い一三二〇字）は、主に使用頻度の違いによる分け方だが、特別漢字は「皇室典範、帝国憲法、歴代天皇の追号などの文字」を集めたもので、「丕」「祚」「誥」「傅」など七四字が入っている。「丕基」（天子が国を統治するという基本）、「皇祚」（天皇の位）、「誥命」（天子の命令）、「太傅」（未成年の天皇を保育する職）といった語彙に用いられる漢字である。こうした具体的な語彙そのものは例示されていないが、そこから浮かび上がってくるのはいわば、「皇室語彙」以外の何ものでもない[14]。

漢字制限に反対する主張が皇室関係の用語に関するものが多いという事情に対応したとされ、一般に用いられる漢字の総数はなるべく抑えたいという配慮による工夫だったともいう。ところが、こうして特別扱いすること自体が天皇の尊厳を傷つけるという反発が起こり、修正を余儀なくされた。同年一二月には三種類の別が廃止され、総数も二六六九字に増やした修正版の標準漢字表が発表されることになる。

標準漢字表の挫折は、特別漢字が作る語彙が特別な領域であるがゆえだったからかもしれない。しかし、どんな領域であれ、なぜその領域であるのかについて、国民は注目するだろう。国語政策が語彙を取り上げるためには、取り上げるべき語彙についての一般の理解を得ることが欠かせない。

五．国字問題としての国語問題

国語政策の大きな部分が表記施策で占められてきたのは、漢字仮名交じり文という表記法を採っている限り、避けられないことだった。漢字仮名交じりは、もともと文字を持たなかった我々の祖先が中国の文字を取り入れて以来、発展してきたものだが、明治の近代化に伴い、この複雑な表記システムの非効率性や学習困難性を指摘する声が高まり、国語改良運動が動きだし、国語施策策定へとつながっていく。

慶応二年（一八六六）、前島密が徳川慶喜に建白した「漢字御廃止之議」は、漢字をやめて仮名書きにすれば、複雑な漢字の習得に費やす時間を節約できるという提案で、国語改良運動の始まりとされるが、同時に国語問題をもっぱら国字問題として扱う指向の始まりでもあった。昭和二〇年（一九四五）一一月二七日、戦後初めて開かれた国語審議会第八回総会では文部大臣（代理・大村清一次官）が次のような挨拶を行った。「わが国においては、漢字が複雑かつ無統制に使用されているために、文化の進展に大なる妨げとなっている」。戦後の国語改革は民主化の一環という側面もあるが、漢字という文字（表記）の是非から国語問題に取り組もうという発想は、明治維新前後に始まる国語改良運動と地続きなのである。

「漢字御廃止之議」は、漢語はそのまま仮名で書けばいいとする。これも当用漢字表の「この表の漢字で書きあらわせないことばは、別のことばにかえるか、または、かな書きにする」（使用上の注意事項）に通じる。「別のことばにかえる」新聞界の試みが、当用漢字表の字種と語彙とをつないだことは前述した。一方、「かな書きにする」で済ませてしまえば、語彙の問題はとりあえず棚上げされる。語彙を取り上げる機会を失した一因かもしれない。

一九六〇年代になっても、漢字廃止論は根強く残った。国語審議会でも表音文字化を推進すべきである、あるいは、漢字全廃の方向を示す必要がある、といった意見も出されている。表意派（伝統派）と表音派（改革派）の論争、確執は続き、国語の表記は漢字仮名交じりによるという基本的な立場が確認されたのは、昭和四一年（一九六六）六月の国語審議会第五八回総会だった。それまでは、そもそも漢字を使い続けるべきか否かということ自体決着していなかったわけで、語彙にまで目を向ける余裕がなかった事情の一端が垣間見える。

六．仮名遣い、送り仮名と語彙

漢字表にない字を含む語を「かな書きにする」とき、それまで漢字で書いていた語の仮名遣いをどうするかが問題になる。「当用漢字表」と「現代かなづかい」の内閣告示・訓令が同日に実施されたのは当然だった。

「現代かなづかい」を継承、細かな説明を追加し、昭和六一年（一九八六）に告示された「現代仮名遣い」は、「現代語の音韻に従って書き表すことを原則とし、一方、表記の慣習を尊重して一定の特例を設けるものである」（前書き）。つまり、「原則」は規則的に適用できるが、「特例」は「特定の語」が想定されており、個別に覚える必要があるわけだ。例えば、いわゆる「四つ仮名」については「じ」「ず」を「原則」とするが、同音の連呼、二語の連合によって生じた語は「ちぢみ」「つづみ」「そえぢ」「たづな」など、「ぢ」「づ」を用いる「特例」になる。

これは、「縮」「鼓」「添え乳」「手綱」という特定の語を書くために考え出されたルールだ。「新妻」は「にいづま」でも、「稲妻」は「いなずま」と書くのは、「稲妻」が「現代語の意識では一般に二語に分解しにくい」との理由からである。

「かな書きにする」（当用漢字表「使用上の注意事項」）語彙の問題を棚上げしたとしても、これら「特定」の語については、仮名遣いを知るためには語の単位に戻らざるを得ない。表記政策である「現代仮名遣い」の「特例」部分は、語彙を強く意識したものといえるだろう。

なお、「現代仮名遣い」は「現代語」について定めたものであり、古文・文語はその適用範囲ではない。ところが、現代の文章でも、文語的語彙、古文で使われた言い回しなどが用いられることがある。「日出る国」は日本の美称として今も好まれるが、「出る」は常用漢字表外訓になる。仮名表記は「いずる」か「いづる」か、見解が分かれる。「現代仮名遣い」によるなら「いずる」だが、そもそも文語には「現代仮名遣い」は適用されないのだから「いづる」と書いてもよいことになる。

似たような問題は送り仮名にも存在する。常用漢字表は「来」の訓に「きたる」を採用し、「例」欄に「来る

○日」を掲げている。文語動詞「きたる」に基づく言い回しだが、文語は常用漢字表の対象外なので、「送り仮名の付け方」（昭和四八年（一九七三））では「連体詞」の一つとして掲げられている。では、「球春きたる」「きたるべき明日」といった動詞の場合はどう送ればよいか。活用語尾から送るという原則からすれば「る」からだが、「来《く》る」と紛らわしい。活用語尾以外の部分に他の語を含む語に関する「送り仮名の付け方　通則２」を適用すれば「来たる」と書く余地もありそうだ。ただそれでは、「来る○日」との整合性がとれない。新聞での扱いは各紙まちまちで揺れている。

　こうした、口語と古語との隙間にあるような語彙についての仮名遣いや送り仮名を、語彙の観点からもう一度見直す必要もあるのではないか。翻って言うと、語彙の観点から見直すということは、常用漢字表のみならず、仮名遣いや送り仮名を含め、これまでの答申・建議・報告類を全体的に見直し、整理することにつながる。ここにも語彙を軽々に取り上げにくい事情が潜む。

七．外来語の語彙

国語施策は、外来語を二度、取り上げている。「外来語の表記について」（部会報告）（昭和二九年（一九五四））と、「外来語の表記」（答申）（平成三年（一九九一））である。いずれも、表題の通り「表記」についてのよりどころであり、外来語を日本語の語彙の中でどのように位置付けるか、といった問題意識にこたえる性格のものではない。

　外来語の表記には、日本語の音韻の範囲でまかなうか、原音に近く書き表すかという、二つの対立する原則がある。一九五四年の報告が前者を主たる基準としたのに対し、軸足を後者に移したのが一九九一年の告示と見ることができる。例えば、報告では、「原音における「ティ」「ディ」の音は、なるべく「チ」「ジ」と書く」が本則で、ただし書きとして「原音の意識がなお残っているものは、「ティ」「ディ」と書いてもよい」となっていた。告示では、「「ティ」「ディ」」は、外来音ティ、ディに対応する仮名である」を本則として、注の形で、「「チ」「ジ」と書く慣用のある場合は、それによる」と、扱いを逆転させている。

これは、新しく入って来る外来語の多くが、原音に近い「ティ」「ディ」で入って来るようになった現状に対応したのだろう。同様に扱いを変更したものに、「セ、ゼ→シェ、ジェ」「ハ、ヒ、へ、ホ→ファ、フィ、フェ、フォ」などがある。

原音に近い表記が増えた背景には、外国語を手早く取り入れようとする意識と関係がある。外来語はカタカナ語と呼ばれることが多くなった。外来語は、日本語の中に取り入れられた外国の言葉だが、日本語として熟すのを待つことなく外国語の発音に近いカタカナで表すのはカタカナ語と言った方が実態に即しているからだろう。なじみがなく、分かりにくいとされているのはこの種のカタカナ語だ。表記の本則の変更は、外来語受容のあり方を考え、外来語語彙と向き合う契機だったが、この時点ではそこまでは踏み込まなかった。

八．国語施策と語彙のこれから

平成三年（一九九一）六月の「外来語の表記」の内閣告示・内閣訓令で、表記に関する検討・見直しが一段落する。同年九月に発足した第一九期国語審議会が発表した「現代の国語をめぐる諸問題について」（報告）（一九九三年六月）では、「これからは、表記の問題だけでなく……広い視野に立って国語の問題全般を取り上げていくことが必要であろう」と述べられている。

第二〇期国語審議会では「新しい時代に応じた国語施策の在り方について」の諮問を受け、平成一二年（二〇〇〇）「現代社会における敬意表現」「表外漢字字体表」「国際社会に対応する日本語の在り方」の三つの答申を出した。

「現代社会における敬意表現」は、従来の敬語の概念では捉えきれない、相互尊重や配慮の言葉遣いについてまとめている。それまでの施策には見られない視点で、「新しい時代に応じた国語施策」と評価できるが、敬意表現に関わる語彙を詳しく説明するなどはしていない。

「表外漢字字体表」では、常用漢字表外の漢字の字体を選ぶ際のよりどころを示している。積み残した表記の問題を扱ったものだ。

「国際社会に対応する日本語の在り方」では、外来語・外国語増加の問題を取り上げ、そのまま使用する一般に定着している語、言い換えた方が分かりやすくなる語、言い換え語がない場合に注釈を付して工夫する語などと分類し、若干の語例を示している。これは国立国語研究所「外来語」委員会（二〇〇二〜二〇〇六年）による「「外来語」言い換え提案（分かりにくい外来語を分かりやすくするための言葉遣いの工夫）」へと発展していくことになる。同提案では、一七六の語彙について検討し、その言い換え例などを示した。外来語は現在も増え続ける一方、短いスパンで廃れたり、意味が変容したりするものも多い。外来語については継続的な取り組みが必要で、今後、国語施策で取り上げるべき課題のひとつだろう。

平成七年（一九九五）からは「国語に関する世論調査」が始まる。調査項目は多岐にわたるが、とりわけ慣用句や揺れている言葉の意味・用法については、毎回、国民の関心を集めている。「どちらの言い方を使いますか」「意味はどちらだと思いますか」と尋ねる「意識調査」であり、調査結果の解説でも「本来の言い方（意味）」という表現を用い、意味・用法の基準を示すことはしていない。ただ、多くの人は、これを「正しいか誤りか」「〇か×か」に置き換えて受け止める傾向がある。取り上げられる語の中にはすでに本来の意味が廃れたり、意味範囲の拡大・縮小が起こっていたりするものなど、一概に「本来の意味＝正しい」と言い切れない場合もある。変化の経緯を踏まえたうえで、どのように使ったらよいかという目安が求められるところだ。

文化庁のホームページでは「ことば食堂へようこそ！」と題した動画を公開し、「国語に関する世論調査」で取り上げた語を素材として、コミュニケーション上の障害となりかねない事例を丁寧に解き明かしている。国民の関心も高い分野でもあり、教育にも関わる事柄なので、国語施策として本格的に取り組まれるべき課題といえよう。

平成一三年（二〇〇一）、省庁再編に伴う審議会の整理統合により、国語審議会の活動は文化審議会国語分科会に引き継がれる。二〇〇四年には「これからの時代に求められる国語力について」（答申）（国語力答申）を発表、発達段階に応じた国語教育において、乳幼児期から青年期に至るまで、語彙力の重要性を指摘している。語彙（力）という言葉が施策の文言の中に登場したのは、おそらくこれが初めてではないか(15)。

「「読み」の学習を先行させることで、言葉の知識（特に「語彙力」）を増やすことに重点を置くべきである」（基礎作り期）、「多くの読書体験により、情緒力・創造力・

論理的思考力・語彙力の総合的な発達を促すべきである」（発展期）など、その重要性が強調されているが、では、どのような語彙を身に付けるべきなのか、何をもって語彙力が発達したといえるかなど、具体的には示されてはいない。

一般に、語彙と語の区別はあまり意識されず、「語彙力がある」は、「たくさん言葉を知っている」「難しい言葉の意味が分かる」といった、あいまいな捉え方をされている。

同答申でも、語彙について、「国語の知識」とは何かを具体的に例示したくだりで、「語彙（個人が身に付けている言葉の総体）」とするが、「個人が身に付けている言葉の総体」では、国語施策としてはなじまない。

答申では、語彙に関し、「人間の思考は言葉を用いる以上、その人間の所有する語彙の範囲を超えられるものではない。情緒力と論理的思考力を根底で支えるのが語彙力である」「国語科教育では、「情緒力」「論理的思考力」「思考そのものを支えていく語彙力」の育成を重視していくことが必要である」と述べる。個人が身に付ける言葉の総量が多くなれば、情緒力や論理的思考力を高める語彙もおのずとたまっていくということなのだろう。しかし、情緒や論理とは無縁の語彙も少なからず存在する。理解するにとどめておく、使用を控える、もしくは注意して使用するといった判断も含めて「身に付ける」といえるかもしれないが、それは効率的な語彙力の付け方ではない。「情緒力を醸成するために役立つ語彙」「論理的思考力を支えるために必要な語彙」など、整理して提示してこそ、施策として語彙を取り上げたということになるのではないか。国語力答申は、語彙（力）の重要性に目を向けた意味で画期的な答申だったが、語彙（という語）の万能感ばかりが強調された憾みが残る。

九．国語政策で語彙を取り上げるために

国語政策が語彙を取り上げなかった（あるいは、正面から向き合うことを避けた）のは、語彙は量（種類）が多く、単漢字の字種の調査・検討に要する何倍もの労力が必要となるという、いわば技術的な理由もあった。国語審議会、文化審議会国語分科会で検討するうえでのもとになるデータをそろえることは難しかったかもしれない。しかし、コーパスの発展により、こうした問題は解消されていくだろう。

ただし、語彙を収集、整理するだけでは国語政策にはならない。どのような観点で、どういった領域の語彙を提示するのか。世代、年代により変化する語彙の意味、用法の適否をどのように確定するか。人により語感が一様ではない語彙について、使用の目安を作れるか。「表記」政策は、そうした価値判断に踏み込む必要のない分野だったはずだが、それにもかかわらず、特定の字種を採用することの是非を問われたり、適用範囲を公共的な文章に限っているはずの漢字制限を言論統制のように誤解・曲解されたりすることもあった。

「過去における伝統的なものと、将来における発展的創造的なもののいずれをも尊重する立場に立ちながら、各方面の要求を考慮して、適切な調和点の発見に努めなければならない」（「国語の改善について」（報告）、昭和三八年（一九六三））、「平明、的確で、美しく、豊かな言葉を目指し、国語を愛護する精神を養う」（「現代の国語をめぐる諸問題について」（報告）、平成五年（一九九三））といった抽象的なメッセージに異を唱える者はいないかもしれないが、具体化する段階に入ると、様々な批判にさらされる。「国語に関する世論調査」発表の際、「誤り」「適切な」「望ましい」といった表現を用いていないのはそのためだろう。だが、語彙を取り上げるのであれば、そうした慎重な姿勢からは一歩踏み出さなければならない。

「言霊」の民である日本人は、言葉について過剰なまでの思い入れ、こだわりを持つ傾向がある。そうした国民性を国語政策が配慮することは大切だが、国民の側も互いに円滑に意思を伝え合うための共通の基盤を作るという国語政策のあり方を理解し受け入れることが求められるのではないか。

平成三〇年（二〇一八）、文化審議会国語分科会では、「分かり合うための言語コミュニケーション」（報告）を発表した。価値観が多様化し、言語環境も大きく変化する現代において、言葉による的確な伝え合いはどうあるべきか、一人一人が考えていくヒントを提供することを目的としている。

言葉による伝え合いをするうえで、語彙（力）は欠かせない要素である。正確に伝えるには、厳密に意味が定義された専門用語が有効だが、分かりやすく伝えるには、専門外の人間にも理解できるように言い換える工夫も大切だ。場面や人間関係にふさわしい伝え方、自分らしさや個性の示し方、違和感・不快感を抱かせることなく受け入れてもらう配慮などを実現するために、それぞれの目的に応じた語彙を使いこなせなければならない。

社会生活の中では敬語の使用が求められる。敬語の語彙に関しては、「敬語の指針」（答申）（平成一九年（二〇〇七））が整理して示しているが、相手と適切な距離感を持って接するには、親しみを表す言葉遣いを交える必要もある。

この「報告」では、また、言葉遣いが正誤の観点からのみ語られることへの警鐘を鳴らす。言語は時代と共に変化し、地域や世代による差異があるのが本来の姿である。正誤の境はときにあいまいで、伝え合いに支障がない限りは、ある程度の揺れは許容すべきものだ。ある特定の意味や語形を基準にして、それ以外を受け入れないのは、円滑なコミュニケーションを行ううえではむしろ障害となる。互いの言葉に対してもっと寛容であるべきで、歴史的に変化してきた語彙、地域・世代により使い方の異なる語彙といった「揺れのある語彙」へ理解を深めるということも、必要になる。

「分かり合うための言語コミュニケーション」（報告）は、語彙を国語政策で本格的に取り上げる出発点になるかもしれない。

注

（1）「国語政策」と「国語施策」とはあまり厳密に区別されないで使われているが、国（政府）による全体的な方針を「政策」、それに基づく個別の取り決めや実施を「施策」と呼ぶのが適当だろう。例えば、一般の社会生活に用いる漢字の範囲を定めるという方針は「国語政策」であり、その方針に基づいて具体的に取り決めた常用漢字表は「国語施策」ということになる。

（2）国語問題協議会の竹内輝芳が作った「当用漢字無い無い尽くし」の一部。「鶏があって兎なく、馬があっても鹿がない……」と続く（原文は旧字旧仮名）。なお、「猫」は常用漢字で、「鹿」は二〇一〇年常用漢字表改定で入った。字種を語彙として捉えたときのバランスが意識されたものだろう。「無い無い尽くし」は「阪もなければ、岡もなく」と府県名を構成する字種がないことにも触れているが、常用漢字表改定では、府県の名称に使われる字がすべて取り込まれた（「鹿」は動物名としても「例」欄に載っている）。

（3）「郵便報知」は明治一九年（一八八六）九月一六日、「漢字の数を三千字に限り此の制限内に於て論説、雑報、一切の事を記載すべし……」という社告を載せている。（藤井 一九七二）

（4）大阪毎日新聞の本山彦一らが中心になり、各新聞社の幹部が名前を連ねて発表した（三月二一日）。「漢字制限に付全国新聞社に御協議申上度新聞紙上を以得貴意候」の見出しで、漢字、漢語の数が「すこぶる煩雑冗多にして……新聞製作の上で不便不利であるだけでなく、一般読者の難渋迷惑また実に大なるが如し」「文字制限の実行は初等教育推進普及の上において非常の効果ある」「漢字制限は新聞紙が率先して決行すべき義務」「全国同業諸君に檄を伝えご同意を求むる次第にござそうろう」などと述べている。

(5)「宣言」という見出しで、新聞社名が列挙されている（読売新聞　八月六日）。「先頃文部省臨時国語調査会で常用漢字を定めたことは、わが国民教育の上からも、また印刷能率の上からも、わが国民日常生活の上からも、きはめて至当なものであると思ひます（中略）徹底的に新聞紙上に於ける漢字制限の実行を期することゝし、すぐその用意にとりかゝりました」とある。

常用漢字表告示（大正一二年（一九二三）五月九日）に先立つ五月五日付の読売新聞の記事には、「摂政宮殿下の御慶事についてもこの漢字表の範囲内で起草」という国語調査会長代理のコメントが載っている。これは翌年に予定されていた昭和天皇の結婚を指しており、新聞雑誌の協力によってこの漢字表を実行したいという趣旨のことが書いてある。

なお、この常用漢字表に基づく漢字制限は九月一日に実行が予定されていたが、関東大震災により頓挫することになる。

その後も、各新聞社独自の漢字制限案を作るなど、検討作業を進め、大正一四年（一九二五）六月には、一〇社が約六〇〇〇字を約三分の一に減らすという「漢字制限に関する宣言」を発表している。

(6)表外音訓についても同様のことがいえる。「当用漢字音訓表」では、動詞形で掲げた語の名詞形での使用、音便などに関する許容は注意事項に掲げているが、字訓を整理した結果、異字同訓の一種類のみを認めた語について、表内の漢字で統一するか、仮名書きにするかということは示されていない。

(7)むろん、字種の選定にあたっては、言い換え、書き換えが全く考慮されなかったわけではない。当用漢字制定を伝える一九四六年一一月七日の読売新聞朝刊には、「この漢字表から「輯」「颱」「輿」「俸」が除外されているが、「編輯」「颱風」「輿論」「俸給」は、「編集」「台風」「民論」「給料」などを使用する」と書かれている。記者発表で示されたものだろう。熟語として代替可能なものは、字種として採用しないという視点があったようだ。ただし、それは網羅的なものではなかった。

(8)「換」は当用漢字音訓表で「かえる」の訓が与えられているが、「新聞用語言いかえ集」では「かえ」と仮名書きにされている。「文部省用字用語例」（昭和二八年（一九五三））でも「言いかえ」「書きかえ」となっているので、それに倣ったものか。

(9)武部（一九八一）は、「記章」と「徽章」を「記章」に統合した例を挙げている。

(10)新聞社独自に考案された言い換え、書き換えもあるが、『明解国語辞典』（一九五二年五月）など、当時の辞書にも見られるものも多い。「新聞用語言いかえ集」と「同音による漢字の書きかえ」が、どのような資料によっているかは、今後の検証にまちたい。

「斑点→班点」「檀家→壇家」「詭弁→奇弁」「橋頭堡→橋頭保」など、いつまでも違和感が解消できない「書きかえ」もあった。「新聞用語集」では、「斑点→班点」「檀家→壇家」は一九八一年版まで、「詭弁→奇弁」「橋頭堡→橋頭保」は一九九六年版まで、引き継がれた言い換えだったが、一九九三年に「斑点」「檀家」、二〇〇三年に「詭弁」「橋頭堡」と本来の表記に戻し、ルビを使うことを決めた。

また、「腎臓→じん臓」「冥福→めい福」といった交ぜ書き表記は、「新聞用語集」一九九六年版まで残ったもので、表外字を避けるための苦肉の策だったが、語の構成が見にくく、読みにくいと、読者からの批判が多かった。新聞用語懇談会では二〇〇一年に常用漢字表外の字種四五を常用漢字並みに（ルビを付けることなく）使用することを決めた。これは主として、記事を書くために必要な語彙に関わる字種である。そのうち、四二字が二〇一〇年の常用漢字表改定で追加された。「腎」はそのうちの一つである。「冥福」は表外字を含んでいるが、新聞で使用することを認めた熟語で、これも常用漢字追加字となった。

こんなところにも、語彙の観点から国語施策を補完するという新聞の立ち位置が表れている。

(11)新聞用語懇談会ではその後も引き続き検討を重ね、表題を「新聞用語集」と変更し、刊行を続けている。最新版は二〇〇七年版で、常用漢字表改定に伴い、変更箇所を記した追補版を二〇一〇年に出した。

(12)二〇一〇年に改定された常用漢字表には、「淫らだ」「呪う」「闇」「怨恨」（怨）、「臆病」（臆）、「死骸」（骸）、「傲慢」（傲）、「挫折」（挫）、「閉塞」（塞）、「凄惨」（凄）、「破綻」（綻）、「罵倒」（罵）といった、いうなれば「縁起でもない」語彙を形作る字種が多く採用された。

(13)日本新聞協会では、新聞で使用する語彙を想定し、表外字五字、表外の三音訓を追加、七字種を削除した「新聞常用漢字」を決めている。この新聞常用漢字をもとに、さらに追加・削除を行っている新聞社もある。

(14)特別漢字のうち、日本国憲法に使われているという理由から、「璽」と「朕」は、現在の常用漢字表にも採用されている。

(15)「語彙」という語自体は、「新しい時代に応じた国語施策について」（平成七年（一九九五）審議経過報告）で、「語彙・語法等の問題」と使われている。ただ、ここで述べられているのは「いわゆる「ら抜き言葉」」で、国語力答申で提議された「語彙（力）」に直接つながるものではないようだ。

文献

宇野隆保（一九六六）『新しい日本語の系譜』明治書院
甲斐睦朗（二〇一一）『終戦直後の国語国字問題』明治書院
文化庁文化部国語課（二〇〇七）『国語関係答申・建議集』
佐々木瑞枝（二〇〇〇）『女と男の日本語辞典』東京堂出版
武部良明（一九八一）『日本語表記法の課題』三省堂
野村敏夫（二〇〇六）『国語政策の戦後史』大修館書店
藤井継男（一九七二）「新聞と漢字制限」『言語生活』二五二
文化庁（二〇〇五）『国語施策百年史』

執筆者紹介

田《た》中《なか》牧《まき》郎《ろう》
編集担当
詳細は奥付参照。

森《もり》山《やま》由《ゆ》紀《き》子《こ》
同志社女子大学表象文化学部教授
第一章担当　博士（文学）　日本語史（国語史）専攻
論文に「『古今和歌集』詞書の「ハベリ」の解釈―被支配待遇と丁寧語の境界をめぐって」『日本語の研究』六‐二、二〇一〇）などがある。敬語や配慮表現をはじめとする、対人関係を構築するための言語運用の歴史に関心がある。

西《にし》尾《お》純《じゅん》二《じ》
甲南大学文学部教授
第二章担当　博士（文学）　日本語学専攻
著書に『マイナスの待遇表現行動―対象を低く悪く扱う表現への規制と配慮』（くろしお出版、二〇一五）などがある。日本語の表現・言語行動の多様性を、人々の暮らしとの関わりから捉えることを目指している。

茂《も》木《ぎ》俊《とし》伸《のぶ》
熊本大学大学院人文社会科学研究部教授
第三章担当　博士（言語学）　日本語学専攻
共著に『私たちの日本語研究』（朝倉書店、二〇一五）、『外来語研究の新展開』（おうふう、二〇一二）などがある。現代日本語の文法と語彙に関する領域で、形と意味の対応のあり方に関心を持って研究に取り組んでいる。

蓑《みの》川《かわ》惠《え》理《り》子《こ》
神戸大学国際人間科学部非常勤講師
第四章担当　博士（文学）　現代日本語学専攻
論文に「自動車の固有名に見る階層性―メインネームとサブネーム命名の類型―」（『現代日本語研究』九、二〇一七）などがある。家電製品、清涼飲料、自動車のそれぞれに固有の命名現象があるのか、三者に共通する特徴があるのかを解明したい。

はんざわかんいち
共立女子大学文芸学部教授
第五章担当　文学修士　日本語表現学専攻
著書に『題名の喩楽』（明治書院、二〇一八）『言語表現喩像論』（おうふう、二〇一六）、『表現の喩楽』（明治書院、二〇一五）などがある。人間にとって言語とは何かについて、その表現の意味とイメージのありようから、あてもなく考え続けている。

金《きん》　水《すい》　　敏《さとし》
大阪大学大学院文学研究科名誉教授
第六章担当　博士（文学）　国語学専攻
著書に『〈役割語〉小辞典』（研究社、二〇一四）、『ヴァーチャル日本語―役割語の謎』（岩波書店、二〇〇三）などがある。役割語の理論的・歴史的研究を進めながら、翻訳や教育の問題にもつなげ、さらに役割語の観点から日本の文芸史を見直す試みに着手したい。

伊《い》　藤《とう》　雅《まさ》　光《みつ》
元　大正大学文学部教授
第七章担当　博士（文学）　計量言語学・人工知能学・日本語学専攻
著書に『Jポップの日本語研究』（朝倉書店、二〇一七）、『シリーズ日本語史　第二巻　語彙史』（岩波書店、二〇〇九）、『計量言語学入門』（大修館書店、二〇〇二）などがある。

加《か》　藤《とう》　昌《まさ》　男《お》
NHK放送研修センター日本語センター専門委員
第八章担当　政治学・メディア学・国語学専攻　日本国語教育学会会員
著書に『先生のためのことばセミナー―子どもをとりまく〈最新ことば事情〉』（学事出版、二〇一八）、『テレビの日本語（岩波新書）』（岩波書店、二〇一二）などがある。元NHKアナウンサー。現場経験をもとに災害報道などテレビ表現の現状を検証。

三《み》　宅《やけ》　和《かず》　子《こ》
東洋大学名誉教授
第九章担当　博士（文学）　社会言語学・日本語学専攻
共編著に『移動とことば』（くろしお出版、二〇一八）、著書に『日本語の対人関係把握と配慮言語行動』（ひつじ書房、二〇一一）などがある。グローバル化と電子メディアの発達がもたらすことばとアイデンティティの変化を追究している。

笹原《ささはら》宏之《ひろゆき》

早稲田大学社会科学総合学術院教授
第一〇章担当　博士（文学）日本語学（文字・表記）・漢字学専攻
著書に『国字の位相と展開』（三省堂、二〇〇七）、『日本の漢字（岩波新書）』（岩波書店、二〇〇六）などがある。漢字圏全体の推移を捉えながら日本製漢字の製作の意義、独自性を解明していきたい。

大河原《おおかわら》眞美《まみ》

高崎経済大学名誉教授
第一一章担当　博士（文学）　社会言語学・法言語学・法社会学専攻
『法廷の中のアーミッシュ』（明石書店、二〇一四）、『裁判おもしろことば学』（大修館書店、二〇〇九）、『市民から見た裁判員裁判』（明石書店、二〇〇八）などがある。アーミッシュ裁判から司法のことばに関心を持ち法律用語の研究を行っている。

森《もり》　篤嗣《あつし》

武庫川女子大学教育学部教授
第一二章担当　博士（言語文化学）日本語学・日本語教育専攻
著書に『日本語教育への応用（コーパスで学ぶ日本語学）』（朝倉書店、二〇一八）、『授業を変えるコトバとワザ』（くろしお出版、二〇一三）などがある。今後も日本語・国語教育や自然言語処理、やさしい日本語といった日本語の応用言語学的側面に資する研究を進めたい。

関《せき》根《ね》健《けん》一《いち》

読売新聞東京本社編集委員
第一三章担当
著書に『なぜなに日本語』（三省堂、二〇一五）、『ちびまる子ちゃんの敬語教室』（集英社、二〇〇七）、共著に『外来語研究の新展開』（おうふう、二〇一二）などがある。新聞の用字用語と国語施策とが相互に及ぼした影響について考察を進めたい。

索　　引

ア　行

カ　行

サ　行

タ　行

ナ　行

ハ　行

マ　行

ヤ　行

ラ　行

ワ　行

欧　文

編集者略歴

田《た》中《なか》牧《まき》郎《ろう》

1962年　島根県に生まれる
1989年　東北大学大学院文学研究科博士後期課程中退
2014年　東京工業大学大学院社会理工学研究科博士後期課程修了
現　在　明治大学国際日本学部教授
日本語学専攻
博士（学術）

著書・編集書に『コーパスと国語教育』（朝倉書店 2015），『コーパスと日本語史研究』（ひつじ書房 2015，共編著），『近代書き言葉はこうしてできた』（岩波書店 2013），などがある．コーパスを活用した現代語彙の研究や，語彙の歴史の研究を行っているほか，言語問題の把握や国語教育に資する語彙研究に取り組んでいる．

シリーズ〈日本語の語彙〉7
現代の語彙
―男女平等の時代―

定価はカバーに表示

2019年4月10日　初版第1刷
2023年7月25日　　第2刷

編集代表　飛田良文
　　　　　佐藤武義
編集者　田中牧郎
発行者　朝倉誠造
発行所　株式会社 朝倉書店
東京都新宿区新小川町 6-29
郵便番号　162-8707
電話　03（3260）0141
FAX　03（3260）0180
https://www.asakura.co.jp

〈検印省略〉

印刷・製本　デジタルパブリッシングサービス

ISBN 978-4-254-51667-8　C 3381　Printed in Japan